U0844400

数风流人物

毛泽东与民主人士的交往

主编 王爱枝

山西出版传媒集团
山西人民出版社

图书在版编目（CIP）数据

数风流人物：毛泽东与民主人士的交往 / 王爱枝主编. -- 太原 ：山西人民出版社，2015.1
ISBN 978-7-203-08412-9

Ⅰ. ①数… Ⅱ. ①王… Ⅲ. ①毛泽东（1893～1976）—生平事迹 Ⅳ. ① A752

中国版本图书馆CIP数据核字（2014）第272026号

数风流人物——毛泽东与民主人士的交往

主　　编：王爱枝
责任编辑：贾　娟
助理编辑：柳承旭
装帧设计：谢　成

出 版 者：山西出版传媒集团·山西人民出版社
地　　址：太原市建设南路 21 号
邮　　编：030012
发行营销：0351-4922220　4955996　4956039
0351-4922127（传真）　4956038（邮购）
E-mail：sxskcb@163.com　发行部
sxskcb@126.com　总编室
网　　址：www.sxskcb.com

经 销 者：山西出版传媒集团·山西人民出版社
承 印 者：山西晋城新浪印业有限公司

开　　本：720mm × 1010mm　1/16
印　　张：20
字　　数：320 千字
印　　数：1-4000 册
版　　次：2015 年 1 月　第 1 版
印　　次：2015 年 1 月　第 1 次印刷
书　　号：ISBN 978-7-203-08412-9
定　　价：39.00 元

出 版 人　李广洁
出版策划　来普亮

毛泽东人际交往丛书编委会

本册撰稿　常　林　孟　原　李　强　金庆军　李　红
潘移风　张　祥

引無數英雄競折腰
惜秦皇漢武略輸文
采唐宗宋祖稍遜風
騷一代天驕成吉思汗
只識彎弓射大雕
俱往矣數風流人物
還看今朝

毛澤東

沁園春·雪
北國風光千里冰封萬里
雪飄望長城內外惟餘
莽莽大河上下頓失滔滔山
舞銀蛇原馳蠟象
欲與天公試比高須
晴日看紅裝素裹分
外妖嬈江山如此多嬌

毛泽东手书《沁园春·雪》

前言

20 年前，为了纪念毛泽东诞辰 100 周年，我们曾着手策划出版一套《毛泽东交往百人丛书》。之所以选择“百人”这个字眼，是因为“100”这个数字在中国人眼里乃是吉祥而圆满的象征。在毛泽东诞辰 100 周年之际，出版这套丛书，表达的正是我们对伟人这样的一种祝福和怀念的心情。这套丛书原计划出版 6 本，但由于方方面面的原因，当时仅有《军事人物篇》和《民主人士篇》问世，其余各篇，只好付之阙如，成为读者、编者乃至出版者的一件憾事。

10 年前，为了弥补这一缺憾，我们约请部分原作者，请他们在当年书稿的基础上，重新编写剩下的 4 本书。但由于事出仓促，原作者又分散在北京、上海各地，最终只有《毛泽东与他的亲友》和《毛泽东与他的师长学友》两本书及时面世，再次留下了未尽的遗憾，令人扼腕叹息。

岁月如梭，光阴荏苒。转眼又是 10 年过去了，毛泽东在历史的旷野里愈行愈远。然而，面对这样一位对 20 世纪的中国乃至世界产生过巨大影响的历史巨人，人们不得不说，要了解 20 世纪的中国，首先就必须了解毛泽东；而要真正全面地了解毛泽东，又不能不去了解他的人际关系。在新世纪的 10 余年里，像“毛泽东的人际交往”、“毛泽东的人格魅力”这样的话题，仍然被人们常谈常新，意犹未尽。事实证明，这一不断延伸的历史时段，为我们提供了越来越长的审视距离。随着时间的推移，当伟人的音容笑貌在人们的记忆中变得日渐模糊的时候，他的人格魅力却会在现实的认知中变得更加清晰；他所留下的精神和思想经过历史风雨的洗礼与淬炼，其时代价值也变得越发真切和实在。

正是因为这样的原因，在过去的10年乃至20年里，不断有读者给我们(包括作者和编者)打电话、写信、发邮件，询问《毛泽东交往百人丛书》的后续出版情况。他们不仅对已经出版的4本书给予了充分的肯定，而且迫切要求把这套丛书出齐。殷切之情，溢于言表，令人感动，令人鼓舞。为此，我们再次经过多方努力，终于找到了部分当年的原作者，补齐了剩下的两本书，以谢广大读者对我们的关爱之情，也表达我们对毛泽东由来已久的缅怀之意。

都说“十年磨一剑”。我们经过20年的努力，终于把当年承诺的6本书全部出齐，但个中的曲折和艰辛，不足为外人道。回首往事，可以毫不夸张地说：过去的20年，既见证了毛泽东经久不衰的人格魅力和思想影响，也见证了广大读者对毛泽东日久弥深的崇敬和热爱；既检验了各位编撰者坚持毛泽东研究和宣传的恒心与毅力，也检验了出版者一切从读者需要出发的工作态度和尊重作者劳动的负责精神。

为了纪念毛泽东诞辰120周年，我们这次把6本书一起推出，重新命名，统一体例，统一封面设计，以全新的面貌面世。它们分别是：《数风流人物——毛泽东与民主人士的交往》《恰同学少年——毛泽东与师长学友的交往》《江天水一泓——毛泽东与文化名人的交往》《当年鏖战急——毛泽东与军事人物的交往》《谈笑人依旧——毛泽东与亲朋好友的交往》《当惊世界殊——毛泽东与国际人士的交往》。这种分类编写的方法，能够反映出毛泽东在不同领域、不同阶层与不同身份人物交往的不同的内容和方式，便于人们了解毛泽东与各界人士交往的全貌、特点及其在各个领域里活动的具体情景。每本书各选约100人，大致可以覆盖毛泽东在各个领域里的人际交往活动，较为全面地再现毛泽东与各界人士交往的特点、过程以及交往情景、相互影响。

本着爱国不分先后、功劳不分大小、职位不分高低的原则，除《当惊世界殊——毛泽东与国际人士的交往》一书按英文字母顺序编排之外，其余各书一律按姓氏笔画顺序编排。人物的取舍、篇幅的长短，根据交往的深浅和材料的多寡而定。在记述毛泽东的交往过程中，还简要介绍了他所交往人物的生平经历，生动形象地反映他们的性格特征，同时还披露了一些鲜为人知的趣闻轶事。

在这次的编写出版过程中，我们对前两次出版的 4 本书进行了必要的修订并适当补充了新的材料，同时在书中增插了部分毛泽东手书的交往书信以飨读者。在编写过程中，我们参考了目前公开出版的有关毛泽东及其交往人物的各类书籍和报刊，同时又以更加翔实的资料和严谨的体例形成了自己的特色。这里我们谨对前人的劳作表示衷心的感谢，同时也为能留下一份毛泽东人际交往的系统材料而感到由衷的欣慰。对于编写过程中出现的错漏之处，欢迎有关专家、学者和广大读者批评指正。

说不尽的毛泽东，写不尽的毛泽东人际交往世界。在编写过程中，我们深感，毛泽东研究是一个历久弥新的时代课题，也是一个充满艰辛的求真历程。我们历经 20 年，虽然终于完成了毛泽东人际交往丛书的写作与出版，但仍然真心希望因纪念毛泽东诞辰而引发的高潮过去之后，留下基于恒心和平常心的持久关注，在广大毛泽东的崇敬者、爱好者的共同努力下，不断把毛泽东研究推向深入。

毛泽东人际交往丛书编委会

2013.11

目录

卫立煌

身为国民党陆军上将，曾长期参与“剿共”活动。但在百团大战中曾配合八路军对日作战。新中国成立之际，他从香港驰电祝贺。

卫立煌，字俊如，1897年生，安徽合肥人。早年在家乡义学读书。因家贫无以为生，1991年到庐州军政分府的队伍中当兵，1915年到广州参加粤军，1917年被人举荐到孙中山卫队当兵。因其作战勇敢，屡立战功，遂由排长逐步升至旅长。1925年任国民革命军第一军第三师第九团少将团长。1926年7月参加北伐，任皖北警备第三支队司令。1927年任北伐军第十四师师长、第九军副军长。1928年冬入北平陆军大学特别班第一期学习，1929年任国民党第四十五师师长。1930年起跟随蒋介石与共产党领导的人民军队作战近十年之久。在此期间，他先后任皖北“剿匪”指挥官、安徽省政府委员、国民党陆军第十师师长、第十四军军长、豫鄂皖三省“剿匪”军第六纵队指挥官、豫鄂皖边区“剿匪”总指挥兼豫鄂皖三省边区督办、赣粤闽湘鄂“剿匪”军北路军第二路军第一纵队指挥官、第五路军指挥、东路军前敌总指挥、驻闽预备军总指挥兼驻闽第十绥靖区司令官、闽赣浙皖边区“剿匪”总指挥。1931年11月当选为国民党第五届中央执行委员。1936年任陕甘绥宁边区总指挥，并升为陆军上将。1937年1月任“讨逆军”第五集团军总司令。抗日战争开始后，任第十四集团军总司令、第二战区前敌总指挥和南路前敌总司令，率中央军进入山西抗战，指挥了有名的忻口战役。1938年就任第二战区副司令长官兼前敌总指挥。

1938年4月，第二战区前敌总指挥部的车队途径延安，卫立煌决定利用这个机会与毛泽东会见。车队抵达城门不远处，卫立煌等人走下车来，在前来迎接他们的滕代远、萧劲光的陪同下，走进贴满标语的城门，穿过夹道欢迎的人群，来到城中一个接待处。这时毛泽东已跨出客厅房门半步，表示欢迎。寒暄之后，卫立煌即称赞八路军对日作战打得好，表示钦佩，觉得自己有机会来延安，非常荣幸。毛泽东也夸奖卫立煌将军抗日坚决，和八路军友好，并说我们要沿着这样一条路继续走下去。毛泽东谈锋极健，他认为目前国际和国内均有投降主义在活动，这是一种很大的危险；我们必须把片面抗战转变为全面抗战，在政治上有许多地方需要改造，也有改造的可能。毛泽东对于日军的动向也作了全面的分析。他认为目前在山西的抗战非常重要，如果不是我们大家在山西拖住日军的尾巴，日军从风陵渡渡过黄河，夺取潼关，掐断陇海线，就能截断中国和苏联的国际路线，进一步压迫中国投降。卫立煌等人听了深表钦佩。此后，毛泽东还谈到八路军深入敌后，存在很多困难，弹药消耗很大，需要得到补充；特别是医药卫生器材缺乏，希望卫立煌帮助向主管部门催促；还有现在已快到夏天了，夏服还没有影子，不知道是什么缘故。卫立煌听后表示一定要帮助解决这些问题。这天中午，毛泽东设宴招待卫立煌一行。

延安之行对卫立煌产生了很大的影响。从此他对于延安出版的书籍杂志看得多了，不只是看看标题，而且翻阅一部分文章。他还细读了毛泽东的名著《论持久战》。这本书对于他的"速胜论""唯武器论"等思想有很好的疗效。1939 年初，卫立煌升任第一战区司令长官，9 月兼河南省政府主席、河南省保安司令，1940 年又兼任冀察战区总司令。他拒绝与八路军打内战，同朱德签订了驻军防区的协议，并在百团大战中配合八路军对日军作战。1941 年夏，他被撤销河南省政府主席职，后又被撤去第一战区司令长官职，调任军事委员会西安行营主任以及赴缅甸远征军第一路司令长官，因通共嫌疑并未到任，在成都赋闲。1943 年秋任中国远征军司令长官，率部进军缅甸。

1945 年 4 月，卫立煌任中国战区陆军副司令，5 月连任国民党第六届中央执行委员。1947 年任战略顾问委员会主任委员。1948 年 1 月任东北行辕代理主任兼东北"剿匪"总司令，并暂兼代东北行辕政务委员会主任委员，因在辽沈战役中没有积极执行蒋介石的"反攻"命令，11 月被撤职查办，12 月初软禁南京。1949 年初获释后去香港。

1949 年 10 月 1 日，中华人民共和国宣告成立。卫立煌闻讯兴奋异常，亲笔起草了一份电报：

> 北京毛主席：先生英明领导，人民革命卒获辉煌胜利，从此全中华人民得到伟大领袖，新中国富强有望，举世欢腾鼓舞，竭诚拥护。煌向往衷心，尤为雀跃万丈，敬电驰贺。

1955 年 3 月 15 日，在周恩来的亲切关怀下，卫立煌一行回到广州。他迅即发电报到北京，向毛泽东主席等人致敬，报告他已经回来了，同时将预先准备好的《告台湾胞泽朋友书》交给新华社发表。3月18日，卫立煌在广州接到毛泽东主席发来的电报，电文如下：

> 卫俊如先生：3月16日电报收到。先生返国，甚表欢迎，盼早日来京，藉图良晤。如有兴趣，可于沿途看看情况，于本月底或下月初到京，也是好的。

卫立煌回国后，党和政府给了他很高的荣誉。他先后担任了政协全国委员会常务委员，国防委员会副主席，并被选为全国人民代表大会代表，民革中央常务委员，参与国家军政建设，并不断到祖国各地参观、巡视。

毛泽东主席十分欣赏卫立煌将军回归祖国这一明智之举，对其给予过很高的褒奖。1956年，他在《论十大关系》一文中，就曾提到过："一切善意地向我们提意见的民主人士，我们都要团结。像卫立煌、翁文灏这样的有爱国心的国民党军政人员，我们应当继续调动他们的积极性。"显然，这是毛泽东对卫立煌追求真理，努力学习革命理论，愿意进行自我改造的高度评价。

1957年4月17日晚间，为欢迎苏联最高苏维埃主席团主席伏罗希洛夫元帅，国务院在北京举行盛大酒会。毛泽东主席和周恩来总理等党和国家领导人出席了晚宴，卫立煌也应邀出席。

席间，周恩来总理向苏联客人介绍了卫将军。伏罗希洛夫说：只要我们团结一致，我们是无敌的。周恩来总理意味深长地说：国共两党过去已经合作过两次。毛泽东主席接过话头说：我们还准备第三次国共合作。对此卫立煌和周围的人都深表赞同。

1959年9月，适逢新中国成立10周年前夕，《人民画报》发表了卫立煌撰写的一篇文章——《回到祖国大陆之后》，历述了他回京后的心情和崭新的生活。同期画报还刊载了他与毛泽东在宴会上的大幅照片以及他视察工厂、接见旧部等一系列照片。

卫立煌定居北京后，与夫人、儿子和儿媳妇生活在一起，安居乐业，颐养天年，晚年生活愉快、幸福。1960年1月17日，他病逝于北京，享年64岁。

印發

廣州華南分局即送衛俊如先生：

三月十六日電報收到。先生返國，甚表歡迎，盼早日来京，藉圖良晤。如有興趣，可於沿途看看情况，於本月底或下月初到京也是好的。

毛澤东 三月十七日

马占山

九一八事变后，他率部打响了抗日的枪声。1938年曾到延安治疗枪伤,毛泽东亲赴医院看望。

马占山,字秀芳,1885年11月30日生于吉林怀德。由于家中贫困,从七八岁起就给地主家放马。18岁那年被人诬陷,为报仇雪恨,离家出走,上黑虎山落草为寇。1905年,清政府为恢复对地方的统治,着手收编散在各地的民团。马占山带着他的弟兄响应收编,脱离绿林,参加怀德县地方武装"游击队",被推为哨官。1908年,怀德县"游击队"改编为清政府直属部队,委马占山为哨官,进驻昌图。

辛亥革命后,马占山所在部队改编为中央骑兵第二旅,他在该旅第三团任连长。1918年升任营长。1920年随军赴黑龙江省并升任骑兵团团长。1925年起任东北陆军第十七师骑兵第五旅旅长、黑龙江陆军步兵第三旅旅长。1928年东北易帜后,他被任命为黑龙江省"剿匪"司令。1929年改任黑龙江省骑兵总指挥。1930年10月调往黑河地区,任黑河警备司令。九一八事变后,黑龙江省省长万福麟躲在北平不敢回省,马占山于10月被任命为黑龙江省政府代理主席兼黑龙江省军事总指挥。到职后立即进行军事部署,防范和打击日伪军的进攻。11月4日,日军对洮昂铁路的嫩江桥发起全面进攻,他率部奋起抵抗,打响了九一八事变后中国人民抗日的第一枪。1931年11月17日,马占山任黑龙江省政府主席。1932年2月,一度屈服于日军的压力,任伪黑龙江省省长和伪满军政部部长。4月率旧部离开齐齐哈尔,向全国发出"再抗战"的通电,并联络省内抗日武装力量联合作战,不断给予日伪军以有力打击。12月在日军的围攻下被迫退入苏联境内。后经莫斯科绕道欧洲,于1933年6月回到上海,任国民政府军事委员会委员。1936年西安事变期间赶到西安,并在张学良、杨虎城通电全国的"八项主张"上署名。1937年7月抗日战争爆发后,任东北挺进军司令。9月底参加绥远保卫战,失利后在阴山一带与日军作战。1938年5月上旬,挺进军司令部移至哈拉塞,继续进行抗日复土活动。中旬,赴重庆报告晋绥抗战形势,解决武器弹药补给,受任第十二战区副司令长官。7月中,归途至西安面见胡宗南,报告东北战况,研讨补给运输问题。8月由西安返防，行至稻草铺因猎枪爆炸受伤，赴延安求医。当时萧劲光是延安警备负责人，对马占山特别关照，立即组织抢救。不几天毛泽东知道了，前去看望，对他说："我看你的伤势很重，大夫医药，延安完全给你想办法，不会误了你的伤势。"接着又风趣地说："过几天，你就回榆林吧！你是世界上知名人士，万一你死在延安，蒋介石会大做文章，给我带来洗不掉的污点。"马占山也笑着说："不要紧，我死不了。"毛泽东又说："日本帝国主义侵华部队到处挨打，必定以失败而告终。不过伪满洲地区，还有其精锐部队没有损失，免不了在满洲地区负隅顽抗，未来收复东北，要你给搭个过渡桥。"

在延安召开的欢迎马占山将军大会上，毛泽东致辞说："马将军8年前在黑龙江首先抗日，那时红军在南方即致电热烈欢迎，8年之前红军已与马将军成为抗日同志。马将军年逾半百，仍在抗战的最前线与敌周旋，这种精神值得全国钦佩。"马占山说："今天我们以打日本至上。不管什么人，只要他真正抗战，一心打日本，我们就跟他一起干，等把日本打垮之后，把小鬼子赶出中国，我们的任务完成了，我自会把军衣一脱，做一个平平安安的中国老百姓。"

9月，马占山告别延安，返回哈拉塞，为了答谢在延安时各位首长的关怀，他分别写了感谢信。

1940年5月3日，国民政府命令改组辽宁、吉林、黑龙江、热河四省政府，任命马占山为黑龙江省政府主席。1941年，马占山派他的参谋处处长李世绩前往陕西接收新兵，部队进入洛川八路军防地，驻洛川的八路军前方部队误以为是包围延安的胡宗南部队进攻解放区，出动驻守边区部队，把已进入解放区的东北挺进军先头部队约七八百人，全部包围并缴械。事情弄清后，毛泽东致电马占山，电文大意：府谷马占山将军，纯系误会，希即派员来接。马占山致函毛泽东，并派本部副官杜海山前往延安，接领新兵。杜海山持函赶到延安，把新兵安全接回陕北，枪支弹药完整无损。杜海山离开延安时，毛泽东送了七八斤的延安土产糖果给马占山。马占山收到后复函，对毛泽东的馈赠表示特别感谢。电文大意是：延安毛泽东主席，接兵部队已经如期安全到达了陕北防地哈拉塞。承您赐赠糖果和新兵过延安时期有劳关怀之处，在这里一并表示感谢，顺祝您健康愉快。

1945年日本投降后，马占山任东北行营政治委员会委员。1946年9月任东北保安副司令长官。1948年8月任东北"剿匪"副总司令，后看到国民党军队在东北败局已定，以治病为名留住北平。12月为促进和平解放北平而奔走。1949年1月与傅作义、邓宝珊等宣布起义脱离国民党。

1950年6月13日，毛泽东办公室电话通知，邀请马占山出席全国政协一届二次会议,马占山因病未能参加。11 月 29 日,他病逝于北京寓所。临终前在遗嘱中写道:“我亲眼看见我中国在毛主席和中国共产党之领导下, 全国人民获得解放,新民主主义已胜利实行,人人安居乐业,我生平理想中之新型国家已建设起来。我虽因病与世长离,但可安慰于九泉之下。……”

马叙伦

他曾任北洋政府教育部次长，后又任中华人民共和国第一任教育部部长。

马叙伦，字彝民，后改字夷初，号石翁、寒香，晚年称石屋老人。1885年4月27日，马叙伦出生于浙江省余杭县一个世代书香门第。他4岁启蒙读《小学韵语》，14岁入“养正书塾”读书。1902年，他因代学生鸣不平，触怒了校方，被学校开除，随即到上海报界谋生。

1911年，马叙伦赴日本，由章太炎介绍加入了中国同盟会，回国后在上海办《大共和日报》，任总编辑。从1921年起，他曾任浙江省教育厅厅长、北洋政府教育部次长、国民党北京特别党部宣传部部长等职。抗日战争时期他积极从事抗日反蒋活动。1946年在上海发起组织了中国民主促进会。

马叙伦是一位博学多才的教育家、爱国民主人士，对语言学、文学、书法都有研究。他拥护中国共产党，敬仰毛泽东，与毛泽东交往较早。

1937年，七七事变、八一三事变相继发生，马叙伦因贫困所迫，困居上海。这期间汤尔和任华北临时政府教育总长，曾派专人来上海请马叙伦出任北大校长，马叙伦一口回绝说：“我是为了抗日救国而被迫离开北大的。现在敌人全面进攻，困难当头，我岂能回到敌人刺刀下混饭吃呢？”

1946年6月23日，马叙伦参加上海各界人士举行的反内战示威游行，被推为赴南京请愿代表。当代表到达下关时，国民党派遣的特务大打出手，马叙伦身受重伤，造成震惊中外的下关事件，当天，中共代表周恩来立即向国民党当局提出强烈抗议，并同邓颖超、董必武深夜赶到医院慰问，毛泽东和朱德特从延安致电马叙伦：“先生等代表上海人民奔走和平，竟遭法西斯暴徒包围殴打，可见好战分子不惜自绝于人民。中共一贯坚持和平方针，誓与全国人民一致为阻止内战、争取和平奋斗。谨电慰问，并希珍重。”

1948年4月30日，中国共产党发出五一号召，提出召开新政治协商会议，马叙伦和香港的各民主党派和无党派民主人士，立即通电响应，并于11月27日离开香港进入东北解放区。

1949年北平解放,2月份马叙伦到达北平。3月28日,他陪同毛泽东主席、朱德总司令在北平西郊举行阅兵仪式。他激情满怀,当晚写诗抒怀。4月1日,中国共产党与南京国民党当局开始谈判,在谈判过程中,毛泽东亲自接见马叙伦、李济深、沈钧儒等人,对和平谈判的情况及今后的方针进行交谈。5月中旬,毛泽东又亲自邀请马叙伦商谈有关政协筹备、经济建设以及外交贸易等问题。马叙伦心情异常激动,提了许多宝贵意见。

1949年11月1日,中华人民共和国教育部成立,马叙伦担任了第一任教育部部长。他精神焕发,以极其饱满的政治热情、强烈的事业心,开始了献身人民教育事业的新征程。1950年9月,召开第一次全国工农教育会议,毛泽东、朱德、马叙伦亲临会场,接见代表。

由于建国不久,经济刚恢复,人民生活十分困难,加上学校课外活动多,学习负担过重,学生的健康受到了影响。身为教育部部长,了解到这一情况之后,马叙伦在参加中国人民政治协商第一届全国委员会第二次会议期间,利用会议休息时间,及时向毛泽东作了汇报,毛泽东旋即手书“健康第一”,并说:“营养不足宜斟酌经费,学习时间宜大减,病人应有特别待遇。”

1950年6月19日,马叙伦又得到毛泽东函示:

要各校注意健康第一,学习第二。营养不足,宜酌增经费。学习和开会时间宜大减,病人应有特殊待遇。全国一切学校都应如此。

1951年1月15日,毛泽东又来一函:

此问题深值注意。提出健康第一,学习第二的方针,我以为是正确的。

提议:

“采取行政步骤,具体地解决此问题。”

马叙伦得到毛泽东的指示后,立即领导教育部积极贯彻执行,组织干部开展调查研究,提出具体解决措施。

马叙伦是全国人大第一、二届常委，政协第一、二、三届委员、第四届副主席，中国科学院学部委员，中国民主促进会主席。

1970年5月4日，马叙伦因并发肺炎，抢救无效，不幸病逝，终年86岁。

马寅初

新中国成立后不久，他出任北京大学校长。在毛泽东面前自称“兄弟”。1957年在最高国务会议上阐述人口问题时，得到了毛泽东的支持和肯定。

马寅初，浙江嵊县人，生于1882年，1906年毕业于北洋大学。1906年赴美留学，获得哥伦比亚大学经济学博士学位。1919年后曾任北京大学、东南大学、杭州财务学校、上海交通大学、南京中央大学、重庆大学等校教授，是我国著名的经济学家、人口学家、教育家。1941年因反对国民党的反动统治而被囚禁。1944年冬恢复自由。1948年在中共地下党组织的帮助下，离开上海进入东北解放区。

马寅初先生一生很尊重毛泽东，推崇毛泽东思想。他与毛泽东的友谊是在20世纪40年代建立的。1945年毛泽东去重庆谈判时，两人便有了直接交往。

1951年6月，马寅初出任北大校长。一次在中南海开会，他对毛泽东说：“要兄弟把北大办成第一流的学府，主席您就得支持我的工作。”毛泽东笑容可掬地问：“马老，你要我怎样的支持？”“不要别的，只希望主席能够批准兄弟点名邀请谁到北大讲演，就请不要拒绝！”“这个好办。”马老话音刚落，毛泽东紧接着风趣地说：“我批准了！马老校长，我给你这个尚方宝剑！”这岂止是工作的支持，更体现了友情的真切。马老得到“尚方宝剑”后点名邀请了不少党政领导干部到北大演讲，如中共中央组织部副部长安子文、中央财经委员会副主任薄一波、中央人民银行行长南汉宸等。

还是这一年，国庆节在天安门城楼观礼，马寅初站在毛泽东身后，当北大学生游行队伍举着红楼模型通过时，毛泽东问马老：“红楼还是原来样子吗？”“一切还是原样，没有丝毫损失！”马寅初说，“你和李大钊在红楼的工作室也对外开放了。”正交谈之间，突然下起了大雨。毛泽东看看游行队伍，关切地说：“马老，您的学生淋雨了，我给您派人打电话，通知学校，让食堂给大家准备姜汤！”马寅初动情地说：“谢谢主席关怀！”游行结束，马寅初回到北大，看到同学们正喝着滚热的姜汤时，兴奋地把在天安门城楼上与毛泽东的谈话告诉大家，鼓励同学们：“今后更加努力奋进,不要辜负毛主席的关怀……”

20世纪50年代中期,马寅初先生在浙江做了大量调查研究,发现农村人口增长率一般在百分之三、四,认为这是个大问题,从而提出了以节制生育、提高人口质量为中心的“新人口论”。他的见解第一次在1956年的全国人民代表大会浙江小组会上提出后,立即引起很大反响。著名爱国人士邵力子、著名科学家竺可桢、赵忠尧、王国松、顾功叙等都表示赞成支持。但不少人认为这个问题苏联没有讨论过,中国也不要讨论。1957年春天,在毛泽东主持召开的最高国务会议上,马老再次阐述了人口问题,他的发言得到了毛泽东的支持和肯定。毛泽东笑着说:“人口是不是可以搞成有计划的生产,完全可以进行研究试验。马寅初今天讲得很好!从前他的意见,百花齐放没有放出来,准备放,就是大家反对,就是不要他讲,今天算是畅所欲言了。”周恩来、刘少奇对马寅初的发言,也都表示赞同,为此,马寅初受到极大鼓励。他感到自己与共产党人息息相通,无比兴奋地说:“我们的最高领袖毛主席对人口问题有同样的看法,这是件可喜的事,因此,我对毛主席表示最崇高的敬意。”1957年,马寅初在反右派斗争中,旗帜鲜明地批判了否定和削弱中国共产党的领导的各种言论,但他也痛惜反右斗争扩大化所造成的严重后果。当时,学术界对马寅初人口论的讨论以至批评,本来是学术争端,是我们党新提倡而又受到法律保护的“百花齐放,百家争鸣”的问题。但后来,康生、陈伯达插手其间,利用这一学术争端,兴风作浪,硬说马寅初的问题不是学术问题,而是“借学术为名,搞右派进攻”。1960年3月31日,马寅初“辞去”了北大校长职务。这位八旬老人“辞官归第”时的委屈心情,人们是不难想象的。然而他虽然身处逆境,内心却依旧关注党和国家的大事。他仍然在思考,在探索,在继续维护自己认定的真理。1960年他还写了一些人口论和经济理论的文章,但他看到国家处在困难时期,为维护社会安定,便把文章压下,不送出发表。1960年10月,马寅初参加了全国政协学习座谈会。到1961年6月,他在学习座谈会上先后发言11次。在全国人大常委会小组会上,他也发了言,还专门找人谈话,撰写文章,除了继续阐述自己的人口论和经济理论外,还发表了不少关于学习毛泽东思想、维护毛泽东尊严的意见。

党的十一届三中全会后,马寅初蒙受了二十年的冤屈得到平反,恢复了政治名誉。不久,又被增选为第五届全国人大常委、全国政协委员,并被聘为北京大学名誉校长、中国人口学会名誉会长,马寅初宁静的心境顿时翻腾起来,他感慨地说:“我这样的案子也能翻过来,历史上是没有的。共产党真伟大!”1982年,马寅初在欢度了百岁寿辰后逝世。

王以哲

他与陈诚、何应钦等国民党高级将领是同学，却屡次推诿蒋介石的“剿共”命令，热衷于国共合作抗日，是张学良联合红军的桥梁。

王以哲，字鼎芳，1896 年 11 月 29 日出生于黑龙江省宾县。他生长在受列强欺凌的旧中国，自幼就有着爱国主义的思想。1916 年，王以哲中学毕业后投笔从戎。1920 年考入保定军官学校步兵科，与陈诚、何应钦等国民党高级将领同学。由于他聪颖好学，刻苦努力，以优异的成绩毕业。他怀着报效国家、保卫家乡的赤子之心投奔张学良将军，历任排长、连长、营长、团长、师长、军长等职。

1933 年 6 月下旬，蒋介石电召王以哲去庐山，对他说：“你要很好掌握东北军部队，直接听我的调遣，参加‘剿共’，我可以把东北军组成一路军，由你当总指挥。”但遭到王以哲婉言拒绝，蒋介石对其顿生忌恨。同时，王以哲又将这次蒋介石给的礼仪 5 万元全数拨给部下，自己分文不取，他的这种高风亮节在东北军中产生了广泛的影响。

1934 年 1 月，王以哲任军长的六十七军被蒋介石从河北抗日前线调到大别山参加“剿共”。王以哲对内战感到厌倦，一心想保存实力，对红军采取消极作战的态度。在蒋介石的拼命督促下，王所部在与红军的作战中，先后损失了两个师又两个团。在战斗中，红军大打政治攻势，“中国人不打中国人”，“枪口对外，团结抗日”，“东北军打回老家去”等口号不绝于耳，不但打动了东北军广大战士的心，也勾起了王以哲对日本帝国主义的新仇旧恨，内心深处更不愿意打内战，自残骨肉。

1936 年 1 月 19 日，彭德怀发给王以哲一份电报，开始通讯联络。20 日，李克农到洛川，把中共中央决议交给王以哲，充分表现了中国共产党的诚意。此后，李克农作为红军代表常驻王以哲军部。王以哲就成为张学良联合红军的桥梁和信得过的助手。

1936 年 4 月 9 日，张学良偕同王以哲、刘鼎及随行人员飞抵延安。当天晚上，中共中央军委副主席周恩来与张学良作了彻夜长谈，最后商定：由张学良在里面劝，共产党在外面逼，内外夹攻，逼蒋抗日。王以哲对逼蒋抗日的思想是完全赞同的，并忠实地为实现这一政策而努力。他全力支持红军，曾经一次给红军2000支步枪和10万元钞票。

1936年8月，红二、四方面军到达甘肃境内，准备与中央红军会师，蒋介石立即调集胡宗南、毛文炳等部10余万人组成左路军，又令王以哲指挥东北军7个师组成右路军，围追堵截红军。10月，王以哲每日与彭德怀交换电文，配合红军突围，并动员西安军需被服厂赶制棉衣、棉鞋和皮帽，以供给六十七军为名，运送给红二、四方面军。王以哲部队除配合红二、四方面与中央红军会师外，还积极实施中共中央与张学良另一大的战略计划：为了团结杨虎城，准备把陕西让给杨虎城，东北军和红军则在甘、宁、青建立抗日根据地，西联新疆，建立与苏联的通道，东进绥蒙抗击日军。张学良认为王以哲最能领会这个战略意图，遂将其派往西线。

毛泽东曾于1936年8月致函王以哲，赞扬他说："张副司令及我兄联俄联共抗日之主张，并非少数人的主张，实全国爱国同胞的主张"，"目前蒋氏及其一派亦正在开始进行联俄联共政策，我兄与张副司令实此政策之首先提倡与首先实行者。"毛泽东在电文中将王以哲尊称为"我兄"，表现出他对王以哲爱国行为之肯定。

1936年12月12日，西安事变爆发。凌晨6时，王以哲即向中共中央发了两封电报，一封是以张学良名义拍发的，一封是以他自己名义拍发的，电报通报了捉蒋消息，并说："全国抗日民族解放大有机会搏斗。"中共中央和毛泽东决定派周恩来、博古、叶剑英等代表赴西安，共商救国大计。周恩来到西安后，说明中共和平解决西安事变的方针，张学良和王以哲都极表赞成。当时少数少壮派军人气势汹汹，声言有敢释放蒋介石者，予以格杀。王以哲不顾个人安危，表示坚决支持中共和平解决的方针，他说："蒋介石发动大规模内战达十年之久，残杀共产党人和爱国志士何止万千。但共产党不报私仇，为国家、为民族，决心停止内战，一致抗日，表现了共产党人的大公无私，感人至深。"周恩来后来回忆起当时的情景时说："首先给我诚恳支持的就是王以哲将军，他的发言很鲜明，很有感情。"

1937年2月2日，王以哲在一次变乱中不幸殉国，终年41岁。周恩来闻讯后，率中共代表团成员去王以哲家吊唁，指出杀王是错误的。2月4日，毛泽东、朱德等中共中央领导人发来唁电：

"鼎芳先生遇难，不胜惊悼。鼎芳先生努力于抗日民族统一战线，不但国家民族之干城，亦爱国人民之领袖。此次主持和平，力求统一，乃见恶于少数不顾大局之分子，遽以身殉。苏区军民同声悼惜。

现王以哲的遗体安葬在北京万安公墓，上有邓颖超题词“爱国将领——王以哲烈士之墓”。

王季范

他是毛泽东的姨表兄，又是毛泽东的授业老师。毛泽东曾对家人说：“没有他，就没有我。”

王季范，又名王邦模，1854年出生，湖南省湘乡县十四都弦歌乡人。父亲王文生，曾在东北任小官吏。母亲王文氏，系湘乡大坪棠佳阁文芝仪的次女，行六，是毛泽东的母亲文七妹的亲姐姐，即毛泽东的二姨妈。王季范比毛泽东长9岁，在同辈兄弟中排行第九，后辈人均称他为“九阿公”，毛泽东则一直叫他“九哥”。

王季范从小聪颖好学，领悟力强，深得老师器重。他考入长沙优级师范（即湖南大学前身）时，正值20世纪初，欧风东渐，新学兴起，湖南风气为之一新。王季范受到维新派人士的影响，接受了民主思想的启蒙教育，不断倾向进步。他在优级师范系统地学习了数学，并取得优异成绩。毕业后，到湖南第一师范担任了教员。

毛泽东小时候常到棠佳阁外婆家去，并拜七舅父文玉瑞为干爹。在这里，他认识了常来外婆家的姨表兄王季范，并常向他请教一些经书上的知识，王季范很喜欢这位好学的表弟，每次总是耐心讲解，热情施教，有时还把他带到家里一起切磋，一起玩耍。当王季范在长沙担任一师教员时，毛泽东从东山学堂毕业来到了湘乡驻省中学读书，后又入湖南省立第一中学，其间多得王季范帮助和指点。此后，毛泽东通过半年多的自学生活，1913年春以优异成绩考入湖南第四师范读书。1914年春，四师并入一师，毛泽东转入一师，被编入第八班，直接受教于王季范。从此，他们之间的关系更加深了一层。王季范不仅在学习上对毛泽东认真指点，谆谆教诲，而且对他的革命活动也尽力支持。毛泽东胸怀大志，为“改造中国与世界”而孜孜求学，勤勉奋进，使王季范深为敬佩。在这一时期毛泽东接触了许多进步思想，常与蔡和森等人一起商谈国事，探求真理，组织和领导了一些活动，但也每每因此惹出一些麻烦来，常常是王季范出面斡旋，多方疏通，方才转“危”为“安”。

1915年上学期，湖南省议会公布了一项决定，从秋季开始，每个学生要缴纳10元的学杂费。身为湖南第一师范校长的张干，对于此决定衷心拥护，坚决执行。该校师生对此议论纷纷，尤以家境贫寒的学生情绪愤激，纷纷反对张干的做法。他们在毛泽东的领导下，在学校掀起了"驱张运动"。张干得知此事后，恼羞成怒，下令要将毛泽东等带头闹事的17个学生统统开除。王季范得知此讯后，十分焦急，既怕毛泽东的学业受到影响，又为张干独断专行而气愤。于是，他找到杨昌济、徐特立、方维夏等校内几位有威望的教员商量对策。杨昌济等人赏识毛泽东的才华，也反对张干的做法。他们召集了一个全校教职员会议，提出罢教，为学生鸣不平，对张干施加压力。在无可奈何的情况下，张干不得不收回成命，提出辞职。第一次大革命中，毛泽东在湖南从事革命活动时，曾数次遇险，遭到反动派的追捕。王季范亦多次利用自己在教育界的声望和地位，掩护他脱险。

1928年2月至1936年7月，王季范任长沙长郡联立中学校长。1937年春，任河南省教育厅秘书长。3个月后返湘，任广益中学校长及育才学校代理校长。继之，致力于创办长沙衡粹女子职业学校。

王季范与毛泽东自1927年马日事变前在长沙分手，至1950年在北京会面，数十年间，他们彼此分离，但时常多方设法捎信问候，互相鼓励。1949年6月，时值湖南和平解放前夕，王季范以湖南教育界知名人士的身份，参加了长沙地下党领导的解放活动。他通过长沙市工委与湘潭市工委取得联系，从湘潭向解放区和毛泽东发电报（当时因特务搜捕甚紧，在长沙发报易被敌人侦悉，故改在湘潭），报告"湖南和平起义可望促成"的胜利消息，并建议迅速派人南下，准备接管湖南政权，做好筹粮支前工作，早日解放全中国。1949年8月，程潜、陈明仁通电起义，湖南获得和平解放，党中央随即派出南下工作团到达湖南，接管湖南政权。此间，王季范连续三次致电毛泽东，对他领导的中国革命的胜利表示热烈祝贺，并提出"用贤才、立法制、崇道德"三个治国重点，供毛泽东参考。

中华人民共和国成立后，毛泽东派表侄女章淼洪从汉口到长沙接王季范和周世钊上京（章抵湘后，王已先期北上）。王季范到京后，成为毛泽东家的座上客，经常陪同毛泽东接见来自湖南家乡的父老乡亲和各界人士，如齐白石、章士钊、仇鳌、毛宇居、张干等。他们谈古论今，叙述旧情，好不欢畅。

1952年春，毛泽东在丰泽园住所设宴招待来自湖南家乡的客人。宴会前，他拉着王季范的手向江青、毛岸青、李敏、李讷等家人和工作人员介绍说："这是我的九哥，是我姨表兄。他家住在湘乡十四都。"他接着说："没有他，就没有我。"

1952年，毛泽东的老师、校长张干等应邀到北京，受到毛泽东的亲切接见。王季范曾派专车陪同张干等一行4人游明十三陵和汤山。他还将张干等接到家里商谈湖南第一师范建校问题，并赞成张干提出的在长沙城南辟一公园，兴建毛主席纪念馆的建议。

1955年11月,王季范率部分人民代表到湖南视察,在省委秘书长杨第甫的陪同下,前往韶山参观毛泽东主席故居,并在故居前合影留念。他还在照片上方亲笔题写了"瞻仰主席故居留影"几个字,表达对毛泽东深深的爱戴之情。

王季范满怀热情地参加新中国的建设,历任湖南行政学院副院长,湖南省文史馆馆员,政务院参事,第一、二、三届全国人民代表大会代表。在他晚年病重住院期间,毛泽东和周恩来曾请王季范的孙女王海容转致慰问。

1972年7月11日下午,王季范先生在北京因病逝世,享年88岁。在王季范追悼会上,毛泽东敬献了花圈。花圈的飘带上写着:"九哥千古!毛泽东敬挽"。

王昆仑

他 1922 年加入中国国民党,1933 年秘密加入中国共产党。1945 年 5 月在国民党第六次代表大会上痛斥顽固派的反动阴谋,被毛泽东称为"有胆有识之士"。

王昆仑,1902 年生,笔名太愚,江苏无锡人。1919 年在北京大学哲学系读书时,积极参加五四运动。1922 年加入中国国民党。1926 年,到黄埔军校潮州分校任政治教官,后随军参加北伐。1927 年蒋介石叛变革命后,王昆仑曾担任国民革命总司令部政治部秘书长,因不满蒋介石的反动统治而辞职,并在国民党内开始从事反蒋民主活动。1931 年九一八事变后,他拥护中国共产党提出的抗日民族统一战线主张,思想逐渐发生变化,并于 1933 年秘密加入中国共产党,从事党领导下的统一战线工作。

1935 年华北事变后,王昆仑响应党的号召,积极从事抗日救亡运动。他利用担任国民政府立法委员等身份,支持部分爱国人士和共产党员发起筹备各界救国会,并从各方面提供帮助。1941 年初,皖南事变发生后,在周恩来、董必武、王若飞的支持下,王昆仑与许宝驹、王炳南等人在重庆发起成立中国民主革命同盟(简称"小民革")。

1943 年,王昆仑又联合谭平山、陈铭枢等发起组织了"三民主义同志联合会",被推选为 7 位主要领袖之一。1945 年 5 月,他出席国民党第六次全国代表大会,会上不畏强暴,公开揭露国民党顽固派勾结日伪、制造分裂、策划内战的种种反动阴谋,在当时曾引起很大震动。

1945 年重庆谈判期间,毛泽东曾在红岩村接见王昆仑、许宝驹、屈武三位中国民主革命同盟的负责人,周恩来与王炳南陪坐。这天,他们得到毛主席要约议面谈的通知后,迅即坐上汽车,经过昏暗而曲折的道路向红岩坡驶去,心情十分激动。这次谈话,从吃饭时开始,共谈了 10 小时之久。毛泽东的兴致极高,开怀畅谈,旁征博引。其中还特别与王昆仑讲到了《红楼梦》等问题的研究(王氏曾有志研究红学,著有《红楼梦人物论》等红学论稿)。谈话中,毛泽东以古喻今,风趣横溢的谈话,使王昆仑等人听得入了迷,忘了时辰,直至深夜才想起告辞,他们既想多听一会儿毛泽东的高论,同时又恐影响毛泽东的休息和次日活动安排。

在这次会见中,王昆仑等人还向毛泽东反映了国民党当局假和谈、真备战的情况,以及“小民革”同仁对时局的看法。屈武还向毛泽东介绍了不久前王昆仑在国民党第六次全国代表大会上对国民党的大胆揭露与批判,毛称赞王“真是有胆有识之士”。毛泽东对“小民革”的工作十分赞赏。他说:我代表中共中央对你们经常提供的国统区情况情报表示感谢,这些情况对我们远在延安分析时局动向帮助很大,希望你们继续在国民党内部努力工作,更多地争取国民党内部的进步势力站到人民一边来。同时他也指出,目前国民党统治区的斗争十分复杂,摆在我们面前的困难和问题还很多,虽然前途是光明无疑,但斗争却也艰巨重大,道路是曲折的。

1945 年 10 月间,毛泽东从重庆回到延安后,在一次干部会议上,曾特别谈到这次与王昆仑等“小民革”领导人会见的情况,称赞他们对党的政策了解得透彻,理解得深入。后来,在 1949 年春“小民革”宣布结束前,周恩来曾两次找王昆仑等人谈话,当面介绍了毛泽东对他们的上述称赞,并说,毛主席在重庆期间与朋友们谈得最相得的就是那次与你们的会晤。

重庆谈判期间,在以孙科、冯玉祥领导的中苏文化协会举办的欢迎毛泽东大会时,王昆仑还以常务理事的名义参加了具体的招待筹备工作。事后王昆仑曾回忆说:从这次鸡尾酒会上可以看出,重庆各界对毛泽东的到来都是极为钦佩的,无不夸赞他的胆识与气魄,至于有幸亲自与他会见的人士,更无不被他温和的声调、平易的说理及雅儒的风范所打动,他才气横溢的风趣和幽默,尤足令山城各界所存念深许。

1948 年,为避开国民党反动派的迫害,王昆仑赴美考察。在美期间,他还协助冯玉祥在旅美的华侨和学生中间继续从事反蒋民主活动。1949 年 1 月,他响应毛泽东的号召,从美国取道苏联直接回到我东北解放区,参加筹备新政协的光荣任务。9 月间,王昆仑代表“三民主义同志联合会”出席了新政协第一次全体会议,当选为政协常委。会前,毛泽东还曾把他与其他许多民主党派的领导人接到中南海会晤,一则叙旧,再则与之共商国是。

新中国成立后,王昆仑曾任政务院政务委员,北京市副市长,第一、二、三、四届全国人大常委会委员,第三、四届全国政协委员,第五、六届政协副主席等重要职务。1979 年,出任民革中央副主席,1981 年底至逝世前,一直担任民革中央主席一职,为民革的建设与国家的统一,耗费了大量的精力,贡献巨大。

仇　鳌

他曾任船山学社社长和湖南自修大学校长之职，与毛泽东是忘年之交。毛泽东曾对他说：“共产党就是需要你这样的诤友。”

仇鳌，字亦山，1879年生，湖南汨罗人，早年留学日本，毕业于明治大学，积极参加反清活动，是同盟会创始人之一。曾相助孙中山、黄兴、宋教仁等人首倡辛亥革命，后又大力进行“倒袁”、“护法”活动。由于他年长资深，知识渊博，思想开明，关心教育，奖掖后进，故在湖南威望甚高，深得社会各界的敬重。

毛泽东在湖南第一师范读书期间，也曾多次听过仇鳌的讲演，对他的学识极为心折。1921年11月，毛泽东、何叔衡来到船山学社拜见仇鳌，提出要创立一所新型大学，“采古代书院与现代学校二者之长，取自动的方法，研究各种学术，以期发现真理，造就人才，使文化普及于平民，学术流传于社会”。仇鳌欣然同意，决定由船山学社承办，取名“湖南自修大学”。仇鳌被推选为校长，毛泽东任教务主任。从此，自修大学在仇鳌和船山学社的掩护下，成为中共湖南地方组织公开活动的场所。毛泽东本人和他的一些战友，也一边在自修大学学习，一边领导长沙等地的工人运动。晚上，他们常常去长沙文星桥五号仇鳌寓所聚会，交流情况，研究工作。仇鳌夫人出身农家，贤淑好客，对毛泽东等人总是热情招待。喝的茶是汨罗特产的姜盐芝麻豆子茶，这种茶咸甜香辣、去湿解乏、舒胃提神，毛泽东很喜欢，一次能喝五六碗。喝的酒是仇鳌乡下亲友送来的自酿谷酒，谷酒醇正清香，绵厚柔和，不上头，不伤胃。毛泽东虽不好酒，但每次也能喝一两小杯。他曾对仇鳌说：“你们汨罗的姜盐可以治伤风感冒；汨罗的谷酒赛过‘白沙液’，应该取个名字。古代有名酒叫‘剑南春’，我看汨罗谷酒叫‘汨罗春’蛮合适。”

1922年底，仇鳌辞去船山学社社长和自修大学校长之职，全部事务交给了毛泽东等人，翌年便赴欧美考察。1925年仇鳌自欧美考察归来，毛泽东已经去了上海。自此直至全国解放的二十余年间，二人虽无缘面晤，然而心神向往，偶亦有书信相通，友谊从未中断。毛泽东等共产党人的主张言行，于仇鳌影响很大。他的思想日趋进步，由同情革命，倾向革命而终于投身革命。

1949年夏，毛泽东指挥中国人民解放军直驱江南，中共地下党组织与仇鳌取得了联系，转达了毛泽东、林伯渠、李维汉、谢觉哉等老友的问候，希望他凭借自己的声望和影响，为解放事业作出贡献，仇鳌欣然应允。时白崇禧50万大军盘踞湖广，妄图负隅顽抗。仇鳌以故旧兼长辈身份，劝他宣告隐退，使湖广人民免遭兵燹，但未被采纳。仇鳌便与白崇禧决绝，全力襄助程潜高举起义大旗，谋求湖南和平解放。不久，程潜、陈明仁、唐生智、仇鳌4人领头，率湖南省国民党军政要人，联名发出通电，宣布起义。8月底，毛泽东亲自电邀仇鳌与程潜、陈明仁、唐生智4人赴北平，参加第一届全国政协会议，共商建国大策。时仇鳌已隐居故乡汨罗山村，他给毛泽东回电辞谢说："亦山半肺残躯，老迈无为，愿居林泉，以度余年……"原来仇鳌于1947年患肺癌，经胸腔专家黄家驷教授割去右肺乃愈，尔后便自称"半肺老人"。10月，毛泽东又亲笔来函邀请："纵先生无意职位，亦请来京欢叙。"并请湖南省军区派人去汨罗乡下寻访。情意拳拳，使仇鳌深为感动，不便再辞，乃携秘书陈曼若、莫钧一及侄仇硕夫赴京。

1950年2月，毛泽东请仇鳌任中南军政委员会委员及参事室主任，老人又托词老病以谢。毛泽东风趣地说："你去挂个名嘛！人常说，国民党税多，共产党会多。你只开开会就行了，喜欢听就听，不喜欢听就起身走嘛！"1951年，中国共产党诞生30周年前夕，仇鳌给毛泽东写了封洋洋数千言的长信，在历叙旧谊之后，复恳切陈词："……一旦革命成功，取昔日敌人之所有者而尽有之，精神与物质两方面皆达愉快，不免在有形与无形之间，使革命的伟大前途，因腐蚀而发生障碍。此则当前未可丝毫忽略之问题。"建国伊始，仇鳌即能提出如此诚挚而中肯的意见，做到了推心置腹，肝胆相照。毛泽东看了信以后，回信给仇鳌说："共产党就是需要你老这样的诤友。"此后，毛泽东每逢佳时令节，均派人慰问，馈赠礼品。有时书柬相邀，小酌欢谈。每次相见，毛泽东总是出门迎送，亲为扶掖，关怀备至。

1956年，是仇鳌与夫人刘庄先女士结婚60周年，仇鳌宴集京门好友与亲属于一堂。毛泽东后来与章士钊谈及此次盛事，曾深情地说："结婚60年，中国俗称重偕花烛，外国人称之为钻石婚，人间罕见，值得庆贺！仇老夫人贤淑厚道，佐夫教子，可钦可敬！当年她给我们喝的豆子茶和谷酒，味道好得很，我现在还记得哩！"随即叫人送上君山毛尖两盒，茅台老窖两瓶和高丽参两支，作为贺礼。

1957年端阳节前，仇鳌忽然胸部剧痛，高烧不退，呼吸困难，饮食不进，生命危在旦夕。毛泽东便叫李维汉与全国政协和中央统战部负责，成立以北京胸腔医院院长黄家驷教授为首的手术小组，精心制定手术方案。术后，毛泽东曾亲往医院看望老人，赠送燕窝、银耳等高级补品，并特批给每月 300 元生活补助费，再三叮嘱老人善自珍摄。不久，毛泽东偶过仇鳌寓所，遂命停车，入室省视老人，见老人已经康复，甚为欣慰，叙谈良久，然后叫随员为他和老人合影留念。毛泽东亲自从客厅搬出一张藤椅，扶老人端坐于上，自己立在老人身后。照片出来后，毛泽东亲笔题词，派人将它送给老人。仇鳌视若珍宝，悬于客厅正中，每有客来，必详为介绍当时摄影情景，激动之情，溢于言表。

仇鳌生性倜傥，豪放乐观，毛泽东雍容大度，出语诙谐，二人虽年纪相差十多岁，而谈话契合，竟日不厌。毛泽东曾说，遇家乡人，讲家乡话，喝家乡酒，吃家乡菜，是生活中一大乐趣。一日，仇鳌与章士钊、程潜、王季范接到毛泽东请柬，约他们到家中小酌，陪一位客人。他们问客人是谁，毛泽东说，你们都认识他，来了就知道了，不过事先可以给你们透一点风，他是你们的顶头上司。仇鳌等人以为不是朱总司令，就是刘少奇主席或周恩来总理。谁知来的竟是特赦不久的溥仪。毛泽东把溥仪拉到自己身边坐下，说："他是宣统皇帝嘛，我们都曾经是他的臣民，难道不是顶头上司？"他又将仇鳌等四位老人一一向溥仪作了介绍，每介绍一位，溥仪便站起来鞠躬致意。毛泽东说："你不必客气。他们都是我的老朋友，常来常往的，只有你才是真正的客人嘛！"那天吃的是湖南家乡风味菜，有辣椒、苦瓜、豆豉等。毛泽东给溥仪夹了一筷子青辣椒炒苦瓜，说："湖南人最喜欢吃辣椒，叫作没得辣椒不吃饭，所以每个湖南人身上都有辣椒味。"他指仇鳌、程潜说："他们的辣味最重，不安分守己地当你的良民，起来造你的反，辛亥革命一闹，就把你这个皇帝老子撵下来了！"毛泽东一席风趣的话，引得大家捧腹大笑。

新中国成立后，仇鳌曾任民革第三、第四届中央委员。"文化大革命"初期，仇鳌还受到保护，但运动一发不可收拾，他也在劫难逃，曾被红卫兵勒令扫街，不久就病倒在床，以致不起。1970 年 2 月 9 日，一代贤达的仇鳌先生饮恨长逝，终年 92 岁，遗骨葬于八宝山公墓。

邓初民

他曾与毛泽东在武汉农民运动讲习所共事，是积极宣传抗日的“红色教授”。重庆谈判期间，毛泽东曾与他长谈达10小时，称他“民主精神未减，尤其学术有成”。

邓初民，原名经喜，字昌权，1889年生，湖北石首人，出身于普通农民家庭。1912年考入江汉大学。次年东渡日本入东京政法大学攻读法律，受进步教授河上肇影响，开始接受马克思主义。1915年袁世凯与日本签订丧权辱国的“二十一条”，邓初民参加中国留日学生总会，任评议会会长，与文牍干事李大钊等编辑会刊《民彝》，抨击袁世凯的卖国活动。1917年冬毕业回国，在山西参加五四运动，创办《新觉悟》月刊，探讨马克思主义，并利用讲堂宣传进步思想。

1924年国共合作后，邓初民应湖北法科大学校长张知本之聘，于次年2月到武汉担任该校教务长。此际，共产党人董必武邀他参加湖北省党部工作，并经董介绍加入了国民党，旋任省党部青年部长、宣传部长等职。1926年10月，北伐军攻克武汉后，邓初民曾任湖北省临时政务委员会委员（邓演达为主任委员），湖北省审判土豪劣绅委员会委员长，并先后在湖北党务训练班、文官养成所及中央农民运动讲习所任课讲授。此间，他第一次见到毛泽东并与之共事。经过是这样的：广东国民政府迁都武汉后，很多中共领导随之莅汉，毛泽东亦于此际来到武汉。当时毛泽东是中共农民运动委员会书记，又是武汉政府全国农民协会临时执行委员会常务委员、国民党中央土地委员会委员，负责指导当时全国的农民运动工作。毛泽东抵汉后，董必武曾邀请他给湖北省党部执行委员作了一次报告。邓初民听了毛泽东的报告后，觉得此人思想睿智谈锋机敏，遂留下了深刻印象。不久，在毛泽东的倡议和以董必武为首的省党部的赞助下，武汉成立了中央农民运动讲习所，邓初民被邀参与组织和授课。毛泽东讲农民问题，邓负责讲授政治常识，董必武、恽代英、李达等人亦同时任课。在频繁的接触和交往中，他们互相钦佩，工作上也配合默契。

1927年蒋介石叛变革命后，邓初民曾站在武汉政府立场上给予抨击，与当时的共产党人及国民党左派并肩战斗。1928年6月，他在上海与李达等创办了《双十》月刊，宣传反帝反军阀斗争。1930年与朱镜我、李一氓等发起组织中国社会科学家联盟（简称"社联"），1931年被推为"社联"主席。1936年后，邓初民先后在广西大学和武汉朝阳学院执教，武汉失守前，该校迁川。因他在讲坛公开宣讲中共抗战方针，揭露国民党消极抗日积极反共，被学生称为"红色教授"。

1941年夏，邓初民与王昆仑、许宝驹等发起组织了作为中共外围组织的中国民主革命同盟（后习惯称为"小民革"），并积极参加中国民主政团同盟的组织活动。1944年1月，他正式加入民盟，并当选为中央委员。此间，他还担任民盟重庆支部机关刊物《民主星期刊》主编。

1945年8月，毛泽东赴重庆谈判期间，邓初民再次见到毛泽东。在9月1日中苏文化协会举办的盛大欢迎酒会上，他看到阔别十八年的毛泽东依如往昔，精神矍铄，谈风刚健，不禁往事历历、感慨万千。当毛泽东来到他的身边时，他紧紧地拉住了毛泽东的手，刚说了一句："您来了。"热泪便夺眶而出。毛泽东也握住他的手说："这多年来知道你民主精神未减，尤其学术有成，我很想拜读你的那些大作哩。"此后，在重庆，毛泽东曾两次接见邓初民与他叙旧，拉家常。其中一次，毛泽东请他及王昆仑等"小民革"领导人去桂园聚谈，毛泽东兴致极高，从晚饭时谈起，共谈了10个小时，毛泽东旁征博引，从《红楼梦》谈到《西游记》，从政治学谈到国民党统治，以古喻今，风趣横溢，妙语连珠。每每针砭国民党法西斯统治的种种弊政。邓初民等人听得十分着迷，无不钦佩毛泽东的渊博知识和谈话艺术，以至彼此皆忘了时辰。另一次，是邓初民与周谷城、翦伯赞等人到桂园看望毛泽东，当时毛对他们说，道路虽然是曲折的，但前途必定十分光明，我们共同努力和奋斗便是了。

1947年3月，蒋介石彻底破坏和谈，限定中共驻上海、南京、重庆的人员撤走。党为了保护民主人士的安全，有计划地把他们转移到香港，邓初民被安排在达德学院任教。此间，他大量著文，集中批判所谓"中间道路"思想。

1948年中共发出《五一宣言》后，邓初民与民盟成员立即响应，年底离港奔赴解放区。1949年1月到沈阳后，他与沈钧儒等民主人士致电毛泽东，祝贺人民解放战争的伟大胜利。2月2日，毛泽东复函指出："此次人民解放战争之所以胜利，是由于全国人民不畏强御、团结奋斗，各民主党派各人民团体一致奋起，相与协力，从而使人民解放军获得各方面的援助，使人民的敌人完全陷于孤立。"同年9月，邓初民应邀参加新政协第一次全体会议，看到毛泽东主持这次盛会的亲切场面，他激动难抑，竟当场心脏病突发，后经周恩来请一位专家医治方获康复。原本医生让他继续休息，但他为了行使人民权利，抱病参加了中央人民政府的选举工作。10月1日，他在病榻上通过收音机收听开国大典实况，当传来毛泽东庄严宣告“中国人民从此站起来了”的豪迈声音时，邓初民激动得泪洒满襟，使在场的医护人员大受感动。

新中国成立后，邓初民被选为全国政协委员，中央人民政府任命他为华北行政委员会委员、山西省人民政府副主席兼山西大学校长。1954年，他当选为第一届全国人大代表、常务委员。1958年，为照顾他的身体，免去其山西所任各职，调北京担任民革中央副主席。1962年，他已73岁高龄，经中共中央直接批准，加入中国共产党。1979年后，老人双目失明，两耳失聪，但仍关心祖国中兴大业。1981年2月，邓初民以92岁高龄与世长辞。

邓宝珊

他身为国民党晋陕绥边区总司令，却与共产党陕甘宁边区建立了友好睦邻关系。毛泽东曾致信说："八年抗战，先生支撑北线，保护边区，为德之大，更不敢忘。"

邓宝珊，原名邓瑜，1894年生于甘肃天水。他出身贫苦，少年时当过学徒。父母去世后，由于不能忍受嫂嫂的虐待，1909年冬，离家出走，经兰州到新疆伊犁，参加新军，并加入了同盟会。辛亥革命爆发后，伊犁革命党人发动了著名的伊犁起义，邓宝珊参加了攻打惠运城的战斗。袁世凯篡权后，在各地大肆屠杀革命党人。邓宝珊遂从新疆取道西伯利亚回到京津，后又转赴陕西，先后参加了讨袁靖国诸役。1918年，他和张义安、董振五在陕西三原起义，与胡景义等组织了陕西靖国军，任右翼前敌总指挥。1924年参加了冯玉祥领导的国民军，任国民军二军七师师长，拥护孙中山的"联俄、联共、扶助农工"的三大政策，通电欢迎孙中山先生北上主持国事。1926年，北洋军阀镇嵩军刘镇华部包围了西安国民军杨虎城等部队，邓宝珊与吉鸿昌等部一起英勇作战，为西安解围出了大力。大革命失败后，他寓居上海，和葛霁云、杨明轩、杨晓初等人从事反蒋活动。曾一度被法租界巡捕拘留，后经有人奔走，方得脱险。1932年他应杨虎城将军之约，到兰州任国民党西安绥靖公署驻甘行署主任。

邓宝珊同共产党许多早期活动家如李大钊、刘伯坚等有着深厚的交往。共产党员魏野畴、史可轩、王璋峰、杨明轩、杨晓初、刘志丹、刘继曾、李子洲等同志都曾在他的部队中开展革命工作，为我党培养了许多革命骨干。邓宝珊在兰州期间进一步密切了和共产党人的交往。1935年8月，中共发表抗日救国的"八一宣言"后，邓宝珊十分赞成中共关于"团结一致、共同抗日"的主张，曾奔走于晋、冀、鲁三省，会晤了阎锡山、宋哲元、韩复榘等人，敦促他们以民族利益为重，抗击日寇。

抗日战争时期，邓宝珊任国民党第二十一军团长，后改任晋陕绥边区总司令，驻军与陕甘宁边区毗邻的榆林地区。他不满蒋介石消极抗日、积极反共的政策，拥护和赞同中共关于建设抗日民族统一战线的主张，和陕甘宁边区建立了较好的友邻关系。1944 年底，毛泽东曾致信邓宝珊："去年时局转换，先生尽了大力。8 年抗战，先生支撑北线，保护边区，为德之大，更不敢忘。"在整个抗战期间，邓宝珊曾多次到过延安，与毛泽东等许多中共领导人建立了很好的关系。1939 年，他首次路过延安，毛泽东曾与他促膝长谈，这对他后半生道路起了重要影响。

1943 年 6 月初，蒋介石致电邓宝珊，要他绕道宁夏去重庆开会。邓宝珊看了电报后说："不指定路线还罢，指定了我偏要走延安。"6 月 17 日，邓宝珊到达延安，即日毛泽东在杨家岭新建的中共中央礼堂设宴招待他及其随行人员，朱德、贺龙、林伯渠，李鼎铭、南汉宸、续范亭等数十位党内外人士作陪。邓宝珊见到毛泽东说："毛先生发胖了。"毛泽东回答："这是由于我们军民扩大生产、丰衣足食所致。"席间宾主尽兴畅谈。其后几日，朱德、贺龙、毛泽东又分别派车在延安交际处设宴款待。毛泽东平易近人，谈吐幽默，引得满座春风，笑声阵阵。毛泽东把胡宗南重兵包围陕甘宁边区，比作是以卵击石："不过是挑一担鸡蛋招摇叫卖而已。"谈话间，邓宝珊问毛泽东"贵庚几何"，毛泽东回答是"清光绪十九年癸巳十一月生人"。邓宝珊说："毛先生长我一岁。中国有毛先生这样一位领导，乃民族之福。打败日本帝国主义之后，我们一定要为毛先生祝寿。"邓宝珊在延安停留一周，和毛泽东单独晤谈数次，毛泽东对国内外形势精辟的见解，给他留下了难忘的印象。

抗战胜利后，邓宝珊对蒋介石悍然发动反共内战，内心不满。1947 年夏，刘绍庭携朱德和续范亭的信到榆林见邓宝珊，邓在回函中表示："只要有机会，当为人民革命事业尽一番力。"

1948 年底，在平津战役的关键时刻，傅作义两次派代表与解放军谈判均未达成协议，邓宝珊应傅作义之邀到北平，通过与傅作义推心置腹的商谈，终于促使傅下定决心，接受了中国共产党提出的和平建议。随后邓宝珊作为傅作义的全权代表出城与解放军谈判，达成了和平解放北平的协议。至此，邓宝珊为促成北平的和平解放作出了重大贡献。

1949 年 9 月，傅作义、邓宝珊受毛泽东、周恩来的委托，一起去绥远，防止国民党的破坏，协助董其武实现了绥远国民党军队的和平改编和绥远的和平解放。在绥远期间，邓宝珊还为宁夏马鸿宾部队的起义做了一些有益的工作。1955 年，邓宝珊和傅作义一起被授予一级解放勋章，以表彰他在人民解放事业中的功绩。

开国大典后，邓宝珊被任命为甘肃省人民政府主席、省长，长期主持省政府的工作。他在任职期间，非常关心甘肃的生产建设，足迹遍及全省各县。同时，他还为团结各族各界人士做了大量的工作，发挥了重要的作用。

新中国成立后,邓宝珊一直保持着同毛泽东、周恩来、朱德等党中央领导的友谊。每年到京开会,毛泽东总要在中南海约见他。1956 年,人大会议在北京召开期间,一次主席团会议后,毛泽东邀他同车前往中南海丰泽园家中吃饭,并特意为他准备了面食。席间,毛泽东还问到了邓宝珊二女儿邓友梅的情况。

“文化大革命”开始,邓宝珊受到冲击时,周恩来总理立即派飞机把正在病中的邓宝珊接到北京养病,加以保护和照顾。1968 年 11 月 27 日,邓宝珊因病在北京逝世,终年 74 岁。

邓宝珊先生的一生,尽管走过曲折的道路,但可贵的是他从我党诞生之初开始,就一直是我党的好朋友,实践了他说过的“我是大家的朋友”的诺言。

尹瘦石

他是著名的国画家,曾请毛泽东当“模特儿”,为领袖画像,这在中国美术家中,堪称第一人。

尹瘦石,江苏宜兴人,1919 年出生。他早年曾就读于武昌专科学校。抗日战争时期,任广西省立艺术馆美术部研究员。主要从事中国画的创作。

尹瘦石与毛泽东的交往始于 1945 年 8 月。当时,毛泽东从延安来到重庆,国共两党开始了关系着中国命运和前途的谈判。此刻,尹瘦石正在为与柳亚子共办一个书法、绘画联展而辛勤创作。

一天,尹瘦石又来与柳亚子商量联展的具体工作。他谈到,想画出一批当代英雄的群像。他的构想,正与柳亚子不谋而合。柳亚子突然说:“今天,毛先生约我去谈话,你何不同往?应该为他画一张像……”尹瘦石精神为之一振:“啊,这太好了!我非常想见毛先生,如果能为他画像,更是三生有幸!只是怕他太忙,恐怕无暇为我作‘模特儿’……”柳亚子一拍胸脯:“包在我身上了。我们是老朋友、老交情。到时候你不必说,由我提出来好了!”意想不到的一件盛事,就这样突然到来了。

一会儿,毛泽东派汽车来接柳亚子赴会。尹瘦石连回去换衣服也来不及,就匆匆陪同前往。汽车开进化龙桥,在一幢黛青色的建筑前面停下了。这里就是在中国历史上名垂千古的红岩村。由办事处主任钱之光迎接,柳亚子和尹瘦石步入客厅。毛泽东举止庄重而和蔼,笑着招呼柳亚子:“亚子兄,我在此恭候大驾光临呢!”

柳亚子忙说,“我今天还为你带来一位新朋友……”随即对尹瘦石介绍说:“这是毛先生……”毛泽东向尹瘦石伸出手来:“欢迎,欢迎!有朋自远方来,不亦乐乎!”尹瘦石握住毛泽东厚实有力的巨手,忙说:“毛先生,久仰,久仰!”

柳亚子又接着为毛泽东介绍说:“这是青年画家尹瘦石先生。”毛泽东握紧的手摇了几摇,说:“喔,艺术家!文以载道,诗以言志,艺术人才是极为重要的!延安有一所鲁艺,在抗日斗争中起了很大作用。不过,那里的艺术家都是窑洞里培养出来的‘土包子’噢……”尹瘦石忙说:“我也是‘土包子’,没有留过洋的。”毛泽东大笑,“我们是彼此彼此了。我只读到师范,没有进过大学。恩来他们去法国勤工俭学,我也没有去。我是觉得对中国的问题还未充分了解。首先需要好好研究一下,就一头钻进线装书里研究历代兴亡史了。不过,我对于美术却研究甚少。记得小时候,最不耐烦的是图画,在纸上画了一条横线、一条弧线就交卷。先生问我画的是什么,我说:“这是李太白诗意:‘半壁见海日’!”随即朗声大笑。毛泽东的平易近人、潇洒豁达,使尹瘦石一下子消除了原来的拘谨心理。柳亚子说:“尹先生是我多年知交,虽年纪轻轻,却极富才华。”毛泽东笑道:“好嘛!中国绘画,源远流长,后继有人,将来,‘土包子’一定能胜过‘洋包子’。中华民族随着政治的独立崛起,一定会迎来文艺的复兴!”一席话,使尹瘦石豁然开朗,备受鼓舞。

柳亚子遂将谈话引入正题:“我和尹先生正在筹备一个书画联展,现在万事俱备,只欠东风……”毛泽东问:“‘东风’者何?”柳亚子答:“独缺润之兄一幅画像。今天我请尹先生来,就是想为你写真,你要为他作‘模特儿’噢!”听到这里,尹瘦石心中不免有些紧张,不知道这位身系天下安危的政治家有没有余暇,肯不肯配合。毛泽东不假思索,满口答应:“可以,可以。”当即定好5号下午开始作画。10月5日下午2时许,尹瘦石如约携带了笔、墨、纸、砚,到了上清寺桂园张治中公馆,随周恩来登上等候在门前的汽车,来到红岩村,毛泽东仍然是上次见面的装束,只是因为天气微寒而多穿了一件黑色大衣;依然是未加修剪的长发,甚至唇边长出的短髭也听之任之,没有刮去。这样最好,画家心中说,这是一个真实的,“天然去雕饰”的毛泽东。意料之外,情理之中。

“噢,你来了!”毛泽东亲切地和他打招呼,仿佛已是老朋友了。尹瘦石还未及说话。毛泽东又问他:“你看怎么画?我听你的,我坐在哪里?”尹瘦石心中的一些精神准备和隐约的顾虑都被冲散了。毛泽东对他没有任何要求,更没有“限制”或“指令”。尹瘦石把桌子移开,留出挥毫的余地。在距离桌子两三米远的地方摆一张藤椅,目测了一下角度,然后说:“毛先生就坐在藤椅上吧。我作画的时候,先生尽可以随便讲话、吸烟,完全放松,但请不要动作太大,也不要走动。”毛泽东在藤椅上坐下,微微颔首,表示“照办”。时间是珍贵的。尹瘦石立即进入了亢奋的创作状态,吮笔抚纸,据案写生。手中这支画笔,仿佛有千钧重量。40分钟过去了,画家仔细地审视着刚刚完成的作品,看着是否还需要加工或修改。当他觉得已经充分地体现了所要表现的一切时,才如释重负地舒了口气,放下画笔,说:“毛先生,好了!”“噢?”毛泽东从沉思中被惊醒了,从容地走向画案,仔细观看画中的毛泽东,又回头笑问钱之光,“你看,画得像不像啊?”钱之光一直在画案旁边凝神观看写生过程,连声说:“像!像!”毛泽东满意地点点头。尹瘦石大功告成,可惜的是,画家由于过于急切,竟然遗忘了一件日后令他追悔莫及的事:刚才怎么没有请毛先生在画像上签个名呢?

1946年,尹瘦石来到晋察冀边区,在华北联合大学工作。新中国成立后,曾任中国美协内蒙古分会主席、北京画院副院长、北京市文联副主席、中国美协北京分会主席等职。1988年,他当选为全国文联第五届执行副主席。

1998年4月14日,尹瘦石因病在北京逝世,享年80岁。

史　良

她身为女性，却不让须眉，是著名的“七君子”之一。新中国成立后，她担任了第一任司法部部长。

史良，江苏常州人，1900年出生。五四时期她任常州市学生会副会长，领导全市学生进行罢课。1923年考入上海法政大学。

1927年史良从法政大学毕业，适值蒋介石背叛革命。她因反对国民党的专横，被指控为共产党嫌疑而被捕入狱，后因证据不足获得释放。1931年她在上海从事律师工作，并与中共地下组织建立联系。她利用职务的方便，积极为被国民党当局逮捕的共产党员和进步人士出庭辩护，成为中国共产党的亲密战友。

1935年8月1日，中共中央发表《为抗日救国告全体同胞书》，呼吁全国团结起来，停止内战，一致抗日。史良是率先成立的上海妇女界救国会的发起人之一。随后成立的上海文化界救国会，她被选为执行委员。

1936年民族危机日益加深，全国各界救国联合会正式成立，史良是其中的重要领导成员。为推动国民党抗日，她同沈钧儒、章乃器、沙千里，以救国会代表身份到南京请愿，其后又积极参加抗日救亡宣传活动。这年11月22日，她与沈钧儒、章乃器、沙千里、王造时、邹韬奋、李公朴遭受国民党当局逮捕，成为著名的“七君子”之一，她是其中唯一的女性。她在狱中与其他几位救国会领导人团结一致，拒绝国民党当局的诱降阴谋，坚持爱国无罪的正义立场。

1937年卢沟桥事变爆发后，“七君子”在全国人民的声援和中国共产党的敦促下获得释放。史良出狱后，和沈钧儒、章乃器、邹韬奋等一道，到港澳等地宣传抗战，不久和沈兹九、刘清扬等到武汉继续从事抗日救亡活动。此时，抗日民族统一战线已经形成，武汉是国民党政府的临时首都，已成为抗日活动的中心。为促进妇女界抗日民族统一战线的建立，邓颖超受中共中央的派遣，以陕甘宁边区妇女救国会驻武汉代表团负责人的身份也来到武汉。从这时起，史良就在邓颖超的领导下，在国统区积极开展妇女工作。

抗战初期，尽管国共两党建立了第二次合作，全国的抗日气氛也极为热烈，但在统一战线内部，一开始就存在两条不同路线的斗争。通过听取邓颖超传达中国共产党关于抗日救亡运动的主张，史良进一步明确了斗争的方向。1938年，她在3月8日出刊的《妇女生活》上发表《抗战中的妇女动员》一文，指出妇女界应当迅速促成组织统一，呼吁各界妇女在共同目标下统一起来。

抗日战争胜利后，中国面临两种前途。这时史良在重庆，担任着中国民主同盟中央委员和妇女联谊会的常务理事等职。她面对蒋介石集团阴谋发动反人民内战的险恶形势，忧心忡忡。1945年8月，毛泽东毅然到重庆同国民党方面举行和平谈判。在烟雾迷蒙的山城出现了曙光，人们对中国的前途看到了希望。9月的一天，凉风习习，雾霭初绽，邓颖超前来访问，好友重逢，史良已是感到无比欢欣了。而当邓颖超说出毛泽东和周恩来正准备接见她时，更是激动万分。寒暄数语后，当即随同邓颖超前往重庆求精中学。当她走进一间陈设简陋的小屋时，两位魁梧的身影就出现在她的眼前。毛泽东、周恩来健步迎上前来，微笑着和她紧紧握手。史良兴奋不已，热泪簌簌而下。毛泽东、周恩来到重庆后，为尽一切可能制止内战，在与国民党方面谈判的同时，广泛地和各界人士座谈。史良是中国共产党的好朋友，安排这次接见，是为了听取她对解决时局的意见。史良详细地讲述了重庆的一些情况和各派政治势力的动向。毛泽东、周恩来都全神贯注地倾听，并不时地插话，彼此无拘无束。在谈话中，史良担心地说："蒋介石这个人是不可靠的，我们不能在谈判中上当。"周恩来亲切地告慰她："对于这个问题，我们是早有思想准备的，请转告我们的朋友，请他们放心！"接着毛泽东又向她阐述了战后的国内外形势和中国共产党关于实现和平建国的政治主张。一席话，使史良对中国的前途看得更加清楚，并充满了实现光明前途的信心。这次会见，使她终生难忘。

1949年6月，史良到北平参加新政协的筹备工作，再次见到了毛泽东。

新中国建立后，史良在中央人民政府担任司法部部长、政务院政治法律委员会委员；在全国政协和全国人大担任常务委员、副主席、副委员长；在民盟中央和全国妇联也担任重要领导职务。长期以来，她与毛泽东保持着密切的工作交往和私人情谊。1985年9月6日，史良在北京病逝，终年85岁。

龙　云

作为"云南王",蒋介石命令他堵截长征红军时,他仅尾随而已;1950年毛泽东在中南海设宴款待他说:"志舟先生毕生反蒋,抗战尤其有功国家民族。"

龙云,原名登云,字志舟,1884年生,彝族,云南昭通人。1911年辛亥革命后入滇军,旋被保送至云南陆军讲武堂学习,毕业后被云南都督唐继尧看中,始作侍从副官。

1920年川滇战争,唐继尧落得个众叛亲离,只有龙云率百余人的卫队送其赴越南转道香港,到港后龙云被升任为近卫军十一团团长。后唐借孙中山讨桂名义,率兵进入广西,克柳州后,龙云任警备司令。1922年3月唐回滇后,委龙云为滇军第五军军长,驻节昆明,成为滇省举足轻重之人。1927年,龙云发动二六政变公开驱唐;1928年,通过剪除异己,统一云南,开始了他代唐而起的十八年"云南王"生涯。此间,龙云作为地方实力派,与蒋介石之间的矛盾越积越深并且日益尖锐,结果促使龙云更快地靠向中国共产党,站到了人民群众的一边。

1928年1月,因龙云在二六政变后表示要归心易帜,蒋介石乃任命他作云南省主席兼第十三路军总指挥。自1931年起,他看到蒋介石排除异己之意,乃着意建立自己的地方实力中心,后曾奉蒋介石之令堵截长征红军,但他不与红军打硬仗,仅尾随而已。他担心蒋介石随后将势力插入云南,或重蹈贵州王家烈之覆辙。

1937年抗战军兴。是年8月,在南京出席国防会议期间,龙云曾与中共周恩来、朱德、叶剑英等人见面晤谈,深为共产党人以国家民族大义为重的气度所感动和鼓舞,秘密与朱德交换电报密码以同延安建立联系。在这次会议上,他表示为支持全国抗战,云南将出兵20万去前线御敌。回滇后,他说到做到,先后派出第六十军、第五十八军及新三军,组成第三十军团,以卢汉为军团长。其中第六十军在台儿庄战役中,曾坚守阵地二十余天,重创日寇。三十军团后来还参加了武汉保卫战等役。1938年8月21日,朱德在给龙云的一封信中说道:"抗战军兴,滇省输送二十万军队于前线,输助物质,贡献于国家民族者尤多。"此际,中共云南省工委还向龙云提出了十条建议，希望他坚持团结，支持民主运动，警惕蒋介石中央军，搞好社会秩序和地方经济。整个抗战时期，他基本上是按照这十条建议办事的。

1941 年皖南事变后，蒋介石派特务来滇，强迫龙云限制中共地下组织活动。龙云表面答应，实际却未采取任何措施。1943 年，周恩来派华岗到龙云身边工作。龙云通过华岗、罗隆基、缪云等与民主党派保持密切联系，不仅在政治上给予保护，经济上亦给了不少的援助。1944 年底，他还秘密加入中国民主同盟，直接参与反蒋民主活动。

1945 年抗战胜利后，蒋介石指派杜聿明于 10 月间以武力改组云南政府。龙云的住宅被包围，他只带两个警卫连逃上五华山进行抵抗。龙称这是“小偷式政变”。事后蒋派宋子文等要员前来劝驾，龙云眼见部队被杜接收，只好去重庆就任军事参议院院长的虚职，由此开始了被蒋软禁的生活，还都南京后，蒋仍带他赴宁以行羁縻之实。此间，龙云恐自己成为张学良第二，一方面秘使云南，反对滇军入东北参加内战，要求保存实力，以静观待变；另一方面则对友人私下说：“此路倘若行不通，我便去找毛泽东。”1948 年底，他在美国友人陈纳德将军及陈香梅女士帮助下由宁逃至广州，后转水路赴香港。到港不久，龙云即发表长篇讲话，公开抨击蒋介石的阴谋，并举行中外记者招待会，声明云南决不跟随蒋介石，1949 年 8 月，由于劝说卢汉云南起义大事已现端倪，他便与黄绍竑等 44 人在港发表《我们对现阶段中国革命的认识与主张》，声明脱离蒋介石集团归向人民，拥护中共“五一宣言”关于成立民主联合政府的政治主张，9 月 21 日，中国人民政治协商会议在北平如期举行，龙云因云南起义未最后告成而表示暂不参加，但他是中共的特邀代表之一，在缺席的情况下仍选他任中央人民政府委员。1950 年 1 月，龙云离开香港，经广州、武汉到达北京。毛泽东在他抵京后于中南海设宴款待。席间，宾主抚今追昔，畅谈不倦。毛泽东勉励他说：“志舟先生毕生反蒋，抗战尤其有功国家民族，恳望今后在建设新中国的事业中贡献高见，以真正体现我们之间的共‘志’，同‘舟’啊。”

后来，龙云在《难忘经历》中回忆说：“从昆明到北京的漫长之路，也就是我与蒋介石彻底决裂，逐步趋向人民的革命之路。”建国后，龙云还曾先后担任过人民革命军事委员会委员，国防委员会副主席，西南行政委员会副主席，西南军政委员会副主席，民革中央二届委员、三届副主席等职。他还是全国政协第二、三届中央委员会常委，第一届全国人大常委。1957 年，龙云被错划为右派。有人提议要没收他在云南的家产，是毛泽东亲自出面加以阻止，此事给龙云的印象极深。

1962 年，龙云病逝于北京。逝后次日，即被摘去右派帽子。1980 年中共中央决定给他彻底平反。1984 年,在他 100 周年诞辰之际,民革中央专门举行座谈会纪念他,中共中央书记处书记习仲勋在会上发言讲话,盛赞他是“我国近代史上有影响的、为人民做了好事的爱国民主人士”,他的一生是“一个光荣的爱国者的一生”。

龙 彝

他终身致力于湖南《大公报》，曾聘毛泽东为该报“馆外撰述员”。因与毛泽东共同起草《驱张宣言》而名噪一时。

龙彝，字德淑，号寿彝，笔名兼公，湖南湘潭人。1888 年出生于一个破落地主家庭，小时随叔父读书，天性聪慧。于长沙省立第一法政学堂毕业后，由同乡张平子介绍入《湖南公报》担任校对，后改任编辑，终身致力于《大公报》。在毛泽东与《大公报》往来时，龙彝常与毛泽东接触。曾因与毛泽东合作起草《驱张宣言》而名噪一时。

1915 年 9 月 1 日，《大公报》创刊。这时正值袁世凯复辟帝制，全国掀起反袁斗争。《大公报》不遗余力，擂鼓猛攻。在这场反袁斗争中，龙彝不顾个人安危，全力以赴。

1918 年 3 月，张敬尧入湘任湖南督军兼省长，主持湖南政务两年多时间，贪婪暴戾，湖南人民无不愤慨。《大公报》屡次秉笔直书，被张忌恨，下令警厅将其关闭。1919 年 8 月，湖南报界学界联合组织“驱张”秘密团体，经常在湘雅医院和南沙井秘密集会。毛泽东四处奔走，于 12 月 1 日与龙彝、彭璜联合起草“驱张宣言”，并在街头散发传单，举行演说，痛陈张氏祸湘泱民罪行。1920 年 1 月 11 日，毛泽东组织驱张代表团进京请愿。在强大的舆论压力下，张敬尧狼狈不堪，加之谭延闿兴兵入湘，张敬尧不得已于同年 6 月 11 日仓皇逃离长沙。

1920 年 7 月 25 日，旅省湘潭教育界 35 人，借《大公报》馆举行“湘潭教育促进会”预备会，推举筹备委员，毛泽东、吴毓珍、龙彝、马文义四人担任章程起草。7 月 27 日，“湘潭教育促进会”在省教育会会议室正式成立，投票选举了干事 8 人，毛泽东、龙彝当选为文牍干事。

为倡导湖南“自治”运动，毛泽东连续在《大公报》上对湖南局势发表了许多政见，对龙彝影响甚大。他与毛泽东、彭璜、朱剑凡经过协商，共同起草了《湖南建设问题》，提出由湖南革命政府召集湖南人民宪法会议，制定《湖南宪法》，以建设“新湖南”。10月5日，龙彝以发起人之一向全省公布了这一建议。10月10日，彭璜领导的学生联合会邀集省城各团体、报界，发起全市市民游行请愿大会。毛泽东以湖南改进促进会名义，龙彝以报界名义，参加了这次会议，会议推举毛泽东、龙彝为请愿书起草负责人。

1920年4月，龙彝、张平子主持的《大公报》，利用省长赵恒惕公布的《湖南省宪法草案》的“言论自由”，刊出了苏联1917年7月25日对中国人民和南北政府的宣言，题为《劳动政府讲和通牍原文》，对帮助湖南人民了解十月革命真相和为马克思主义在湖南的传播起了很大作用，激发了长沙、湘潭知识界人士真正改造中国的热情。此后《大公报》相继发表了李大钊的《马克思的经济学说》、罗素的《社会主义》、徐特立的《我的留法勤工俭学观》等文章。在这期间，毛泽东与龙彝等人往来密切，常利用该报进行革命活动。1919年11月8日，《大公报》聘任毛泽东为该报“馆外撰述员”。

1919年11月14日，长沙发生了一起新娘赵五贞在花轿中自杀的事件。16日，龙彝在《大公报》上《随意录》栏目中写了一篇题为《改革婚姻的牺牲者》的文章，指出“对于赵女士之自杀，下一个警告给做父母的。……我想中国人不都是些聋子瞎子，必定总有一丝半点之良心，就应该有一个彻底的觉悟，不再去干涉儿女的婚姻，这个女子还算值得。”从此，一场热闹的讨论开始了。

毛泽东读了龙彝的文章后，深感赵五贞之死是一件大事，便借此大抒己见，于同日撰文《对于赵女士自杀的批评》，分析了赵五贞自杀的原因，建议：“有讨论热心的人，对于这一殉自由恋爱的女青年，从各种论点出发，替她呼一声‘冤枉’。”毛泽东先后在《大公报》上发表了9篇文章，大力批判封建礼教，呼吁妇女解放和主张恋爱婚姻自由。

1922年11月，长沙市印刷工人在毛泽东等人的领导下组织工会，举行全体罢工。工、资双方开会谈判，工方请毛泽东担任记录，资方请龙彝担任记录。记录者对当事有发言权和表决权，工、资双方唇枪舌剑，辩论激烈。毛泽东引经据典，纵横捭阖，句句有的放矢，所向披靡。资方理屈词穷，终于答应了工方的要求。

1934年《大公报》总编辑李抱一去世，龙彝担任总编辑。至1938年，龙彝因心力衰退，闲居湘潭旧居，不久在湘潭去世。后来《大公报》经理李晋康题写了一副挽联，是对龙彝与毛泽东关系的恰当概括。

与毛主席共草驱张宣言 少壮能努力
办大公报高举反袁旗帜 老死无恨心

冯玉祥

他是蒋介石的盟兄，国民党元老，位居上将，却对毛泽东钦慕不已。毛泽东曾用毛笔给他亲书名片，并在他逝世一周年之际题词“谨致悼意”。

冯玉祥，字焕章，原籍安徽巢县，1882 年出生于河北青县兴集镇一个清军下级军官家庭。幼年时便过着随营生活，久居保定，因家境较贫寒，11 岁就挂名当兵领取“恩饷”，15 岁即正式入伍。

1902 年，冯玉祥改投袁世凯新军，1911 年辛亥革命爆发后他参加了滦州起义。从 1912 年起，先后任京卫军第一师营长、团长、陆军第十六混合旅旅长等职。1922 年 4 月，第一次直奉战争爆发，冯玉祥率部出陕援直，任河南督军。不久，因受吴佩孚排挤离豫，改任陆军检阅使，驻防南苑。1924 年 9 月，第二次直奉战争爆发，冯玉祥被任命为第三军总司令。10 月发动北京政变，囚禁贿选总统曹锟，推翻直系军阀政权，与孙岳、胡景翼等组成国民军，亲任总司令兼第一军军长，通电主和，并电请孙中山北上主持大计。

1926 年 1 月，在直奉联军的进攻下，冯玉祥辞职，去苏联考察，在赴苏途中加入国民党。回国后即被国民党任命为国民党党代表、国民政府委员、军事委员会委员。1928 年 10 月，冯玉祥任国民党政府行政院副院长兼军事部长，因在军队编遣问题上与蒋介石发生利害冲突，愤然离开南京，同阎锡山、李宗仁结成反蒋联盟，被推为中华民国陆海空军副总司令。

1931 年九一八事变后，冯玉祥积极主张抗日，反对蒋介石的不抵抗政策。1933 年 5 月，在中国共产党的推动下，冯玉祥同原国民党将领吉鸿昌、方振武等在张家口发起成立察哈尔民众抗日同盟军，冯任总司令，率部英勇抗击日本帝国主义的侵略。不足 1 个月，即将日伪军全部驱逐出察哈尔省。不久，由于国民党当局的阻挠和破坏，冯玉祥被迫辞去同盟军总司令职务。1936 年 1 月，冯玉祥就任国民党政府军事委员会副委员长。在南京期间，他多次发表演说，强烈呼吁停止内战、实行抗日。1937 年 2 月，他同宋庆龄、何香凝等 13 人向国民党第五届三中全会提出《恢复孙中山先生手订联俄联共扶助农工三大政策案》，促进第二次国共合作的实现。

冯玉祥身为国民党元老，位居上将，又系蒋介石之盟兄，彼此共事多年，可谓心照不宣。但由于蒋介石不从抗日大局出发，一意孤行，致使二人关系日渐分裂。抗日战争爆发后，冯玉祥被撤去指挥作战的职务，在武汉、重庆等地闲居。他竭诚拥护中国共产党提出的国共合作、争取和平民主的主张，对共产党的领袖毛泽东仰慕已久，并且建立了友好交往，成为共产党的亲密朋友。

1941 年 11 月 14 日，冯玉祥 60 寿辰时，重庆《新华日报》刊登了许多贺电、贺词和寿文。其中包括毛泽东、朱德、彭德怀、董必武、叶剑英等中共领导人特地从延安发来的贺电。周恩来还著文并亲笔题写“寿冯焕章先生六十大庆”，总结了冯将军前半生的历史功绩，指出了今后的努力方向。

1945 年 8 月 28 日下午，毛泽东乘专机由延安飞抵重庆。冯玉祥鉴于环境，抱疚不便前往，特派夫人李德全代表他去迎接。毛泽东等到重庆后风尘未洗，立即便去看望这位为抗日奔走呼号、为民主劳碌奔波的冯玉祥将军。

冯玉祥对毛泽东十分敬仰，对于他的来访尤为感动，决定回拜。30 日下午，冯玉祥带着女儿颖达去毛泽东等的临时住地——桂园张治中公馆，不巧毛泽东因事外出，但特地给冯玉祥留了一张他亲自用毛笔书写的名片。冯玉祥十分珍视它，在名片的背后写上“卅日下午四时往治部长公馆”，贴在当天的日记上，珍藏起来，为永久的纪念。

当时，重庆爱国民主人士及各界代表，在中苏文化协会特为毛泽东开了一个欢迎会，参加大会的有宋庆龄、著名学者郭沫若以及许多爱国民主人士，会场气氛十分活跃，毛泽东频频向与会者致意。

欢迎会后，冯玉祥准备在家设便宴为毛泽东洗尘，并破例为宴席备了名贵烟酒，以表敬意。因所住上清寺康庄的毗邻就是戴笠的巢穴，冯玉祥特地嘱咐手下人“要加强守卫，严格警戒，不得有半点疏忽！”可谓用心良苦。

这天，冯玉祥和夫人特地在门前迎接毛泽东、周恩来和应邀作陪的张治中等客人。毛泽东身穿哔叽中山装，神采奕奕地走下汽车，冯玉祥和夫人上前与客人一一握手，并互相问好。进入客厅，宾主分别就座后，便亲切地交谈起来。毛泽东首先转达了朱德总司令对冯玉祥的问候。冯玉祥真诚地说：“毛先生为了中华民族的统一和富强，不顾个人的辛劳与安危，飞抵重庆，奔走和平，实为玉祥所敬佩！”接着毛泽东详细解释了 8 月 25 日中国共产党中央委员会《关于目前时局的宣言》，他说：“宣言中指出了在日本帝国主义投降以后，我全民族面前的重大任务是，巩固国内的统一，建设独立、自由与富强的新中国。并提出了和平、民主、团结三大口号。”冯玉祥对毛泽东的一席话，十分赞赏，连声称道：“很好，很对。这要看蒋介石的态度了。如果他能以国家大局为重，从人民利益出发，就该回心转意采纳施行，那就是全国人民之大幸啊！”

饭菜准备停当后，宾主分别就座，冯玉祥亲自执酒为每位客人斟满了酒杯，接着说：“毛先生为祖国和平远道而来，这第一杯先敬毛先生！”毛泽东谦虚地笑着，挡住了冯玉祥敬酒，然后说：“还是让我们大家同饮吧！”宾主碰杯之后，一饮而尽。席间，毛泽东又介绍了延安各方面的情况，深受主人的赞扬。大家边吃边谈，从中国的过去谈到现在，又从现在谈到了将来，情绪激动，欢快异常。

几天来和毛泽东等中共领导人的接触，使冯玉祥深切感到了中共对和平谈判、民主建国的诚意。他乘兴连夜吟诗一首，以表自己的欢乐心情。

1946 年 9 月，冯玉祥以考察水利专使名义出访美国，在美期间，他积极从事支援祖国人民反内战、反独裁的爱国民主运动，并要求美国政府停止对南京军事和财政援助，不干涉中国的内政。1948 年初，他参加了中国国民党革命委员会，被推选为中央政治委员会主席。同年 7 月，在苏联驻美大使的帮助下离美回国，准备参加中共中央召开的新政治协商的筹备工作。8 月 22 日，因轮船在敖德萨港附近的黑海海面上失火而遇难，终年 66 岁。

1949 年 9 月 1 日，在冯玉祥遇难一周年之际，中共中央在北京隆重举行追悼会，毛泽东同志亲笔题词：“冯玉祥将军逝世周年纪念谨致悼意！”

司徒美堂

他是美洲著名爱国华侨领袖。曾亲书《上毛主席致敬书》，表示乐于接受中共领导。毛泽东誉其“热情卓见，感佩殊深”，称之为“爱国先贤，侨界耆宿”。

司徒美堂，原名羡意，字基赞，1868 年生，系广东开平农家子弟，因其行五，洪门人士多尊呼之为“五叔”。幼年丧父，赖寡母抚养长成。1880 年去美国打工。1883 年读了《扬州十日》、《嘉定屠城》两书，愤然加入洪门致公党，进行反清复明活动，时年仅 17 岁。

司徒生得孔武有力，为人直言仗义，好打抱不平，手持一刀一棍，十数人莫能近。在美国屡见有流氓欺侮华侨事，每每三拳两脚将流氓打翻，扔至街中。20 岁时因把流氓打得重伤致死，曾被提去坐牢（几乎被判绞刑），幸得华侨及洪门人士募款营救，10 个月后恢复自由。自此，其人其事，渐为华侨所传诵。出狱后，他先后做过男保姆、厨子、小贩等，结交了不少的三教九流人物。1894 年冬，他感到致公党情况复杂，组织散漫，乃集合堂内少年气盛、敢作敢为之士，在波士顿组织了“安良工商会”，称安良堂。该堂以“锄强扶弱、除暴安良”为号召，由小到大，逐渐团结了一班洪门兄弟，并被拥为“大佬”，这是司徒美堂过问洪门事业的始基。

1904 年，孙中山先生以“洪门大哥”身份赴美进行革命活动，司徒得见孙先生于波士顿，并任保卫员兼厨师之职，由于孙先生耳提面命，使之懂得了许多革命的道理，洪门组织从此带上了革命色彩。翌年，司徒从波士顿至纽约，组织“安良总堂”，自任总理，继续从人力、财力等方面支持孙中山先生的反清革命活动。

此后，安良总堂遂成为致公党老组织的“龙头”，对后者的事务每起决定作用。当时美洲华侨社团的各种活动，小而至排难解纷，大而至抗日募捐等各项爱国活动，司徒美堂都有涉及，他还被选为中国代表团出席联合国会议的华侨顾问。抗战爆发后，司徒美堂与旅美进步人士共同发起成立纽约华侨抗日救国筹饷总会，发动华侨支援祖国抗战，并与宋庆龄领导的保卫中国同盟密切联系，支持共产党及其领导的八路军和新四军的抗日行动。

1941年冬，司徒美堂因被聘为“华侨参政员”自美洲返香港及重庆。在港期间他以高度的民族气节拒绝了日军特务要他担任香港维持会长的要求；在渝期间，蒋介石叫吴铁城引诱司徒加入国民党，并以“国府委员”作诱饵，司徒坚决不干。

1945年3月，在美洲洪门恳亲大会上，司徒美堂将洪门致公党改为中国洪门致公党，被选为全美总部主席。会间，他联合美洲各华侨报界发出著名的《十报宣言》，提出结束“国民党的一党专政，还政于民，召开国民代表会议，成立民主政府”的政治主张。抗战胜利后，司徒美堂过问祖国政治的热情日益增高，表示要回沪召开五洲洪门恳亲大会。回国前他分别致电中共、民盟和蒋介石，中共和民盟当即复电欢迎，唯蒋不予答复。1946年4月，司徒率众抵沪。6月21日，司徒晤蒋，话不投机，悻悻而去。越二日，他亲赴南京梅园新村30号拜会了中共代表周恩来，旋又参加中共代表和上海民主人士在亲喜饭店为他举行的欢迎茶会。此后，周恩来代表中共亲自到司徒寓所两次访谈，并邀他到解放区参观。两相对比，使司徒在情感和事实方面大受教育，从而开始疏离国民党而心近共产党。

1946年9月，司徒美堂在沪对各报记者发表如下谈话：“本人主张联合各党和爱好和平的人民，建立民主统一的政府，然后再以经济从事于建设。我们并不是任何党派的尾巴，我们愿以人民的意志为行动。”这是他对蒋介石插手破坏中国洪门致公党改组活动的有力揭露。同年11月，司徒公开拒绝参加蒋介石的国民代表大会。经过1947年声势浩大的国统区人民民主运动之后，司徒更加认清了蒋介石的本质。7月间乃命其子草具一纸声明，表示对民治党（由CC派打入致公党改组而成）年来活动不表赞同，声明与之脱离干系，转赴香港以重返美国，以示他对蒋介石政权的彻底不信任。

1948年5月，中共发出倡议，号召举行没有反动分子参加的政治协商会议，讨论成立民主联合政府问题。盘桓在港的司徒美堂不禁为之心动，但顾虑到蒋帮特务的监视与控制，他决定先行赴美再作响应。10月8日，司徒在寓所命人秘密起草了一份题为《司徒美堂拥护中国共产党召开新政协的声明》，亲自签名盖章，嘱令务须在其安全抵美后方可在香港报界公布。声明写道：“美堂于1946年春自美返国，适逢当时政治协商会议，为之大慰。奈因蒋介石玩弄阴谋，背信弃义，行独裁之政治，置民主于不顾，一手撕破政协决议，发动剿民内战，美堂乃愤而赴港，视蒋介石如仇寇。窃思谋国之道，旨在和平，剿民内战，元气大伤。今中共及民主党派所号召以四大家族除外之新政治协商会议，进行组织人民民主之主张，余认为乃解决国内政治问题唯一之良好方法，表示热诚拥护，并愿以八十有二之老年，为中国解放而努力。”

还在司徒赴美前夕的10月23日，中共代表连贯就曾特别在港为之饯行。席间双方交谈甚洽，语殷意浓。这使司徒美堂大为感动，即席亲书《上毛主席致敬书》，表示乐于接受中共领导，书中并有“新政协何时开幕，接到电召，当即回国参加”等语。翌年1月20日，毛泽东在收到辗转而至的此函后，立即复函司徒，誉其“热情卓见”、“感佩殊深”。指出：“中国人民解放斗争日益接近全国胜利，召开新的政治协商会议，建立民主联合政府，团结全国人民以及海外侨胞的力量，完全实现中国人民的解放事业，实为当务之急，为此，亟待各民主党派各界民主人士共同商讨。至盼先生摒挡公务早日回国，莅临解放区参加会议。”接到毛泽东的热情邀请后，司徒美堂决意再度回国。此间孔祥熙曾邀他吃饭，劝他“不要受人利用，年纪大了，何必跑来跑去，留在美国，生活不必过虑”云云，司徒美堂坚决拒绝了此种劝告，说他所以回来完全基于爱国之心，皆出自愿，未受任何人利用。饭后，他怕事久生变，乃于8月9日乘机离开美国，13日抵达香港，9月初乘岳州轮北上安抵北平，下榻于北京饭店114号房。

在政协第一次全体会议期间，他每会必至，会后，毛泽东还特别宴请司徒美堂等华侨界爱国人士，称其为“爱国先贤，侨界耆宿。”

中华人民共和国成立后，司徒美堂被选为中央人民政府委员，第一、二届全国政协委员，华侨事务委员会委员。从1949年9月到1955年5月辞世，他一直住在北京北池子筒子河边的一所宁静的四合院内，生活无忧，受人景仰，度过幸福的晚年。此间，他以饱满的政治热情从事着各种社会事务活动，经常向国外华侨发表讲话，报告祖国的巨大变化，宣传党和政府的方针政策，为扩大华侨界的爱国团结作出了重大贡献。

齐白石

他与毛泽东是同乡，却相见恨晚。新中国成立后，他每年都有新作呈送毛泽东。临终时又留下遗嘱：将他保留的作品和使用过的东西，全部献给毛主席。

齐白石，湖南省湘潭县白石铺人，1864 年 1 月 1 日生于一个贫苦农民家庭，27 岁拜乡里名士胡沁园为师学书画，后为王闿运收为弟子。因少时家境贫寒，为读书学画，过着“灯盏无油何害事，自烧松火读唐诗”的苦行僧生活。此后，他的国画艺术卓有成就，便在北京等地以篆刻、卖画为生，经历过不少人生的磨难。

齐白石定居北平后，住在北平西城跨车胡同，与黎锦熙的住处相距不远，两人交往甚密。从平日的交谈中，齐白石得知黎锦熙曾有毛泽东这样一个学生，出身农家，却胸怀大志。黎锦熙还多次向齐白石推崇毛泽东的人品和学识。齐白石虽未见过毛泽东，但从此对这位后生非常敬佩。

1949 年 1 月 31 日，北平和平解放。历经旧时代沧桑的 86 岁高龄的画家齐白石，从此步入了新时代的幸福坦途，受到党和政府无微不至的关怀。当时，齐白石已是举世知名的艺术家。早在北平解放前夕，他就曾多次拒绝了一些不怀好意的人叫他迁居南京、杭州的劝告，坚信“已卜余年见太平”，坚持留在北京等待人民革命的胜利。人民解放军进城后，齐白石收到了毛泽东的一封亲笔信，字里行间充满着敬老尊贤的谦和之情。信中还邀请齐白石以无党派民主人士身份参加新政治协商会议，共商国家大事。白石老人高兴得一夜没有合眼。不久，他应邀出席了周恩来主持的各界人士招待会。

开国大典前夕，齐白石抑制不住内心的喜悦，为新中国的胜利诞生而欢欣鼓舞。为了表达对人民领袖的爱戴，齐白石为毛泽东精心镌刻了朱、白两文寿山石名章，由当时文化部门的军代表艾青呈献给毛泽东主席。

1950 年初夏的一天，毛泽东派秘书田家英看望了白石老人，详细询问了他的健康和生活情况。齐白石对此十分感激。第二天下午，风和日丽，毛泽东派人派车去齐白石所住的跨车胡同，把他接到中南海，两人一起品茶赏花，作了数小时的叙谈。随后毛泽东还请朱德总司令出席作陪，一同共进晚餐。毛泽东告诉白石老人，政务院拟聘请他担任文史研究馆馆员。齐白石平时很少饮酒，席间听到这个消息，他高兴地喝了好几口葡萄酒。回到家里，老人抑制不住内心的喜悦，把每一个细节都告诉给家人。“毛主席和我口音一致，每个字都听得入耳，十分亲切；毛主席给我夹煮得很熟很烂的菜；临别时，朱总司令亲自送我上车……”

为了感谢毛泽东主席的知遇之恩，1950 年国庆节前夕，齐白石从自己珍藏多年的国画精品中，选出一幅立轴《鹰》和一副对联，赠给毛泽东。这两件作品均是齐白石十多年前所作的上乘佳作。其中《鹰》作于 1941 年。对联是：“海为龙世界；云是鹤家乡。”作于 1937 年 7 月。这次馈赠时齐白石特意加上“毛泽东主席/庚寅十月齐璜”及“九翁齐白石藏”的题款。同时，齐白石还把自己一方用了近半个世纪的圆石砚送给了毛泽东。这方湖南产的普通花岗岩石现，石质坚硬，发墨快而滋润，伴随着老人已经度过了 40 多个春秋。而今，他却把这心爱的物品送给了毛泽东。毛泽东收下这些珍贵礼物后，很是感动，便派人给齐白石送去了一笔丰厚的润笔费以示酬谢。齐白石知道毛泽东喜爱他的画，从那以后，每年几乎都有新作送给毛泽东。1950 年，他给毛泽东送去了立轴水墨《芭蕉图》。1951 年，他画了《松鹤旭日》巨幅画，歌颂共产党和毛泽东，把毛泽东比作太阳。同年，他还送去一幅《菊花图》，并在上面用篆书题写了“益寿延年/毛主席教正”的题款。1952 年，他又为毛泽东画了《梅花茶具图》册页。同年 9 月，为庆祝国庆 3 周年，齐白石与画家徐石雪、于非闇等联合创作了巨幅国画《普天同庆》赠给毛泽东。毛泽东高兴地收下这份礼物后，立即挥笔致谢：“白石先生：承赠《普天同庆》绘画一轴，业已收到，甚为感谢！并向共同创作者徐石雪、于非闇、汪慎生、胡佩衡、溥毅斋、溥雪斋、关松房诸先生致谢意。”1954 年齐白石又与毛泽东在湖南第一师范读书时的同学高希舜、章适园等老画家一起共同创作了《和平幸福图》，倾吐了自己对社会主义新生活的热爱和对人民领袖的爱戴。

1953 年 1 月 7 日，是齐白石 93 岁生日。中国美术家协会隆重地为他举行了庆祝会，文化部授予他“中国人民杰出艺术家”的光荣称号。齐白石生日过后，毛泽东派人给他补送了四样礼品：一坛湖南特产茶油咸菌，一对湖南五开文笔铺特别长锋纯羊毫书画笔，还有一支精装的东北野山参及一架鹿茸，祝贺他福寿康宁，百岁期颐。齐白石对毛泽东的关怀感激不已，他激动地对亲属子女们说：“毛主席今天给我送这样重的礼，太看得起我了。古人讲‘蔗境弥甘’！在新社会，我可是享了这份清福了。”后来，他还满怀敬意地书写了毛泽东的《沁园春·雪》一词。共产党和毛泽东对齐白石的重视和关怀，焕发了这位鹤发银髯老人的艺术青春。1953 年，齐白石曾创作一幅有松鹤、太阳的巨幅图画,并在画上题了"毛主席万岁"五个大字,不久,他还创作了《祝融朝阳图》,歌颂毛泽东主席。

新中国成立后,齐白石创作的作品多得惊人。仅在 1953 年,就创作了各种题材作品多幅。1953 年 1 月,齐白石担任北京中国画研究会主席。同年 10 月,被选为中国美术家协会第一任理事会主席,1954 年 9 月 15 日,齐白石出席了中南海怀仁堂召开的全国人民代表大会。回到家里,他高兴地对儿孙们说:"《诗经》上讲,'济济多士,文王以宁',哪里能够和这次盛会相比?国民党立宪搞了几十年,不成其体统,如今真有人民的宪法了,这是五福临门的宪法,我可要把《诗经》上'文王以宁'改成'中国以宁'了!"齐白石一边说着,一边写下了毛泽东在开幕词中告诫每一个人的八个字:"老老实实,勤勤恳恳。"又说:"人民听主席的话,中国焉得不强!"

晚年,年届耄耋的白石老人,身罹重病,不得已停止了画笔,在他病重期间,毛泽东对他的身体健康状况非常关心,多方给予关怀和照顾。1957 年 5 月 22 日下午,毛泽东又一次派田家英等同志到医院看望齐白石,传达了毛泽东的意见,劝他从心所欲,静屋休养,要节劳,少见宾客。在病中久不爱讲话的齐白石,向田家英安详、兴奋地倾诉了自己衷心感谢之忱。他喃喃地说:"我病好了,还要去中南海,跟毛主席照一张相。"然而,由于年老体衰,身罹重病久治不愈,齐白石的这一愿望最终未能实现。1957 年 9 月 16 日下午 6 时,齐白石不幸与世长辞。在弥留之际,他留下遗言:将他保留的作品和使用过的东西,全部献给毛主席。齐白石还祝愿我国的国画事业繁荣昌盛。在其亲属子女的支持下,白石老人生前的遗物全部捐赠给了国家,他的遗愿已经变为现实。

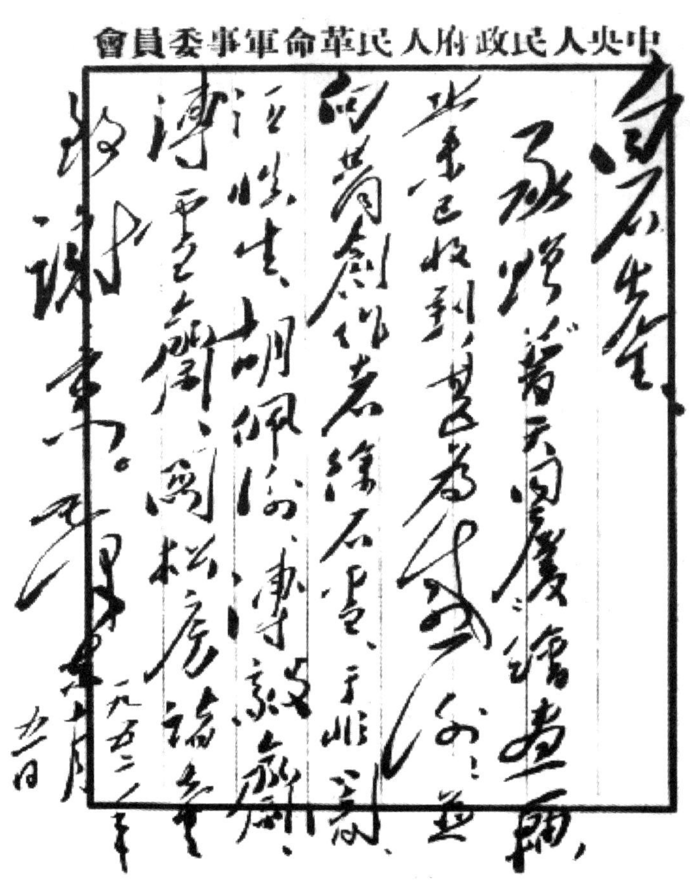

中央人民政府人民革命軍事委員會

白石先生：

承赠普天同庆绘画一幅，

业已收到，甚为感谢，并

向共同创作者徐石雪、于非闇、

汪慎生、胡佩衡、溥雪斋、

溥毅斋、关松房诸先生

致谢！毛泽东

一九五二年十月五日

刘　斐

1949年，他作为国民党6位和谈代表之一，在北平与毛泽东有过深切的交往。新中国成立初，毛泽东多次请他吃饭和谈话……

刘斐，字为章，1898年生，湖南醴陵人。早年就读于广西南宁讲武学堂和广东西江讲武学堂，后受孙中山影响投身革命。1924年国民党改组后，任广州大本营军政部副官，1926年北伐战争中担任国民革命军总司令部主任作战参谋。1927年国民革命失败后，东渡日本学习军事，曾就读于日本陆军士官学校及陆军大学，回国后受命主持广西民团干部训练工作。抗战期间，历任国民党对日作战大本营作战组组长、军令部厅长、次长，他主张团结抗战，是国民党内部比较坚决的抗日派之一。1945年抗战胜利后，出任国防部参谋次长，因不满蒋介石独裁而于1948年秋辞职回乡。

1949年初，我人民解放军战略决战取得了决定性胜利。蒋介石再次弹出"和谈"老调，并被迫撒手下野。李宗仁继任南京国民党政府代总统，着手安排与共产党方面和谈事宜。李先安排张治中、邵力子等5人作为南京方面和谈代表，后又决定增派刘斐参加。是年4月1日，刘斐与张治中等安抵北平，由此和谈正式开始。至4月15日，双方达成8条24款《国内和平协定》，一候南京方面同意最后签字，便立即生效。此后，毛泽东曾分别接见了国民党方面的6位代表，对他们的艰辛工作表示慰问。因刘斐与黄绍竑同属桂系集团。毛泽东便在香山双清别墅同时接待了他们。

见面后，毛泽东先询问了他们到北京的生活情况，并对刘斐说："刘先生，你是湖南人吧？"刘斐说："我是醴陵县人，与主席邻乡，是老乡。"毛泽东遂高兴地说道："啊，老乡见老乡，两眼泪汪汪哩！"毛泽东亲切的湖南口音和风趣话语，顿使刘斐的紧张心情减去大半。他对毛泽东说："蒋介石打不下去了，让李宗仁出来搞和谈，人民需要休养生息，和平是大势所趋。"毛泽东接过此话说："人民的要求，我们最了解。我们共产党是主张和平的，否则也不会请你们来。我们是不愿打仗的，发动内战的是以蒋介石为头子的国民党反动派嘛。只要李宗仁诚心和谈,我们是欢迎的。”接着,毛泽东便扳着手指头说:“李宗仁现在是六亲无靠哩。第一,蒋介石靠不住;第二,美帝国主义靠不住;第三,蒋介石那些被我们打得残破不全的军队靠不住;第四,桂系军队虽然还未残破,但那点子力量也靠不住;第五,现在南京一些人士支持他是为了和谈,他不诚意搞和谈,这些人士也靠不住;第六,若他不诚心实意地和谈,共产党也靠不住,我们要和他奉陪到底呢。”说到这里,毛泽东在房中踱了几步,走到刘斐面前说:“我看六亲中最靠得住的还是共产党,只要你们真心和谈,我们共产党是说话算数的,是守信用的。”

当谈到 8 条 24 款《国内和平协定》时,毛泽东问刘、黄两位:“这个协定你们都同意吗?”刘答道:“总的我们是同意的,只有前言中说蒋介石是挑动内战的‘罪魁祸首’这句话,虽然实际情况如此,就怕李宗仁签字有难处,因为他毕竟是个空架子,蒋介石背后捣乱他是吃不消的。”毛泽东笑着说:“好,看在你们的情面上,就不写什么‘罪魁祸首’了,那就改写上个‘元凶巨恶’吧,你们看怎么样?”说得大家都不禁哈哈大笑起来。毛泽东一面笑,一面又拿起桌上放着的一份新华社消息稿,用红蓝铅笔指着说:“你们看,李宗仁也说破坏旧政协的是蒋介石嘛,他也是这么说的嘛,我们的认识还很一致哩。”当刘斐说到蒋介石这个人不学无术时,毛泽东又摆摆手说“不,不,差矣,蒋介石是不学有术哩,不过这个术是权术的‘术’。”说得彼此又是一阵会心大笑。是晚,毛泽东设便宴招待两位。他们边吃边谈,当说到个人的爱好时,刘斐趁机将心事提出来试探毛泽东,说:“您会打麻将嘛?”毛说:“晓得些,晓得些。”“那么,您是爱打清一色,还是喜欢打平和呢?”刘斐紧接便问道。毛泽东听了后差点儿失笑喷饭,他听出了刘斐的这一语双关之意,立即答道:“平和,平和,只要和了就行了。”事后,刘斐多次对人提及此事,称毛泽东反应机敏,心胸宽阔,并说这寓意弥深的回答不仅使他倍加叹服,顾虑皆消,而且也使他坚定了选择新道路的决心。

此后和谈破裂,国民党政府拒绝在《国内和平协定》上签字,刘斐即决定留在北京。同年 6 月,他又只身潜回广州,争取李宗仁、白崇禧回心转意,共商和平新计,但为李、白所拒绝。8 月,他到香港联合四十四位国民党知名人士通电起义,宣布与国民党政府公开决裂。后应邀出席中国人民政治协商会议第一次全体会议。

新中国成立初,刘斐被任命为人民革命军事委员会委员、国防委员会委员、中南军政委员会委员兼水利部部长等职。在 1949 年 10 月到 1950 年春赴武汉就任中南水利部部长之前的这段时间里,毛泽东曾多次请他吃饭和谈话,就工作安排诸问题征求他的意见。一次,毛泽东亲切地叫着他的号问他说:“为章,你看我国能不能统一?国家能不能建设好?”刘斐想了想回答说:“一百多年来,列强鱼肉我国,分裂中华,压迫我们。这固然是祖国分裂,经济落后的一个重要原因。但我们这些炎黄子孙也不争气,自辛亥以来,派系繁多,战争连绵,民不聊生,甲派上台,打倒一切;乙派上台,一切打倒。如此反复,谈何统一与建设?”毛泽东听后认真地说:“共产党不搞打倒一切,只打倒那些罪大恶极而又顽固不化的反动分子,其余的人只要愿意爱国,维护统一,我们就同他讲团结,有一技之长者,统统包下来为新中国服务,你看怎么样?”刘斐兴奋地表示说:“古人有言:山不厌高,海不厌深。周公吐哺,天下归心。共产党取如此政策,百川焉能不归大海!”

1949年冬天的一个下午,天下着鹅毛大雪,毛泽东打电话约刘斐到他那里去吃饭,到中南海颐年堂时,他发现章士钊、符定一、仇鳌等人也在那里,原来是毛泽东宴聚湖南老人。饭前,大家海阔天空,从瑞雪丰年扯到自己年过半百,有的已近古稀,又都没有学过马列书籍,怕是老朽无用了。毛泽东听他们如此议论,有意地插了长长一段话,他说:我是从农村长出来的孩子,小时候也上过私塾,读过孔孟的书,也信过神佛,母亲生病还去求过神保佑哩,旧社会的东西对我都产生过影响。有段时间受梁启超办的《新民丛报》影响,觉得改良派也不错,想向资本主义找出路,走西方富国强兵的路子。十月革命一声炮响,马列主义传入中国,我才逐步接受了马列主义。我们青年时代,一批朋友去法国勤工俭学,我没有去,打定主意走自己的路。毛泽东稍停了一会儿,又语重心长地说:“哪有什么生而知之的圣人呀?我也是逐步认识社会,走上革命道路的。最重要的是向社会学习,向群众学习哩。”毛泽东还对他们讲述了自己在湖南新军时第一次见到徐特立先生血书革命的故事,并说从此以后他才对革命第一次有了感性认识,而徐先生正是他的革命老师。他面对着章、符、仇诸先生说,你们都在那以后用各种方式教育和帮助过我。接着便如数家珍地说起来章先生如何借钱帮助他组织赴法勤工俭学,仇先生帮助他办《湘江评论》,符先生是他学生时代的老师,等等。毛泽东的用意即在说明,一个人的思想总是发展的,立场也是可以转变的,诚可谓立意深远,语重情长。

1950年初春,在刘斐即将赴武汉任中南军政委员会水利部长的前夕,毛泽东又约他到住处谈话。他们谈起《共同纲领》时,刘斐向毛泽东说:“我的体会,《共同纲领》是四路纵队(指工人阶级,农民阶级,小资产阶级,民族资产阶级)共同前进,向左看齐,跟工人阶级走”。毛泽东听后笑着说:“是的。但不止如此,以后还要展开变成横队的哩!”此话极为深刻,寓意高远。一会儿,邓子恢进来,毛泽东介绍说:“他叫邓子恢,是个老实人,现在是请他到中南组阁,请你去当他的阁员呢。”彼此认识后,刘斐对毛泽东说:“我是水利问题的门外汉,恐怕胜任不了工作。”毛泽东则鼓励他说道："不懂你就学嘛，有问题你就去请教群众嘛。要边学边干，哪有天生的内行啊？"饭后，毛泽东送他出来时又再次叮嘱他说："为章，有什么困难你要向群众请教。"

1954 年夏，刘斐被调回北京，专心致力于祖国统一大业。此后，他先后当选为全国政协第二、四届常务委员，第一、二、三届全国人大代表，第四、五届全国人大常务委员，民革中央常务委员、副主席等领导职务。

1979 年元旦，全国人大常委会发表《告台湾同胞书》，刘斐心情振奋，在接受记者采访时说："三十年来，我对共产党、毛主席关于爱过一家，不念旧恶，一切向前看的政策体会颇深。……祖国统一是历史的必然，这是谁也阻挡不了的。当年我是代表国民党来北京和谈的，而今，如果身体允许，台北欢迎，我这八十老人真想再飞台北，会会故旧，共商祖国统一大业。"

"老骥伏枥，志在千里"，寥寥数语，表达了刘斐老人的一片爱国之心。

1983 年 4 月 8 日，刘斐在北京逝世，享年 87 岁。

刘揆一

他是湖南著名的革命老人，与毛泽东的岳丈杨昌济是挚友，曾亲自掩护毛泽东躲过军阀赵恒惕的追捕。他逝世后，毛泽东寄去400元人民币，作为悼唁。

刘揆一，字霖生，亦作连生，1878年生，祖籍湖南衡山，祖籍湘潭。1903年赴日本留学，同年底回湘，与黄兴发起组织华兴会，被推为副会长，策划长沙起义，事败后复往日本，1907年参加同盟会，并代行总理职务。武昌起义后回国，任袁世凯政府工商总长。后参加过护国战争，黎元洪执政时曾任国会议员。

对刘揆一的革命事迹毛泽东早有耳闻，对他十分敬佩。1918年，刘揆一应杨昌济的邀请，到湖南第一师范作时势报告。当时毛泽东正在第一师范读书，经杨昌济介绍，毛泽东与刘揆一相识。此后，他们时常往来，一起讨论辛亥革命的经验教训，探求救国救民的途径。毛泽东"身无半文，心忧天下"，"针砭时弊，慷慨激昂"，刘揆一虽屡经挫折，革命意志却未曾消磨。他对毛泽东"改造中国与世界"的远大抱负敬佩不已，认为这位血气方刚的后生将来必成大器。

1919年，毛泽东组织湖南青年赴法勤工俭学，为筹措经费到处活动。刘揆一从章士钊处获知此事，曾热心筹资捐助。1925年2月，毛泽东回到韶山，一面养病，一面开展农民运动。他的活动令当地土豪劣绅惶恐不安，遂向湖南省长赵恒惕密报，请求逮捕毛泽东。赵恒惕密令当湘潭县长的弟弟赵恒哲派兵前往韶山捉拿。毛泽东得到消息，在乡亲们的帮助下连夜离开韶山，抵达湘潭，来到刘烈士祠(辛亥革命后政府为纪念刘揆一之弟刘道一烈士所建)找刘揆一，刘揆一见毛泽东到来，甚为惊喜，当得知他遭赵恒惕追捕的情况时，即安慰他不要着急，并留他在祠内躲避。当晚，毛泽东与刘揆一抵足而眠。翌日清晨，毛泽东告别了刘揆一，安全离开湘潭，后辗转到了广州举办第五届农民运动讲习所。1927年元月，毛泽东回湖南考察农民运动。1月4日由长沙到达湘潭，听取湘潭县农民协会委员长杨昭植等人汇报农运情况后，曾专程拜访了刘揆一。

1933年，刘揆一被蒋介石聘为行政院顾问，后很快被解职。

1949年8月，湖南和平解放后，刘揆一担任了湖南省军政委员会顾问。

新中国成立初期，毛泽东曾多次向进京的湖南人士询问刘揆一的情况，并捎信向他慰问，刘揆一对此深表感激。当时，人民政权刚刚诞生，百废待兴。刘揆一十分关心家乡的政事。1949年底，他将家乡筹粮支前和剿匪安民的情况及存在的问题写信告诉毛泽东。毛泽东收信后，繁忙中于3月14日给他亲笔回信："去年十二月二十七日大示奉悉，极为欣慰，迟复为歉。征粮作弊，政府已发令纠正，不知近日有所缓和否？匪祸必剿，首恶必办，是为定则；惟剿办须有策略步骤，以期迅速解决，安定全境。湖南匪患闻已大体解决，是否如此，先生所知如何，尚祈便中见告。"刘揆一收到毛泽东给他的亲笔后，异常兴奋。当时，湖南农村掀起轰轰烈烈的减租退押运动，刘揆一家在湘潭县白石铺八斗冲拥有祖遗的少量土地，他因长期在外从事革命活动，素无积蓄，故无力退押。1950年4月2日，他就此事上书毛泽东。不久，刘揆一又收到了毛泽东的回信：

霖生先生：

4月2日大示诵悉。退押一事，原是地方根据农民要求办理的。现已令其停止。敬复，顺颂

吉安！

毛泽东

一九五〇年四月十四日

毛泽东复函之迅速，言词之恳切，蕴含着对革命老人的尊敬和厚爱。1950年5月，毛泽东还派当时任湘潭市市长的族侄毛特夫到刘烈士祠看望刘揆一老人，并请他去北京与毛泽东叙旧。刘揆一顾虑到自己年老多病，赴京不能为国家出力，反而会给毛泽东增添麻烦，因此坚持未去。

1950年11月1日，刘揆一先生在湘潭病逝，享年72岁。毛泽东闻讯后，寄去400元人民币，对其家属表示慰问。刘揆一的遗体安葬在湘潭市城正街刘烈士祠后院。

许德珩

他早年和毛泽东一起参加过少年中国学会和北大平民教育讲演团。作为九三学社的主要负责人,他与毛泽东肝胆相照,荣辱与共。

许德珩,原名许础,因兄弟辈中通用“德”字,故名德珩,表字楚僧,后将楚僧改为楚生。

1890 年 10 月 17 日,许德珩降生在江西庐山脚下的沈家冲。自 6 岁起,即在家馆读四书五经,16 岁时到县城一位同文书院的毕业生那里学英文和数学,每月步行往返 40 华里,风雨无阻。1907 年,许德珩终于如愿以偿地考进了九江中学堂。

在九江中学堂学习期间,许德珩在旧学的基础上很快就吸收了进步思想和西方学说,并加入了同盟会,剪去辫子,以示革命之坚决。他先后参加了 1911 年的辛亥革命和 1913 年的二次革命。1915 年,他考入北京大学英文系,后转入国文系学习。1917 年 11 月 7 日,正是落叶惊秋的季节,伟大的十月社会主义革命一声炮响,在人类发展史上,具有划时代的伟大意义。1918 年 5 月 16 日中日两国签订了《中日陆军共同防敌军事协定》,这一卖国协定一签订,就遭到了中国学生的坚决反对。许德珩参加了北京学生的请愿活动,被推选为到总统府请愿代表之一。参与组织了北京学生救国会,并作为救国会的代表,南下天津、济南、武汉、九江、上海等地发动群众,进行联络。

1919 年,许德珩积极参加五四运动,起草了《北京学生界宣言》,并参加了示威游行和集会,遭到反动政府的镇压。许德珩在被捕名单中居首位。在狱中,他同一起被捕的 32 名学生表现得十分坚强。在广大爱国师生的坚决斗争和社会舆论的强大压力下,反动当局不得不将他们释放。

1920 年 1 月,许德珩赴法勤工俭学,在巴黎大学文学院社会学系读书。7 年之后回国,在广州中山大学任教,后到达武汉,担任第四集团军总政治部秘书长兼代主任。在这期间,他恪守一条原则,就是绝对不做反共和危害共产党员的事,并利用工作上的便利，掩护和资助了不少共产党员离开武汉。

1935 年 8 月 1 日，中国共产党发表了《八一宣言》，揭露了日本帝国主义要把全中国变为它的殖民地的侵略野心，指出中华民族面临亡国之危，呼吁全国各阶层、各党派、各军队团结起来，“停止内战，一致抗日”。许德珩读了《八一宣言》，犹如难明的长夜见到了曙光，兴奋得夜不成寐。轰轰烈烈的一二·九运动爆发后，许德珩始终站在运动的前列，因此而遭到学校的无理解聘。

1936 年冬，许德珩和夫人劳君展在听到红军到达陕北的消息后，从遥远的北平给毛泽东寄去了慰问品。后来蔡畅来重庆时，受毛泽东之托，从延安带来了手工制的呢料一卷，送给许德珩和劳君展作为回礼。

1945 年 8 月 15 日，日本帝国主义宣布无条件投降，中国抗日民族解放战争和世界反法西斯战争取得了伟大胜利。

中国共产党本着争取国内的和平、民主、团结、反对内战、独裁的方针，8 月 28 日，毛泽东偕周恩来、王若飞等人飞抵重庆，与国民党当局进行谈判。

当许德珩听到毛泽东来到重庆的消息后，就与徐冰联系，表示极想与毛泽东晤面。不久，即得到回音。9 月中旬的一天中午，毛泽东在红岩嘴八路军办事处，约许德珩夫妇吃午饭，一见面，毛泽东一手拉着劳君展，一手拉着许德珩说：“想不到我们在这里见面了。”他们和毛泽东阔别 20 多年了，山城重聚，激动之情难以言表，毛泽东和许德珩畅谈了当年在北大的情景，追述了他俩同时参加少年中国学会和北大平民教育讲演团的一些事情；劳君展回顾了在周南女校读书时加入新民学会和驱逐军阀张敬尧运动的往事，以及 1921 年劳君展赴法勤工俭学在上海候船时，毛泽东约了许多新民学会的人在半淞园欢送并摄影留念的情景。故人叙旧，格外亲切。随后，毛泽东风趣地说：“你们知道我这个人怎么会打仗呢？我是逢山开路，遇水搭桥。”大家都会心地笑了起来。

话题转到了延安的生产和生活情况。毛泽东告诉他们，经过大生产运动，现在陕北人民的生活显著好转，基本上达到了丰衣足食。回想初到陕北时，生活是相当艰苦的。在北平的教授先生知道我们物质缺乏，还给我们送来了火腿、怀表和布鞋，真是令人感动。这时劳君展才把他们 1936 年买东西给毛泽东的经过谈出来，毛泽东恍然大悟地说：“啊！原来那些东西还是你们送的呀！早就收到了，让他们吃了，用了，我也吃了。”

谈话中，许德珩还向毛泽东汇报了民主科学座谈会的情况。毛泽东鼓励说：“既然有许多人参加，就把座谈会搞成一个永久性的政治组织。”许德珩说：“我们也在考虑这样做，不过担心成立组织人数太少。”毛泽东指出，人数太少，也不要紧,你们都是科学文教界有影响的代表性人物,经常在报上发表意见和看法,不是也起到很大宣传作用吗?经毛泽东这样一番指点和推动,许德珩受到很大启发和鼓舞,决心把座谈会改组成一个永久性的政治组织。

这次见面,在座的还有周恩来、华岗、熊子容等。许德珩夫妇为这次欢聚而感到万分高兴,同时,又为毛泽东深入虎穴而担心,当他们向毛泽东告辞时,劳君展说:“重庆气候不好,山城不可久留,早作归计为好。”彼此心领神会,一笑而别。

1945 年 9 月 3 日,日本签字投降,民主科学座谈会举行了庆祝会,经大家研究,为纪念 9 月 3 日这个抗日战争和世界反法西斯战争伟大胜利的日子,一致同意改名为九三座谈会。后来又成立了九三学社筹备会。

1949 年 1 月 14 日,毛泽东发表了著名的时局声明,进而代表中国共产党提出了达到真正和平的八项条件。1 月 26 日,九三学社负责人许德珩等以北平文化界民主人士的名义拥护毛泽东的八项主张。同日,许德珩等还以九三学社的名义,发表宣言,拥护毛泽东提出的八项主张,拥护中共中央的“五一号召”。周恩来曾评价九三学社说:九三学社是在抗战后期成立的,在民主运动中起了很大的作用。

新中国成立后,许德珩一直是九三学社主席,领导九三学社的工作,并担任过全国人大常委会副委员长、政协全国副主席等职。在长期的革命和建设中,许德珩同毛泽东等老一辈无产阶级革命家建立了深厚的友谊。1979 年春,89 岁的许德珩提出了加入中国共产党的申请,党中央迅速批准了他的申请。由邓颖超、乌兰夫介绍他加入中国共产党,实现了他数十年的心愿。

许德珩因患重病医治无效,于 1990 年 2 月 8 日在北京逝世,享年 100 岁。

汤璪真

他早年与毛泽东在湘乡东山小学堂同窗共读，是一位颇有成就的数学家。他逝世后，毛泽东感叹："这是我们国家科学界的一大损失"，并对他的遗属进行了妥善安置。

汤璪真，字孟林，生于1898年，湖南省湘潭县韶山杨林人。自幼与毛泽东在湘乡东山学校同窗共读，交情甚笃。1915年，汤璪真考入北京高等师范数理部，毕业后到北京女子高等师范（后并入北师大）任教。1923年去德国留学，在柏林大学及莱比锡大学攻读数学。1926年回国，先后在武昌大学、上海劳动大学、武汉大学等校任教。在白色恐怖下，他曾掩护过共产党员脱险。抗日战争时期，汤璪真执教于广州中山大学和广西大学，并在广西大学兼任教务长。抗战胜利后，任安徽大学教授兼教务长。1948年回北师大任教，并兼教务长，一度代理校长。北平和平解放后，他兼任北师大校务委员会委员。

1949年5月的一天，毛泽东意外地接到汤璪真的来信，信中叙说他与毛泽东早年同窗共读时的情谊及别后数十年的坎坷经历，并向老同学表示祝贺。毛泽东看了信，十分高兴，立即打电话给汤璪真，向他表示问候。并问道："现在北京还有哪些老相识？"汤璪真在电话中回答说："我们在北京的老相识还有：北师大文学院院长黎锦熙、地理系主任黄国璋、数学系主任傅仲荪，以及国画家齐白石，等等。"毛泽东高兴地说："太好了！"汤璪真说："我让他们来看你吧。"毛泽东忙说："不要，不要，我去看他们。"不久，毛泽东即驱车来到北京和平门北师大宿舍，看望昔日的师友们。汤璪真、黎锦熙、黄国璋、傅仲荪等人闻讯，连忙从家中赶去迎接。师友们相见，分外亲切，喜不胜喜。毛泽东一见面容清癯的汤璪真，便紧紧握住他的手说："老同学，你好！"见到年过花甲的黎锦熙，便迅步迎上前去，连呼："黎老师，您好！"黎锦熙满面笑容，连连摇手，谦和地说："不敢，不敢！"汤璪真叫家里人弄点湖南特产——腊肉招待主席。毛泽东连忙说："不麻烦你们了，今天我请客。"马上让工作人员叫来两桌酒席，招待大家。宾主入席，边吃边谈，亲切叙旧，谈笑风生。浓重的乡音,浓郁的乡情,仿佛把他们带回到当年湘江边那“风华正茂,挥斥方遒”,“指点江山,激扬文字”的峥嵘岁月里。分别数十年,毛泽东与这位老同学相聚,心情格外畅快。此次相聚后,毛泽东致力于国事,日理万机;汤璪真亦潜心于教学与科研,并主持九三学社北京市分社工作,任过九三学社中央候补理事。汤璪真多年从事数学教学和科研工作,是一位颇有成就的数学家,著作有《绝对微分学》(翻译)、《新几何学》、《群论对量力学的应用》等。二人尽管很忙,但时常互致问候,偶有书信往来,交情日深。

1951年夏,汤璪真赴西南地区参加土改。不幸的是,他因长期致力于数学研究,操劳过度,身体每况愈下。9月回京后即患了急性胰腺炎,卧床不起。在他住院期间,毛泽东曾派秘书田家英专程到医院慰问他,劝其安心养病。1951年10月4日,汤璪真不幸病逝,终年54岁。毛泽东对这位在数学领域卓有建树的老同学英年早逝,深感悲痛,叹息道:“他死得太早啊!这是我们国家科学界的一大损失。”10月23日,毛泽东又写信给当时任北师大数学系教授及《中国数学杂志》总编辑的傅中荪先生,对汤璪真的逝世表示哀悼。信中说:“傅先生:汤先生追悼会需丧示悼唁。遵嘱为数学杂志写了题名,不知可用否?”这封信,表达了毛泽东对汤璪真的怀念及对他所从事的数学事业的肯定。

汤璪真逝世不久,他的遗孀写信给毛泽东,反映家庭生活困难。信中说她丈夫遽离人世,一家人悲痛欲绝;遗有三女二子,最大的才15岁,最小的刚刚8个月;她本人又是家庭妇女,没有职业,无法谋生,而有关方面却立即停发了她丈夫的薪水。她在信中还说:从明天起,米也没有了,煤也没有了。请求将5个孩子免费入托、入学,并给本人安置工作。毛泽东看了这封信后,心情沉重,他用铅笔在信上画了许多横杠,然后把信批给田家英:请你持此信去看此信的作者一次,并去北师大找负责人谈一下。汤教授死了,马上停发薪水,对家人又无安置,似不甚妥。办法还是要从北师大方面去想,才有出路。田家英遵照毛泽东的指示,立即去北师大看望、慰问了汤璪真遗下的孤儿寡妇,并询问了其经济来源和生活状况。田家英还与学校有关负责同志谈了汤的遗孀情况,提出了合理的建议。不久,汤的遗孀及其5个孩子都得到了妥善安置。

朱学范

他早年即开始从事工会工作，重庆谈判时毛泽东肯定说:“你们的工作做得很好,我支持你们。”新中国成立后,他担任了第一届邮电部部长、全国总工会副主席。

朱学范,学名朱屏安,1905年出生,上海金山县人。幼年时家境贫寒,父亲是一家当铺的店员。1921年,朱学范在敬业小学高小部毕业,进虹口区圣芳济学堂读英文。17岁时,因父亲长期失业,朱学范不得不辍学去做工。一年之后,他有机会考入了上海邮局,这在当时就叫作捧了铁饭碗,是十分光彩的事。1925年,伟大的五卅爱国反帝运动轰轰烈烈地开展起来,朱学范在斗争中经受了锻炼,从此开始从事工人运动。

五卅运动揭开了我国第一次大革命的序幕。1926年7月,国民革命军开始北伐,到处响彻着“打倒列强除军阀”的呼声。在中国共产党的领导下,上海邮电职工和全市工人一起，在1926年10月到1927年3月先后发动了三次武装起义,朱学范当选为上海邮务工会委员会执行委员,积极领导和投身工运活动之中。1929年12月，朱学范担任全国邮务总工会常务委员。1932年一·二八淞沪抗战结束后,他担任了上海市总工会主席,直至1937年八一三抗战,他一直领导着上海市总工会工作。抗战期间,他发起组织中国工人抗敌总会,并在中国劳动协会从事中国工会的国际宣传和联络工作,代表中国劳工参加国际劳工大会。

早在1936年，朱学范就曾在莫斯科同中国共产党代表李立三秘密会晤,共商中国工人团结抗日,国共两党工会共同合作问题。此后他又多次同周恩来会见,得到中国共产党的支持。特别是能得到毛泽东的接见,更使他受益匪浅,明确了中国工人运动的发展方向。

1945年8月,重庆山城,烈日当空,天气酷热,日本帝国主义宣布无条件投降,人民沉浸在喜庆抗战胜利的欢乐之中。但是,国共两党关系如何发展,国家前途命运如何,使人们心中布满了疑团。8月28日,毛泽东由延安乘飞机莅临重庆,举行国共两党谈判,这个消息顿使山城人心沸腾,群情激动,人们对毛泽东为谋求和平不畏艰危的大智大勇产生了无限钦仰之情。

9月10日,朱学范接到邀请,到上清寺桂园同毛泽东会面。那天,毛泽东穿一身整洁的蓝布中山装,身材健硕魁伟,态度谦逊诚恳,谈话举止无不体现出无产阶级革命领袖的风度。毛泽东和他讲述了共产党的政治路线和政策,指出目前最迫切的是保证国内和平,实施民主政治,巩固国内团结,所有政治上军事上的分歧和问题,只有在和平、民主、团结的基础上才能求得合理的解决。此外,他还就共产党在谈判中提出的和平建国的各项主张做了深刻的阐述。在交谈中,朱学范简要地向毛泽东介绍了劳动协会的情况,并表达了和解放区工会团结合作共同开展国际活动,实现全国工会运动统一的愿望。毛泽东听后频频点头。他用郑重的语气对朱学范说:"你们的工作做得很好,我支持你们。"

毛泽东的谈话使朱学范对当时迷离复杂的局势有了比较清醒的认识,使他增强了为争取和平民主而努力奋斗的决心和信心。

1948年2月,朱学范来到了东北解放区。当他一踏上这块新土地,就感到有一种不可压抑的力量和蓬勃的朝气,这里完全是一个充满着希望的新社会。他怀着崇敬的心情和满腔激情致电毛泽东和周恩来。他的电文是这样写的:

毛主席、周副主席鉴:

学范已和宁一兄到了哈尔滨,在巴黎时,看到毛主席关于《目前形势和我们的任务》的报告,范完全同意并竭诚拥护这一彻底粉碎蒋政权,驱逐美帝国主义,实行土地改革,组织真正的人民民主联合政府,完成独立民主和平的革命事业的英明主张,所以范决心到了解放区参加这一历史的斗争。范深知这一行动,不只是我个人的问题,更相信还有不少真正孙中山信徒和广大爱国人士,都要向这一方向前进,并肩作战,在你们的领导下,斗争到底,获得最后胜利。谨此向你们致革命敬礼!

朱学范

三十七年二月二十九日

3月4日,朱学范荣幸地接到了毛泽东、周恩来的复电,电报对他决心与中国共产党合作,为中国人民民主革命的伟大的共同事业而奋斗的精神表示极为佩慰,并对他表示热烈欢迎。

1949年9月21日,朱学范参加了有伟大历史意义的中国人民政治协商会议第一届全体会议，并被选为主席团成员。此后，他被任命为政务院邮电部部长、政务院财政经济委员会委员、全国总工会副主席、全国政协常委、全国人大常委会副委员长、民革中央副主席和主席。与毛泽东保持了长期的工作交往和私人情谊。

1996 年 1 月 7 日，朱学范在北京逝世，享年 91 岁。

李四光

他是中国著名的地质学家，毛泽东对他的“山字形构造”理论倍感兴趣，并亲切地称他为“李四老”。

李四光，字仲揆，小字福生，1889 年出生，湖北黄冈人。少年时代便离家求学，后被派往日本留学，先入弘文学院学习日语，再进大阪高等工业学校学习造船。1905 年参加中国同盟会，留学 6 年后回国。

回国后，李四光在武汉一所工业学校执教，并参加了辛亥革命，任南京临时政府特派汉口建筑筹备委员、湖北军政府实业部长等职。1912 年，他辞职留学英国，入伯明翰大学。1919 年毕业，获学士和硕士学位。同年到法国、德国和瑞士的阿尔卑斯山考察地质和冰川遗迹。1920 年回国后，李四光任北京大学地质系教授，写成《中国北部之蜓科》一书，获英国伯明翰大学科学博士学位。之后，他先后参与筹建中央研究院、武汉大学等，并到英国 8 所大学去讲学。

抗日战争爆发后，李四光随地质研究所由南京辗转长沙、桂林、重庆等地。1948 年，他参加了第十八届国际地质学会议，并留在英国进行考察。1950 年回到北京。

新中国成立前，李四光并没有见过毛泽东，但毛泽东很早以前就知道李四光和他的地质力学。1952 年的一天，毛泽东在日理万机，操劳国内外、党内外大事的百忙之中，在一次会议期间接见了李四光。李四光看到毛泽东身材魁梧，红光满面，和蔼可亲，拘束感一下子消失了。毛泽东问：“你那个‘山字形构造’是怎么回事，是不是给我讲一讲？”这使李四光非常感动。毛泽东这样博学多闻，这样地关心地质科学的发展，连地质力学中“山字形构造”这样专门的概念都注意到了，真是令人感叹。于是，他详细给毛泽东解释在力的作用下，大地形成的“山字形构造”究竟是怎么回事。

第一个五年计划开始之后，毛泽东对我国的石油资源情况极其关心。在这以前，国外的一些所谓专家、权威就认为中国是个贫油国家，肯定找不到石油。1953 年的一天，毛泽东把当时担任地质部长的李四光请到中南海，周恩来、朱德也在场。毛泽东问李四光："在我们的地底下究竟能不能找到石油？"接着他又说："第一个五年计划已经开始，天上飞的，地上跑的，都离不开石油，要是找不到天然石油，我们就要走人造石油的道路，可别耽误了！"李四光根据自己数十年来对地质力学的研究，从新华夏构造体系的观点出发，满怀信心地说："我国的地质条件很好，天然石油的蕴藏应当是丰富的，问题在于我们的勘察工作要跟上去。我主张广泛地开展石油普查工作。"

听到这里，周恩来笑着说："我们的地质部长很乐观啊！"毛泽东也高兴地笑了，当即作了关于开展石油普查勘探的战略决策。根据李四光的地质力学理论，我国地质科学工作者和石油科学工作者广泛开展普查勘探工作，先后找到了几处大油田。毛泽东对这一成就给予了很高的评价。

1964 年元旦，毛泽东邀请李四光到中南海怀仁堂看豫剧《朝阳沟》，两人坐在一起，边看戏边谈话，当谈到我国发现石油时，毛泽东高兴地说，你们两家(指地质部和石油部)都有功劳。演出结束后，毛泽东又拉着李四光一起登台，同演员合影留念。李四光心情久久不能平静下来，他感到自己获得了新的、无限的生命力，变得更加年轻。

1964 年，三届人大会议期间。一天，一个服务员在人大代表行列中找到了李四光，对他说："请您到北京厅去一下！"当时李四光不知道是怎么回事。当他走进北京厅时，见到毛泽东在里面，他以为服务员转告错了，便带着歉意说："主席，对不起，我走错了门！"毛泽东健步走过来，紧紧握住李四光的手，亲切地说你没有走错，还风趣地对他说："李四光，你的太极拳打得不错啊！"李四光一时没有理解毛泽东的意思，回答说："身体不好，刚学会一点。"毛泽东笑着说："我是说你那个地质力学的太极拳啊。"这时，李四光方才理解毛泽东的话是对他和广大石油地质工作者一起，用新华夏构造体系找到石油的高度评价。毛泽东的赞扬，激励着李四光为祖国找到更多的石油而贡献自己的力量。

1969 年 5 月 19 日，毛泽东接见来自全国各地的群众代表，当他见到李四光时，马上拉着他的手，亲热地叫"李四老"，并俯身凑在李四光的耳边，问他身体好不好，工作情况怎样。随后又拉着他的手，两人一前一后，在代表们面前走过。在热烈的掌声和欢呼声中，毛泽东向代表们挥手致意，和李四光手拉手地走进了休息室。

当时正是林彪、"四人帮"疯狂迫害知识分子的时候，毛泽东这样亲切地对待李四光，无疑使许多知识分子特别是科学家们很受感动。

进了休息室，毛泽东请李四光在身旁坐下，关心地问："军代表在工作中听不听取你的意见?”李四光思索了一下,说:“有时候征求我的意见。”他的话引起了毛泽东的深思。

那次会见,他们谈了一个多小时,谈话内容很广泛,涉及天文、地质、天体起源,谈到古今中外科学家关于太阳系起源的种种说法时,毛泽东说:“我看康德、拉普拉斯讲得还有点道理。我不大相信施密特的说法。”告别时,毛泽东殷切地对李四光说:“我很想看看你写的东西。”

回到家,这位已经患病、年近八十的科学家,由秘书记录他口述,日夜赶写了《天文、地质、古生物资料摘要》文集共七卷,送给了毛泽东、周恩来和其他中央领导同志。

李四光于 1971 年 4 月 29 日在北京逝世,享年 82 岁。

李公朴

他是著名的“七君子”之一，1938年底到达延安时，曾受到毛泽东的热情接待。1946年在昆明遇害后，毛泽东电称“实为全国人民之损失，亦为先生不朽之光荣”。

李公朴，号仆如，1902年11月26日生于江苏常州。幼年时曾读过私塾，以勤奋好学深得师生好评。但为生活所迫，13岁即随其兄在合兴盛五洋商店做学徒。

1919年五四运动期间，李公朴受到爱国主义思想的激励，在镇江发起组织爱国团，抵制日货，并以“长啸”为笔名，写文在报上揭露一些奸商将日货改头换面冒充国货出售的行径，使这些奸商受到青年学生的冲击，烧毁了他们的日货。1922年，李公朴考入上海沪江大学附中，三年后升入沪江大学继续攻读，并参加了国民党，加入了五卅运动行列。

1927年，李公朴在国民革命军北伐热潮的感召下，毅然抛开书本，从上海前往广州参加北伐军，被派到东路军前敌总指挥部政治部工作。四一二事变后，李公朴从这场大屠杀的血淋淋的现实中，认识到“国民革命”失败了，愤然离开军队，于1928年8月乘轮船赴美留学。

留学结束后，李公朴于1930年11月8日又回到上海，他抱着“唤起民众”的雄心壮志，与邹韬奋等人筹办《生活日报》，但终因国民党当局刁难，未能实现初衷。1935年，日军向华北发动进攻，并且准备继续南进占领全中国。李公朴作为一名爱国知识分子的代表，利用《读书生活》等宣传阵地，向民众宣传进行团结御侮、抗日救亡等道理，一时名声大噪。

1936年11月23日，蒋介石为压制风起云涌的抗日救亡运动，在上海逮捕了全国各界救国联合会(1936年5月31日在上海成立)的负责人沈钧儒、邹韬奋、李公朴等7人，这就是轰动一时的“七君子”事件。李公朴在狱中，浩然正气，大义凛然，充分表现了如他狱中所言“拼七人的自由，争取四万万五千万人的自由”的崇高精神。在押解途中，他积极宣传团结御侮、一致对外的主张，使押解他的军警也为之流泪。七七事变后，国民党政府为情势所迫，不得不在 7 月 31 日将“七君子”交保释放。

李公朴从苏州监狱出来不久，就投入轰轰烈烈的全民抗战之中。1938 年 6 月武汉会战开始后，他为了号召武汉人民积极行动起来，保卫武汉，奔走呼号，到工厂、学校等地向群众作动员报告，组织了武汉民先、青救等进步群众组织，参加抗击日军的战斗。

武汉保卫战中，李公朴又被国民党当局扣押一月有余，这使他不能不冷静下来考虑如下问题：国民党是真的抗日吗？为什么不敢放手发动群众？因此，他决心投奔真正的抗日中心——革命圣地延安。1938 年 12 月 24 日，李公朴偕夫人取道西安，乘八路军西安办事处的汽车来到延安，住在延安鲁迅艺术学院的窑洞里。当时气候虽冷，但他的心里却倍感温暖。

欣闻“七君子”之一的李公朴夫妇来延安，毛泽东即刻来到他们所住的窑洞中探望。在鲁艺的窑洞里，毛泽东与李公朴畅谈抗日形势，救国大计，民运工作，并为其夫人张曼筠所画的长城画幅亲题旧作《清平乐·六盘山》。李公朴夫妇俩从内心感受到共产党和毛泽东的亲切，张曼筠更是感动得流下了眼泪。在这次谈话中，毛泽东还就文化教育和出版工作方面的问题与李公朴作了交流，指出过去的文化教育和出版事业都在一些大城市，现在撤退到广大农村，今后如何在广大农村开展这些工作，是一个新的课题，还有许多游击根据地，也需要开展这方面的工作。

听了毛泽东的谈话，李公朴备受鼓舞，当即把毛泽东的谈话内容写信转告给读书出版社的经理黄洛峰。此后，读书出版社的同仁为敌后的文化教育事业，做了许多工作。

李公朴在延安期间，整日都在外面跑，遍访了各个群众组织和边区政府。所有边区生产建设、文化教育事业乃至司法、少先队、儿童团等方面的情况，他都感到极大兴趣。他还会见了许多艺术界名人，并与冼星海等人一起高歌《黄河颂》。

鉴于在延安的耳濡目染和深切感受，李公朴准备着手写一本记述延安之行的观感的书，该书拟名为《革命的摇篮——延安》。他草拟了一个提纲，实事求是地反映了他对延安精神的评价和发自内心的赞颂。在提纲上，他刻意写下了毛泽东曾恳切地对他谈过的一席话：“延安是一个抗日实验区，一切都在试验中进行工作，既没什么神秘的、了不起的好处，也没有像有些人说的那样莫名其妙的坏处。”提纲拟好后，他准备着手写作，只可惜后来因搜集整理的大批材料丢失，未能成书。

1939 年 5 月，李公朴从山西回到延安，在中共中央的支持下，从抗大、鲁艺抽调了一些干部组成一个“即教即学、边教边学”的抗战建国教育团，目的是把抗战教育和发动群众结合起来，传播抗战教育的种子。毛泽东非常支持李公朴的这种做法，除指示罗瑞卿给他们配备得力的干部外，还抽调一位老红军给他们做警卫员。

1946 年 7 月 11 日，李公朴在云南昆明由于反对以蒋介石为首的国民党集团的倒行逆施，不幸遇害，为争取民主而献出一腔热血，时年 44 岁。7 月 13 日，毛泽东、朱德给李公朴夫人张曼筠发去唁电："惊悉李公朴为反动派狙击逝世，无比愤慨。先生尽瘁救国事业与进步文化事业、威武不屈、富贵不淫，今为和平民主而遭反动派毒手，实为全国人民之损失，亦为先生不朽之光荣。"

新中国成立后，李公朴的遗骨由昆明迁到上海，安葬在上海革命烈士公墓。

李宗仁

他是国民党桂系军阀首领，抗战期间，指挥过著名的台儿庄大捷，后曾任国民党临时代总统。1965年从美国回大陆定居，受到毛泽东的热烈欢迎。

李宗仁，字德邻，1891年出生于广西临桂。早年就读于临桂县立小学，后入桂林省立纺织习艺厂当学徒。1908年考入广西陆军小学第三期，学习期间加入同盟会。1924年由李济深介绍加入国民党。

自1913年毕业于广西陆军速成学堂后，李宗仁开始了大半生的戎马生涯。他先在南宁将校讲习所担任军官，后又在滇军和桂系陆荣廷部任排、连、营长，参加了护国战争、护法战争和粤桂战争。经过数年的战争、兼并和扩充，终于在1925年击败了桂系军阀沈鸿英，完成了统一广西的大业，成为新的国民党桂系军阀首领。是年，他34岁。

1937年7月，抗日战争全面爆发，李宗仁被国民政府任命为第五战区司令长官，驻节徐州。骄横狂妄的日军在连克华北的平津和山东的青岛后，又令矶谷和板垣两个日军精锐师团海陆并进，企图在鲁南地区津浦线上的台儿庄会师，会攻徐州。从1938年2月至5月，李宗仁指挥了震惊中外的徐海会战，其中在3、4月的台儿庄会战中，五站区全体将士与凶狠的日军浴血奋战，痛击日寇，取得了歼敌两万余人的辉煌战果，不仅延缓了日寇对我大好河山的吞并，而且还大杀了日军不可一世的嚣张气焰。这是中国抗战以来，国民党正面战场上取得的第一次重大胜利，史称“台儿庄大捷”。

抗战胜利后，李宗仁担任国民政府军事委员会北平行营主任，支持蒋介石发动全国规模的内战，参与对解放区的进攻。1948年当选中华民国副总统。蒋介石发动的内战，遭到中国人民解放军的沉重打击，处处挨打，战战失利，辽沈、淮海、平津三大战役后，国民党精锐主力部队大部被歼，蒋介石被迫于1949年1月下野，22日，李宗仁就任临时代总统。

1949年4月21日，解放军百万雄师过长江，以摧枯拉朽之势横扫长江以南国民党据点。11 月,李宗仁的桂系军队大部被歼,他失去了在政治上赖以生存的条件,准备逃离大陆。由于他与蒋介石的矛盾由来已久,宿怨颇深,不愿飞往台湾。11 月 20 日,他以就医为名,从南宁乘专机飞往香港,12 月又飞往美国,在美国定居,开始了他长达十六年的海外流亡生涯。

从 1956 年至 1965 年的十年间,李宗仁先后五次派程思远到北京,晋谒周恩来,尽述思乡之情,共商其归国之事宜。1963 年,他又悄悄来到瑞士苏黎世恭候从遥远的中国大陆飞来的程思远,两人见面,李宗仁不免感慨万分地说:"树高千尺,叶落归根,人到晚年,更思念祖国。"

1965 年 7 月 18 日,在中国政府和周恩来的直接安排下,74 岁高龄的李宗仁冲破重重阻力,取道苏黎世和卡拉奇,终于回到了他阔别 16 载的故土。周恩来以及中央部分领导人专程从北京赶到上海,迎接万里归来的李宗仁。李宗仁下了飞机,走到虹桥机场的候机室门前时,激动地抱住周总理,连声说:"总理你好!"周恩来亲切地说:"你回来了,我们欢迎你。"

李宗仁到京后的第八天,就接到了毛泽东主席要接见他的通知。李宗仁万分高兴,立即前往。在宽敞明亮的中南海游泳池的休息室里,毛泽东紧紧地握着这位十几年前的老对手的手,热情地说:"你们回来了,很好,欢迎你们!"李宗仁和程思远等人刚刚坐定,毛泽东又幽默地说:"德邻先生,你们这一次归国,是误上贼船了。台湾口口声声叫我们是'匪',还叫大陆是'匪区',你不是误上贼船是什么呢?"众人皆笑。

李宗仁对毛泽东说:"这一次回到祖国怀抱,受到政府和人民的热烈欢迎,首先应对主席表示由衷的感谢。几天来我在北京地区参观访问,亲眼看到社会主义建设的伟大成果,感触颇深,我为祖国的日益强大而感到十分高兴。"

毛泽东说:"祖国比过去强大了一些,但还不很强大,我们至少要再建设二三十年,才能真正强大起来。"谈话结束后,毛泽东建议大伙合个影,然后再去吃饭。

这是一个丰盛的宴会,毛泽东为归国的宾客准备了各式各样的京津名菜。席间,主客谈笑风生,觥筹交错。毛泽东询问了李宗仁的身体状况和居住美国的生活,李一一做了回答。宴会始终充满友好、和睦和信任的气氛。直至下午 3 时,一行人才告别,出了中南海。

李宗仁回国后定居北京,住在东城西总布胡同 5 号李公馆。党和政府对老人的生活给予了特别的照顾,李宗仁从心底感到祖国对他的厚爱与关怀。

1966 年 10 月 1 日,李宗仁被邀请参加国庆 17 周年庆祝活动。当时他生病住进解放军总医院,是从医院里被特地接到庆祝活动中心——天安门城楼上的。

当庆祝活动进行到一半时，毛泽东突然向李宗仁走来，并向他伸出右手，李宗仁赶忙伸出双手，握住毛泽东的右手，俩人一边握手一边说话。这一历史瞬间被在场的摄影记者定了格。毛泽东随后挽着李宗仁走进休息室，并捺着他的肩膀，请他坐在沙发上。李宗仁忙说："主席在这里，我怎么好坐上位呢！"毛泽东说："你年岁比我大，是老大哥，应该坐这里。"

两人入座后，照例点起一支烟，畅谈起来。谈到了在中国民主革命和社会主义时期统一战线的重要性，民主党派对革命和建设的贡献，并提出要团结一切可以团结的力量，巩固和发展革命队伍。李宗仁认真谛听，连连称是。

1968 年 8 月，李宗仁被确诊得了直肠癌。次年 1 月，病情危急。在生命最后的日子里，他对周围的人说：回来之后，很多想做的事来不及做，请把我带回来的那些古书送给广西图书馆，字画送给政府，那几瓶酒就送给毛泽东、周恩来吧！

说起这几瓶酒，都有一番来头。其中大部分是有两个多世纪的法国白兰地和英国威士忌，仅在他手中就保存了几十年了，一直舍不得喝。这些酒，跟随李宗仁从中国到美国，又从美国到中国。现在，他想把这些珍贵的礼物送给他的忠实朋友。在弥留之际，他又口授了一封信给两位领导人。他说：我在 1965 年毅然从海外回到祖国，所走的这一条道路是对的，在这个伟大时代，我深深感到能成为中国人民的一分子是一个无比的光荣。

1969 年 1 月 30 日，李宗仁先生在祖国的土地上辞世，享年 78 岁。

李苦禅

他与毛泽东早年同为北京勤工俭学会会友，后为著名国画家。新中国成立初期曾醉笔上书毛泽东，反映生计困难。毛泽东派秘书田家英前去探望，妥善解决了他的就业问题。

李苦禅，原名李英杰，1896年出生，山东高唐人。早年在北京参加勤工俭学会，曾与毛泽东同工同读，关系甚洽。一生酷爱绘画艺术，曾参加徐悲鸿主持的业余画法研究会，后入国立艺专学西画。1923年拜齐白石为师，毕业后在北京、杭州等地艺术院校任教。1946年，任北平国立艺专国画教授，新中国成立后曾任中央美术学院教授。

然而，刚建国后不久，有人却剥夺了李苦禅在中央美术学院的讲课权利，先是把他的专职教授身份改为兼职教授，规定他每星期只能讲两个小时课，其余的时间则被指派到陶瓷工作间，在茶壶、茶碗上画画。从此，他开始了"半工半教"的生涯。

后来，他又被调离教师队伍，分配到工会干起看门、卖戏票这一类与绘画艺术毫不相干的杂务。他每月只能领取12元的生活费，寒暑假则分文不给。这种遭遇是李苦禅万万想不到的。他眼含热泪，仰望苍天，喃喃自语："吃人的旧社会被推翻了，可人间还有不平事啊……"李苦禅越想越烦闷，越想越不是滋味，他一把抄起床底下的酒瓶子，脖子一扬咕噜咕噜地喝了起来。

李苦禅喝了大半瓶子白酒，顿觉头晕目眩。突然，他像发了疯似的冲到画案前，铺好毛边纸，提笔蘸墨，龙飞凤舞地写了起来。

润之先生：

余乃昔日勤工俭学会之李英杰也，尝与君同工同读。今有不平之事，激愤陈词于下……

写到此处,李苦禅一把抓起宣纸,扯个粉碎。他心里埋怨着自己,没出息!有什么事说什么事,套同学关系干什么?俺评的是理。

李苦禅又抄起酒瓶子喝了一大口,定了定神,猛地提起毛笔一阵狂风般地写了怀素大草。他那积压在心头的郁闷淋漓尽致地从笔端倾泻出来,转眼间 5 张宣纸落满墨痕。署名时没写李英杰,而依旧写现名李苦禅。

信写完了,他用糨糊把 5 张毛边纸接到一起,叠起来,又用牛皮纸糊了个大信封装进去。他在信封上写了"中央人民政府毛泽东先生收"几个大字,最后从旧信封上揭下一张废邮票贴上了。李苦禅借着一股酒劲儿,拿上信,出了门,径直送到邮政局……

信发出去之后,酒劲也醒过来了,李苦禅心里直扑腾。一气之下,他也不知道都写了些什么,只隐约记得那封信写得很生硬。什么"余乃堂堂教授却被无理剥夺授课之权利"啦,言辞、口气均有不慎之处,但那却是没有任何夹带藏掖的肺腑之言。

1950 年 8 月 26 日,中央美院徐悲鸿院长收到了毛泽东的来信:

悲鸿先生:

有李苦禅先生来信,自称是美术学院教授,生活困难,有求助之意,此人情况如何?应如何处理?请考虑示知为盼。

顺颂教祺

毛泽东

徐悲鸿接到毛泽东来信后不几天,毛泽东的秘书田家英,在美院教授王朝闻的带领下,来到李苦禅所住的大哑巴胡同甲二号。

李苦禅听说毛泽东派秘书来看自己,激动得久久说不出话来,田家英文质彬彬,一进门就亲切地说:"李教授,毛主席派我来看你,他很关心你的问题。主席说刚刚建国,有许多事情等着我们去做,现在国家经济很困难,一时对美术工作者关心不够,欢迎你经常提出宝贵意见。"李苦禅不安地说:"毛主席工作很忙,还为俺操这么大心,真过意不去。"

李苦禅、田家英、王朝闻在一起谈了很久,眼瞅着快到吃午饭的时候了,李苦禅的夫人李慧文下班回来,听说毛主席派秘书来看她丈夫,不禁喜出望外,她连连说着感谢的话。李苦禅豪爽地说:"老田,今天中午别走了,在俺家吃饭。"田家英为人很随和,又见李苦禅实心实意,于是微笑着说:"既然李教授挽留,今天就在你家吃了！"李慧文听了，偷偷向李苦禅打了个手势，指了指桌子底下的空口袋。李苦禅这才记起，今天早晨就把棒子面吃光了，这可如何是好？总不能再把人家赶跑吧，李苦禅这个一贯讲义气、重信用的山东大汉，急得额头上渗出一层汗珠子。

王朝闻很了解李苦禅的家境，又见他面带窘相，心里早已明白了八九分。他连忙解围说："苦禅，你就不用做饭了，我家有现成的饺子，都到我那儿去吃吧！"李苦禅那颗七上八下的心这才平静下来。

田家英走后不久，李苦禅的教授职务恢复了，工资也由原来的 12 元一下子涨到 62 元，后来还当选为全国政协委员。从此，他心情舒畅，全部身心投入到新中国的绘画事业中去，真正开始了新的艺术生涯。

1983 年，李苦禅先生因病逝世，享年 87 岁。

李和曾

他是当代著名的戏剧表演艺术家，曾多次为毛泽东演唱京剧。毛泽东不仅为他改过唱词，而且还关心过他的健康。

李和曾，1922年出生，北京人。刚满9岁时进入北京中华戏剧专科职业学校学戏，8年后毕业，又拜高庆奎为师3年，共学艺11年。新中国成立前，艺人没有社会地位，在北京实在生活不下去了，李和曾只好随师傅搭班子巡回演出，在农村集镇唱野台子戏。

1945年日本帝国主义投降前夕，李和曾来到了晋冀鲁豫解放区，接触了革命文艺，开始有了真正的艺术生命。此后他历任山东临清第一军分区宣传队演员、河北南宫第四军分区民主剧团副团长、华北平剧院副院长等职。

李和曾一生曾多次受到毛泽东的接见，毛泽东对他的亲切教导和无微不至的关怀爱护，令他终生难忘。他深深地感到，没有毛主席，就没有新中国；没有毛主席，就没有他的艺术生命。

令他永远不能忘记的是，党的七届二中全会期间在西柏坡的演出。那天，他演《空城计》中的诸葛亮。一出场，就看见毛泽东坐在第一排。当时，毛泽东穿着一身旧布衣，脚上是一双布鞋，手里端着一个白瓷缸子，正慈祥地望着他。顿时李和曾感到无比幸福和光荣。他使出浑身的力量和激情，为毛泽东演唱。

新中国成立后，李和曾重返北京，经常到中南海为毛泽东演唱。1950年初，在为毛泽东清唱《辕门斩子》的时候，毛泽东一面听，一面用手拍着节奏。演唱结束后，毛泽东握着李和曾的手关心地问："你参加党组织了没有？"李和曾赶紧说："我是1949年参加党组织的，年限很短。"毛泽东听了很高兴，勉励他要好好学习，多为工农兵演出。

毛泽东不但喜欢听京剧，看京剧，而且对京剧的流派唱腔和板式也很熟悉。一次，他在听了高派代表作《逍遥津》之后，对李和曾说："解放以后的演员应当高歌，黄钟大吕，不要阴沉沉的。高派的唱法是好的，所有的流派，包括高派，都要继承又要发展。”毛泽东的这些话，给李和曾很大鼓舞，也为继承和发展京剧艺术指明了方向。

毛泽东无论是看演出，还是听清唱，都非常认真。有一次，听了李和曾唱《李陵碑》那段反二黄唱腔以后，很风趣地说：“杨老令公 8 个儿子死了 4 个，发发牢骚是可以的，但总的说来，他还是忠心报国、坚贞不屈的将领，所以不宜唱得太悲。你现在唱得有悲有愤，是对的，应该这么唱。”过了些日子，当李和曾再为毛泽东清唱以后，毛泽东又用商量的口气说：“上次，你唱的《李陵碑》的唱词里有一句‘方良臣与潘洪又生机巧’，我查了查资料，没有查到‘方良臣’这个人，是不是改成‘魍魉臣贼潘洪又生机巧’？”李和曾觉得很有道理，以后，就按毛泽东改的词唱了。

1963 年的一天，大雪纷飞，李和曾在中南海再次见到了毛泽东，向他汇报了最近排演京剧现代戏《千万不要忘记》的情况，接着便给毛泽东唱了青年工人丁少纯受资产阶级思想侵蚀，走上邪路，引起了他父亲丁海宽深思的那一段。唱腔上安排了二黄慢二六，板头活，行腔细腻，起伏比较大，表现了人物的复杂心情。毛泽东听后非常高兴，鼓励他们在演出传统剧目和新编历史剧的同时，还要多演出京剧现代戏。

毛泽东听说李和曾有点高血压，见面时特别关切地向他询问此事。李和曾激动地说：“是有点高，但不要紧。”毛泽东劝他不要老测量，这不是不相信科学，主要是怕增加精神负担，并向他介绍一种中药治疗高血压的方法。毛泽东日理万机，操心国事，竟还关心着他这样一位普通演员的身体健康，令李和曾感激万分。

“文化大革命”中，李和曾被林彪、“四人帮”一伙打成“黑线人物”、“反动权威”，甚至“反革命”。但是他始终不忘毛泽东对他的亲切关怀和谆谆教导，顶住了精神上、肉体上的折磨，坚信党，坚信真理，坚信毛泽东。在粉碎“四人帮”之后，李和曾又重新登上了阔别多年的舞台，为党、为人民继续演出。

2001 年 1 月 19 日，李和曾在北京逝世，享年 79 岁。

李济深

他身为国民党陆军上将，却几次被蒋介石“永远开除党籍”。解放战争后期，积极响应毛泽东的号召，参加新政协会议。他逝世后，毛泽东亲赴中山公园悼唁。

李济深，字任潮，1885 年出生于广西苍梧一个殷实的农民家庭。其父为人正直忠厚，学识广博，为乡人所敬慕。李济深从小亦读亦耕，在读书之余参加农田耕作和上山放羊。在他 6 岁时，父亲因长年奔波操劳过度，不幸早逝，他便跟随叔父读书，一直到 12 岁。

1903 年，李济深从梧州中西学堂毕业后，被保送入黄埔陆军中学学习，两年后因学校撤销合并，随班入广东陆军速成学堂。毕业后，在新军任见习官、排长。不到一年，进入广东陆军讲武堂继续学习。1909 年，经过选送、考试，他又入陆军大学学习，时年 24 岁。

1920 年，李济深南下广州，参加了孙中山领导的军政府，任粤军第一师副官长，后任师参谋长。1924 年 1 月，孙中山决定创办黄埔军校，李济深被任命为军校筹备委员会委员，同时在中国国民党第一次全国代表大会上当选为中央委员。1925 年 7 月，广州国民政府成立后，粤军改编为国民革命军第四军，李济深升任军长，并晋级为陆军上将。

1926 年 1 月，在国民党第二次全国代表大会上，李济深被选为中央执行委员会委员、中央执行委员会常务委员会候补委员、国民政府委员、国民政府军事委员会委员等职。4 月，又兼任黄埔军校副校长。

1929 年 3 月，在蒋介石和桂系军阀李宗仁、白崇禧之间爆发了蒋桂战争。蒋介石以伙同李宗仁、白崇禧“分头发难、谋反党国”的罪名，将李济深扣押，软禁在南京汤山，剥夺其军政大权，并“永远开除党籍”。1931 年九一八事变后，李济深被释放。之后，他拒绝接受蒋介石的收买，开始组织反蒋组织，反对蒋介石的独裁统治。1933 年 10 月 23 日，蒋介石召开国民党中常会，将李济深第二次“永远开除党籍”。

此后，李济深与陈铭枢、蒋光鼐、蔡廷锴等率领十九路军在福建发动反蒋军事政变，成立“中华共和国人民革命政府”，并与红军签订反蒋抗日军事协定，从此开始了与中国共产党的合作。福建事变被蒋介石镇压后，李济深逃亡香港，在香港组织“中华民族革命大同盟”，出版《大众日报》，继续进行反蒋抗日宣传。

1937 年 7 月，抗日战争爆发了，李济深积极拥护毛泽东提出的国共合作、共同抗日的民族统一战线。他对中共抗日的主张、诚意和行动也是极为赞赏和钦佩的。蒋介石鉴于全国的抗日形势，被迫撤销对李济深的通缉令，并先后任命李济深担任国民政府军事委员会委员、国民政府战地党政委员会副主任委员、国民政府军事参议院院长等职，还授予李济深陆军一级上将军衔。

抗日战争胜利后，李济深联络冯玉祥等人反对蒋介石发动内战，曾两次在庐山与蒋介石面谈，批评蒋介石的内战政策。他同李章达、蔡廷锴等先后两次召开会议，正式成立中国国民党民主促进会，并被推选为主席，联络国民党内爱国民主人士，反对蒋介石内战独裁，为促进国内和平民主而努力。

1947 年 3 月 9 日，李济深在香港发表《对时局意见》，号召国民党内“每一个对国家负有责任感的人”，都应勇敢地站出来“改正党内反动派的错误政策”。5 月，国民党中央以“背叛党国”的罪名，将李济深第三次“永远开除党籍”，并下令“全国通缉”。

1948 年 1 月，中国国民党革命委员会在香港成立，宋庆龄被推选为名誉主席，李济深被选为中央执行委员会主席。李济深曾说：我不懂什么是共产主义、社会主义，但我相信共产党、毛主席是真正为民族为人民谋利益的，一切稍微具有正义感和民族感的人，都应该赞同和拥护共产党、毛主席的主张和事业。

1948 年 4 月，毛泽东主席、周恩来副主席率中央机关到达晋察冀边区政府与晋察冀军区司令部所在地河北省阜平县城南庄。4 月 30 日，中共中央向全国发出了第一个文告《五一劳动节口号》，把中国共产党对时局的分析、判断及自己的政治主张公告天下。5 月 1 日夜晚，毛泽东在灯下伏案疾书，他以个人的名义，致函民革中央主席李济深、民盟中央常委沈钧儒，信中写道：“在目前形势下，召集人民代表大会，成立民主联合政府加强各民主党派、各人民团体的相互合作，并拟订民主联合政府的施政纲领，业已成为必要，时机亦已成熟。但欲实现这一步骤，必须先邀请各民主党派、各人民团体的代表开一个会议。”“此次会议宜定名为政治协商会议”。5 月 5 日，李济深代表民革等，联合致电毛泽东，表示拥护中国共产党提出的关于召开新政协、成立民主联合政府的“五一”号召。8 月 1 日，毛泽东给李济深等回电，就召集新的政治协商会议的时机、地点、召集者、参加者的范围以及会议应讨论的问题等征求他们的意见。

1949 年 1 月，李济深等一行 36 人，应中共中央的邀请，从香港乘轮船赴大连，尔后到达沈阳，受到各界群众的热烈欢迎。6 月，李济深在北平参加了新政协会议的筹备工作。

1949 年 9 月，李济深代表民革参加在北京召开的中国人民政治协商会议第一届全体会议，并当选为中央人民政府副主席和政协全国委员会副主席。1954 年 9 月，他在第一届全国人民代表大会上，当选为全国人民代表大会常务委员会副委员长。

1959 年 10 月 9 日，李济深因患胃癌和脑动脉血栓，在北京逝世，终年 75 岁。

李济深逝世时，毛泽东、刘少奇、周恩来、朱德等国家领导人都曾到中山公园吊唁。1959 年 10 月 12 日，举行了李济深公祭大会，朱德委员长主祭，林伯渠副委员长致悼词，称赞他“晚节可风”，这是对李济深先生的公正评价。

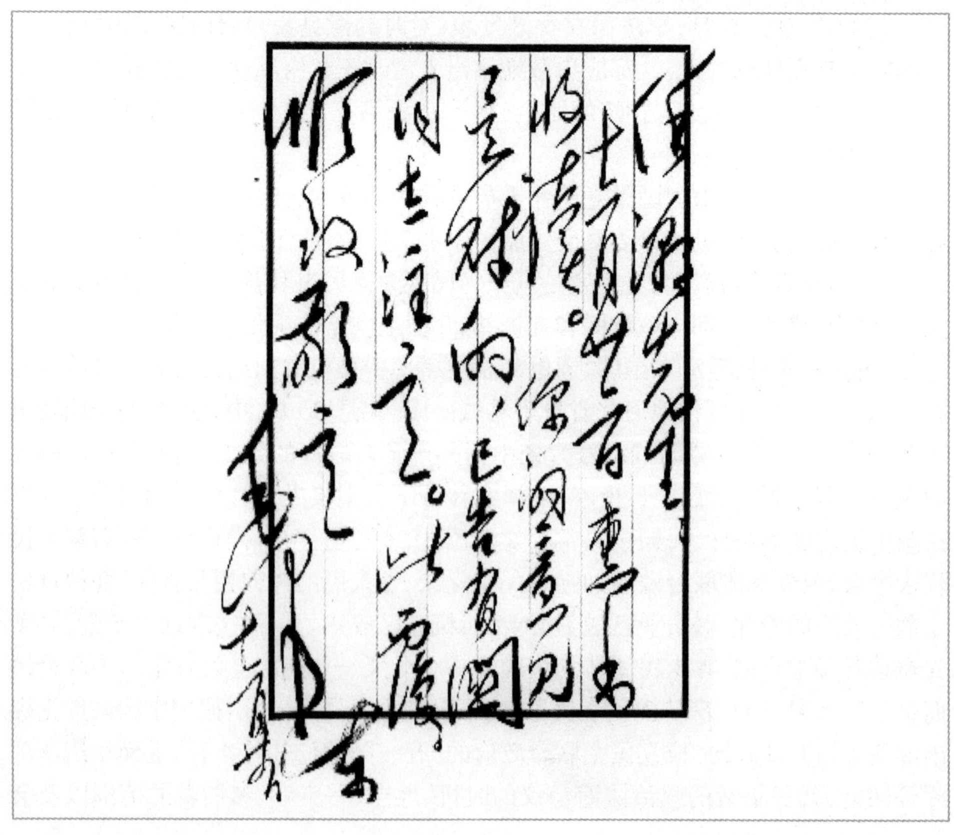

任潮先生：

十月廿日惠书收读。你的意见是对的，已告有关同志注意了。此复。顺致敬意！

毛泽东

李振翩

他早年曾与毛泽东一起参加“驱张”运动，相约将来重逢。新中国成立后，毛泽东多方打听他的去向，并托访问美国的医学代表向他转致问候。1973年，这对老朋友终于在北京重逢。

李振翩，1898年生，湖南湘乡人，早年在省会长沙求学，与毛泽东相识。

在旧中国，李振翩目睹了帝国主义与封建军阀给中国人民带来的沉重灾难，他同富有正义感的热血青年张维、龙毓莹等先后办了《学生救国报》、《新湖南》杂志，宣传救国救民的道理。后来这个刊物改为有毛泽东参与主编的《湘江评论》。

毛泽东在1918年至1919年由北京回到长沙考察和领导学生运动，号召湖南学生会、各界联合会、同乡会等组织发起“驱张(敬尧)运动”，李振翩作为湘雅医学院的学生代表，积极参加了这一斗争。此后，他们来往频繁，交往甚密。不久，毛泽东组织代表进京，李振翩是进京“驱张请愿团”的代表之一，代表民意，慷慨陈词，要求当局撤办张敬尧。经过反复的斗争，甚至险些被杀害，但终于取得了胜利。后来毛泽东去上海，李振翩继续留在湘雅学习。当他们分手时，李振翩给毛泽东写信说：“你从事政治活动，我则专心医学，将来重逢。”

1925车，李振翩以优异的成绩毕业于长沙湘雅医学院，获博士学位。1929年至1931年，他在美国纽约洛克菲勒研究所从事病毒疫苗研究工作，在“病毒之父”里弗斯的指导之下刻苦钻研。1930年，他与里弗斯合作发表了《李—里弗斯病毒培养方法》的论文，发明了制造病毒疫苗的方法。

1931年李振翩回国，1932年至1949年他先后在北京协和医院、上海医院、中国军医大学和中央大学医学院任病毒学教授。

在革命战争年代，李振翩曾掩护我党地下工作者开展工作，为中国革命作出了有益的贡献。

40年代中期，李振翩在南京曾多次见过周恩来、董必武和李维汉等人，谈起他同马歇尔将军的接触，试图为国共和谈出些力。不久国民党反动派在美国协助下发动了全面内战，事实彻底打破了他的“调停”幻想。

1949年李振翩重返美国，在美国国家研究院工作。1951年在佐治亚州亚特兰大疾病控制中心病毒实验所任生物部主任。1955年又回到国家卫生院工作，直至1968年退休。在美国期间，他同美国的一些著名的医学教授主攻小儿麻痹症病毒疫苗的研究，1955年他同谢弗博士合作培养了没有病毒的小儿麻痹疫苗最后一种血浆，成为医学界公认的李—谢弗的培养成果(L、S、C)，这一成果为亚伯特、沙宾博士制成疫苗，应用于预防小儿麻痹症起了极重要的作用，至今在全世界应用广泛，这也是李振翩教授医学成就的丰功伟绩。

李振翩教授退休后，虽然离开了实验室的生活，他仍致力于研究中国传统医学，向美国医学界介绍中国的针麻、针灸以及中草药等知识。

改善中美关系是李振翩长期以来所关心的问题。1971年，他给老朋友毛泽东写信，期待同其会面。他在信中说：“我在美国生活多年，作为一个中国血统的人，介绍我亲自了解的美国，可能对您有参考，自然，我也要向美国国务院说明我的见解。”

虽然他们分别几十年，但毛泽东一直没有忘记这位老朋友。1945年李振翩还在贵州，毛泽东就曾在重庆托张维给他捎信，可惜没有收到。1956年毛泽东又问过从湖南来北京开会的医学家魏曦：“李振翩在哪里？”魏告称：“在美国。”

70年代初，中美两国突破了二十多年的隔绝状态。1972年10月，中国医学代表团访问美国，毛泽东又托代表团成员林巧稚给李振翩捎话。当中国医学代表团出席华盛顿美国各界的欢迎酒会时，林巧稚同李振翩和他的夫人汤汉志见了面。林巧稚和汤汉志是北京协和医学院的老同学。林巧稚转达了毛泽东的问候和对他们访华的邀请。

仅隔半年多，1973年7月李振翩和夫人及其他几位美国朋友来到了北京，实现了他多年热切向往返回祖国、看看新中国变化和发展的心愿。8月3日，毛泽东在中南海自己的书房里，亲切地接待了这位50多年前的挚友和他的夫人，他们用湖南家乡话交谈了一个半小时，畅叙过去的友情。在谈话中，毛泽东讲道：“中国应对人类有较大的贡献。”李振翩说：“自己研究医学的目的也有这样的雄心壮志。”会见结束后，毛泽东还把自己菜园里种的苦瓜和苋菜等新鲜蔬菜送到李振翩下榻的北京饭店，请他和夫人品尝家乡风味，这种深厚情谊使他们夫妇非常感动。

70年代，李振翩先后3次来华访问，分别受到周恩来总理和邓小平副总理的亲切会见。他为促进和发展中美两国的关系，为两国医学科学交流，以及两国人民的友好往来作出了宝贵的贡献。

1984年11月16日，李振翩在华盛顿去世，终年86岁。

李烛尘

他是中国工商界的著名代表，受毛泽东委托，他多次对新中国企业进行了全面调查。他逝世后，毛泽东送去花圈，表示哀悼。

李烛尘，1881 年生，湖南永顺人。1918 年毕业于日本东京高等工业学校，回国后出任久大精盐公司技师及厂长，永利化学工业公司副总经理等职。

1945 年抗日战争胜利后，李烛尘与黄炎培、胡厥文等一道，组织爱国民族工商业家及其所联系的一部分知识分子，酝酿发起中国民主建国会，至年底民建正式成立时，被推为中央常务理事。1946 年初，李烛尘以无党派社会贤达身份在渝参加旧政协会议，会间积极主张国共合作，呼吁和平民主，避免内战，要求共同建设新中国。1947 年，他出任天津久大盐业公司总经理，并参与组织天津工业协会。每每劝导工商业人士必须认清时局，把握命运，务使自己的企业向着有利和平、民主、发展的基本方向迈进，为中国民族工业的壮大发展尽出自己的一份力量。

天津解放前夕，李烛尘为外围我军及整个晋察冀解放区军民提供了大量工业用品。天津解放后，他又积极宣传中国共产党的政策主张，领导工商业界人士积极恢复生产，以大量的军、民用物资支持解放战争。1949 年 9 月，他出席了在北平举行的中国人民政治协商会议第一次全体会议。.

新中国成立后，李烛尘担任中央人民政府委员、华北行政委员会副主席，全国政协常务委员等职。直到逝世前，他还一直担任民建中央委员会第一副主任委员、全国工商业联合会副主任委员。

1950 年 12 月 1 日，在李烛尘的率领下，天津工商业界发动了一次规模宏大的抗美援朝爱国示威大游行。游行时，李烛尘以古稀之年站在队伍最前排，手舞红旗，高呼口号，给天津各界市民留下了极为深刻的印象。这次示威大游行很快影响了全国的工商界。毛泽东主席当时十分重视天津的这次示威游行活动，曾特别发了一封电报给李烛尘、周叔弢等以示嘉勉，高度称赞他们的这种顾大体、识大局的爱国主义行为。据知情者说，这是毛泽东生前以个人名义发给工商业界的唯一的一封电报。

1951 年 6 月上旬，李烛尘以他热烈盼望解放台湾、统一祖国的情怀写信给毛泽东，建议中共中央通过各民主党派、各人民团体以及过去与国民党政府有关系的人士等多种渠道，开展对台湾的宣传活动，争取台湾有识之士和广大民众对新中国有更多的了解，争取他们对目下进行的抗美援朝活动给予理解和支持。毛泽东接信后，于 23 日亲笔复函给他，称赞“您的建议很好”，并向他说明，目前时机尚待考虑，认为再等待一个时期进行此议才比较适宜。看到毛泽东的复信和意见，李烛尘大为感动，并向周围的人们说，还是毛主席比我们考虑得更加周全和妥切。

1953 年，党中央正式提出社会主义过渡时期的总路线，宣布将逐步实行“一化三改”的根本目标。

1955 年社会主义改造高潮时，天津市第一个在全国率先实现全行业的公私合营。当时，以李烛尘为首的天津工商界人士曾向毛泽东献过一面锦旗，上书“听您话，跟党走”六个大字，后来这六个字在全国工商界逐步演化成了“听、跟、走”的誓言，几至家喻户晓，人人皆知。此间，李烛尘曾接连两次上书毛泽东，将他对一些工厂企业的调查情况直接汇报上去，并提出了关于解决工商业方面公私关系、劳资关系、税负、资金等问题的具体建议。毛泽东复函感谢他为党和政府作了这样大量的调查，并将李函批转给许多中央领导及有关部门传阅参考。

1959 年，李烛尘以 76 岁高龄出任轻工业部部长之职，毛泽东再次提出请他对企业作些调查研究，以备中央决策参考之用。为此，李烛尘不顾古稀体弱，率众对一百多家企业作了极为详细的调查研究工作，并一一向毛泽东汇报。对此，毛泽东曾多次提出表扬。

1954 年，李烛尘在第一届全国人民代表大会上当选为常务委员会委员，并于 1965 年后代理民建主任委员。这是他一生讲实话、办实事，众望所归的结果。1968 年 10 月，李烛尘在京病逝时，毛泽东送去花圈，对这位德高望重的工商界爱国民主人士表示了深深的哀悼。

李淑一

她与毛泽东的妻子杨开慧烈士是世交，并同为长沙福湘女中学友；她的丈夫柳直荀与毛泽东是多年的战友，后来不幸牺牲。几十年后，毛泽东为此写下了“我失骄杨君失柳”的著名诗句。

李淑一，出身于湖南省一个书香世家。其父李肖聃与杨开慧的父亲杨怀中先生有着很深的交往。李淑一和杨开慧烈士同生于 1901 年，大杨开慧 9 个月。1920 年，杨怀中先生在北京逝世后，杨开慧便随同母亲回到长沙，在长沙私立中学福湘女中就读。李淑一此时也由父亲介绍，进入福湘女中。由于两人是父辈世交，又是同学，且情性相投，遂成为形影不离的好朋友。

毛泽东和杨开慧结婚后，住在长沙小武门外清水塘，李淑一曾去看望过他们，彼此都很稔熟，相处极为融洽。

1930 年 10 月，在长沙县板仓一带开展革命工作的杨开慧，托一农民带信给李淑一，让她帮忙在城里买些书、纸和笔墨等物品。李淑一正准备购买时，传来了杨开慧被反动派逮捕，不久即被敌人杀害的消息，悲痛逾恒。

李淑一的丈夫柳直荀，1924 年毕业于长沙雅礼大学教育系，很早便与毛泽东相识。他在毛泽东的影响下，学生时代就加入了中国共产党，是我党早期党员之一。曾担任过湖南省政府委员、省农民协会秘书长，领导过学生和农民运动。

1932 年，柳直荀在洪湖地区担任红二军团政治部主任时，由于执行正确的对敌斗争路线而牺牲于苏区肃反扩大化，当时只有 34 岁。

早年毕业于湖南师范学校的李淑一，先丧友，继丧夫，心情十分悲痛，整日寄情于写诗填词，数十年来诗作不断，保存下来的有 130 多首。1957 年春节，李淑一读了毛泽东发表的 18 首诗词后，心情激动，于是写信给毛泽东，谈了她的感想，还附上她在 1933 年夏闻知柳直荀牺牲后，积思成梦，大哭而醒，和泪写成的《菩萨蛮·惊梦》，并请毛泽东把他过去写给杨开慧的一首词抄给她，以慰思念故友之情。

1957 年 5 月 11 日，毛泽东给李淑一写来一信说：“大作读毕，感慨系之。有游

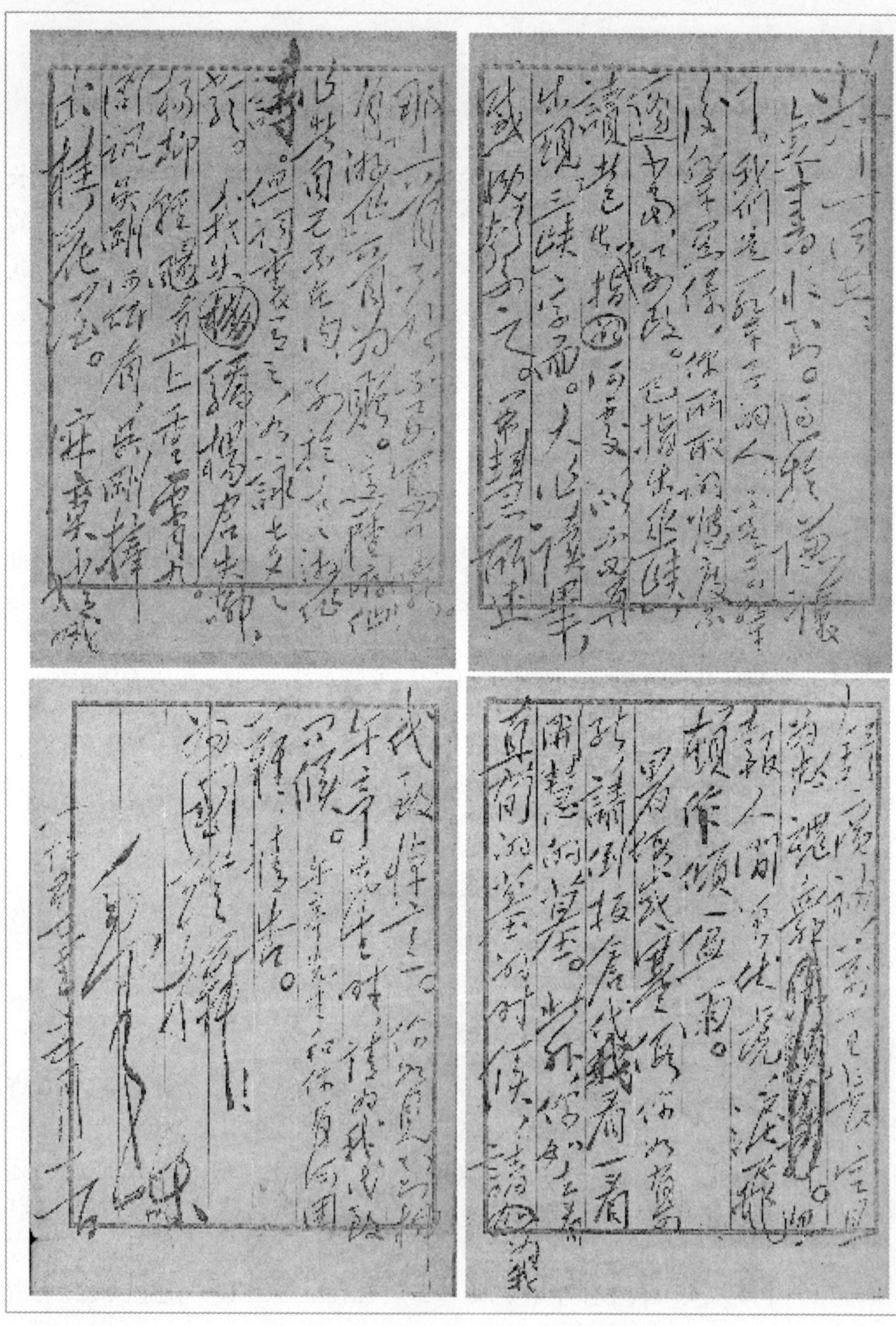

仙诗一首为赠。这里所说的《游仙》诗，就是那首著名的《蝶恋花·答李淑一》。李淑一后来回忆毛泽东赠诗的情景时说："主席开始写的是'赠李淑一'，后来改为'答李淑一'。我在《菩萨蛮》里写道：'征人何处去？六载无消息。'毛主席回答了'征人'的去处：'杨柳轻飏直上重霄九'。我在《菩萨蛮》的后两句写的是'醒忆别伊时，满衫清泪滋。'主席答的是：'忽报人间曾伏虎，泪飞顿作倾盆雨'。我是在想念牺牲的亲人，毛主席却答的是烈士忠魂也因人民革命胜利而高兴落泪。"

毛泽东在 1957 年的那封信中还嘱咐李淑一暑假或寒假到板仓代他看一看杨开慧的墓。早有此愿的李淑一，接毛泽东的信不久，便和杨开慧的兄嫂杨开智、李崇德等一起，来到坐落在长沙县东乡板仓的杨开慧烈士墓前，上鲜花和香果，含着热泪诵读祭文，寄托生者的哀思。

1959 年 6 月 27 日，毛泽东在长沙接见了杨开慧的兄嫂和当时在长沙第十中学任语文教员的李淑一，他向在座的领导介绍了李淑一，并单独与她合影，表示了伟人对烈士妻子的慰问情意。

20 年代即投身教育事业的李淑一，后为中央文史馆馆员和民盟成员，她虽年事已高，却仍关心国内外大事。李淑一对毛泽东、杨开慧怀有深厚的感情，随年龄的增长，这种感情与日俱增。她常向家人提起毛泽东、杨开慧的往事，称赞毛泽东一家为革命事业所作的巨大贡献。

李淑一于 1997 年 6 月逝世，享年 97 岁。

李鼎铭

他是陕北著名的开明士绅，曾提出过精兵简政的著名建议，曾用中药为毛泽东治好了关节炎。

李鼎铭，原名李丰功，字鼎铭，1881年9月28日出生在陕西省米脂县的一个中农家庭。李鼎铭8岁起进私塾读书，老师高德忠为人正直，治学严谨，很为他所崇敬。每年正月初一，他一定要去拜望老师。在公开场合，只要高老师在，他从不坐下，总是侍立在旁，此事一直被乡人传为美谈。因家贫无力延师，李鼎铭14岁开始寄居舅父家读书，兼学中医。二舅杜良奎系文武举人，曾做过光绪皇帝的老师，有浓厚的爱国主义思想。李鼎铭在他的教育下，发奋学习，遍读经史子集、诸子百家及历史、地理等书，同时他对数学、医学也有浓厚的兴趣。

1903年是清朝最后的一次科举考试，李鼎铭在米脂城参加秀才预试中居第二名。对此他很不服气，在土窑中闭门苦读40日，窑洞中的油灯常常彻夜不息，人也日渐消瘦。功夫不负有心人，他终于在绥德大考中一举夺魁，取为廪生案首。此后官府开始按月供给他粮食。

辛亥革命时，李鼎铭拥护孙中山先生的革命主张，提倡剪发、禁赌、妇女放足，破除封建迷信，倡导教育富国。

1913年，42岁的李鼎铭担任了米脂县东区区长。他利用印斗乡灵水寺的庙产，创办了米脂第一所国民小学——陈岔觉民小学。此后的十余年中，他致力于振兴家乡教育，成绩卓著，受到当地民众的赞许，被乡民们称为“米脂东区一卧龙”。在榆林中学任教时，为了教学的需要，李鼎铭编纂了《蒙古历史教科书》讲义，叙述了古代北方民族的发展史，阐明了爱国主义思想。

兴办地方教育的同时，李鼎铭还热心公益，打抱不平，为当地百姓做了不少好事。为此，乡民们给他送去一块“造福桑梓”的巨匾，表达出对他的拥戴和感激。1930年，他在朋友的资助下，在米脂县城东街，开了一个中药房，命名“常春医馆”，坐堂行医。他医术高明，为人正直，成为米脂县远近闻名的大夫和开明绅士。

九一八事变，日本帝国主义占领我国东北，随后又把侵略矛头指向华北，企图灭亡全中国。李鼎铭积极主张抵御外侮，反对蒋介石的不抵抗主义。

1935 年 10 月，中央红军经过二万五千里长征到达陕北，巩固和发展了陕北革命根据地。共产党的抗日民族统一战线政策逐步深入人心，对李鼎铭的思想也产生了深刻的影响。西安事变的和平解决，加深了他对共产党的认识。

抗战爆发后，共产党深入敌后，大打游击战争，同国民党战场形成鲜明的对比。李鼎铭进一步认识到，只有共产党才是真正进步的革命政党。他明确表示拥护共产党团结合作、抗日救国的政治主张和建立抗日民族统一战线的政策。

与共产党合作参政，是李鼎铭一生经历中的重大转折。

中国共产党为了建立广泛的抗日民族统一战线，在陕甘宁边区政权建设中实行了“三三制”原则。李鼎铭作为开明士绅代表，1941 年 8 月被选为米脂县参议会会长和边区参议员。同年底，在边区二届一次会议上，毛泽东发表重要演说，其中特别强调指出：共产党同党外人士实行民主合作的原则是坚定不移的，永远不变的。会上，经毛泽东提名，李鼎铭被被选为边区政府副主席，李鼎铭第一次聆听毛泽东的演说，内心非常激动，他走上主席台发表就职演说时，表示了坚决与共产党合作的决心。

李鼎铭参加边区政府工作后，并不因为自己是一个无党派人士而抱明哲保身的态度，而是勇于负责，积极为抗日救国献计献策。

1941 年，李鼎铭目睹边区财政经济的严重困难和军政机构庞大、人浮于事、效率不高的状况，响应毛泽东要求参议员知无不言，言无不尽的号召，向边区政府参议会提出了精兵简政的主张。他的这项建议受到毛泽东的高度重视。毛泽东将这一建议一字一句地抄在自己的笔记本上，并加了一段批语，指出：这个办法很好，恰恰是改造我们的机会主义、官僚主义、形式主义的对症药。很快他向全党发出了实行精兵简政的指示，并为延安《解放日报》写了《一个极其重要的政策》的讨论，论述精兵简政的重大意义。在《为人民服务》一文中，毛泽东提出：“精兵简政这一条意见，就是党外人士李鼎铭先生提出来的，他提的好，对人民有好处，我们就采用了。”精兵简政这一政策的实施，对于减轻人民负担，增强经济实力，提高部队战斗力和提高机关工作效率，巩固根据地，渡过难关，坚持长期抗战，夺取最后胜利起了重要作用。

参政之后，李鼎铭的家从米脂搬到延安。他将全部的家产献给了当地政府。一天，毛泽东派车把他接到杨家岭，亲热地把他迎进土窑洞里，询问他搬家的情况，李鼎铭说把家产全部献给了国家。毛泽东劝道：“留一点吧。”李鼎铭坚持一点不留。毛泽东哈哈大笑地说：“你真是开明人士。”

毛泽东对李鼎铭十分关怀，每次李来杨家岭，毛泽东工作再忙，也要接见他，给他讲国内外抗战形势，互相交换意见看法。李鼎铭的大儿子给国民党干事，他想让儿子回延安参加革命工作，便把想法告诉了毛泽东。在毛泽东指示下，边区政府派人经过一番周折，把他的大儿子全家接回了延安。李鼎铭看见安全归来的儿子，高兴地说："共产党真行。"

与毛泽东的交往中，李鼎铭懂得了更多的革命道理，更加认清了中国革命的前途。他经常以自己的亲身感受，宣传共产党的政策，为边区建设做了许多有益的工作。

李鼎铭从青年时代就十分喜爱钻研医学，他医术高明，医德高尚，在米脂早已是人所共知。一次，他找毛泽东谈话时，发现毛泽东的一只胳膊活动很不方便。毛泽东告诉他是长征时患的关节痛病复发，有时连胳膊也抬不起来，吃了不少西药仍未见效。李鼎铭拉起毛泽东的手切过脉后说："能治好，慢慢来。"随后便给毛泽东开了四服中药。他说，吃了第一服药，叫你胳膊能抬得起来，第二副药，叫你胳膊能转动，第三服药胳膊就自由了，第四服药就叫你能爬单杠了。当时，毛泽东身边的医生不大相信中医，不同意给毛泽东用中药。毛泽东说："还是试试吧！"吃完四副中药后，确实疼痛消失，胳膊活动自如了。以后，毛泽东有病就请他来诊治。在毛泽东的胃病和关节痛同时发作时，李鼎铭用中药加按摩的办法给毛泽东治疗。为了取得最好的效果，他在阳光下给毛泽东按摩。每天当太阳照到毛泽东的院落时，就临时搭起个床铺，让毛泽东躺下他给按摩。起初一天一次，后来隔天一次，经过一段时间的治疗，毛泽东的身体逐渐恢复了健康。

毛泽东不仅自己相信中医，还介绍他给周恩来、朱德等中央领导同志看病。在一些会议上，毛泽东常常谈到中医中药的好处，赞扬李鼎铭医术高明，要求大家尊重、扶持中医，西医应向中医学习，实行中西医结合。毛泽东还把别人送给自己的人参转送给李鼎铭，供他配药时使用。这些都使李鼎铭深为感动。

1944，李鼎铭过生日时，毛泽东专程来家拜访，他们一边吃饭，一边谈笑风生，历时两个多小时。毛泽东临走时，同李鼎铭一家握手告别，并同他身边的警卫员、管理人员、炊事员一一握手。后来，李鼎铭常常提起此事，称赞毛泽东平易近人的作风。

抗战胜利后，在中国面临两个命运、两种前途的历史关头，他坚定地站在共产党、毛泽东的一边，反对国民党蒋介石发动的内战。1947 年国民党大军压境，他随边区政府撤离延安，转战陕北。12 月 11 日在陕甘宁边区政府临时驻地绥德县义和镇病逝。

毛泽东在给他的挽词中写道:“李鼎铭先生在中国人民民族民主斗争的困难时期,在日本帝国主义者进攻中国时期,在美帝国主义者援助蒋介石发动反革命内战时期,抱着正义感,毅然和中国共产党合作,为人民民主事业作了许多有益工作。”高度评价了李鼎铭的一生。

李德全

她是冯玉祥将军的夫人。重庆谈判期间,毛泽东称他们夫妇是国民党内为数不多的仍坚持总理三大政策的楷模之一。新中国成立后,她担任了第一届卫生部部长。

李德全,1896年生,北京通县人,冯玉祥将军夫人。1919年在大学读书期间,曾参加五四运动。1924年与冯玉祥结婚后,受共产党人李大钊及国共合作形势影响,逐步倾向革命。1926年随冯玉祥赴苏访问,得见苏维埃社会主义制度的实际,尤感于苏联妇女参加社会活动之平易,乃立志为争取我国妇女解放事业而努力。1928年在北京创办求知学校,复在泰安创办15所小学,招收贫民子女,免收学费,以期培育人才。抗日战争爆发前后,曾在南京发起组织首都女子学术研究会,任该会常务委员,进行妇女问题和社会问题研究,广泛团结各界妇女,开展救亡运动。

抗日战争时期,李德全协助冯玉祥开办"三户印刷所",出版了包括《列宁全集》、毛泽东《论持久战》等在内的大量进步书刊,积极宣传抗日。还曾参加发起战时儿童保育委员会,担任副理事长,为保护儿童事业作出了贡献。抗战胜利后,在重庆联络进步妇女,组织中国妇女联谊会,被推为该会主席,率领广大妇女投入反对内战的民主斗争。在该会"对时局宣言"中,她提出:抗日战争胜利后,"在民主团结和平建国的途中还有许多暗影,最主要的是我们的政治还停留在一党专政的阶段里,和在这个前提下所产生的内战危机"。她号召说:"中国人民,特别是我们妇女,在抗战中已支付了最大的代价,我们有权利要求在战后享受民主自由、和平幸福的生活。我们不愿在抗日胜利后,再有任何战祸发生,削弱建国的力量,和使自己的父亲兄弟丈夫儿子再充当屠杀自己同胞的凶手,或在自己同胞的枪下牺牲,我们怎能容忍在已获得和平后,还被抛进贫困、饥寒、死亡、压迫里。"李德全的这通宣言,在战后重庆曾经引起很大的反响。

1945年8月,在毛泽东赴重庆参加和平谈判期间,李德全与冯玉祥将军第一次见到了毛泽东。毛泽东也早从周恩来、董必武等人介绍的情况中得知了冯、李两位的近况和主张。9 月 1 日，中苏文化协会会长孙科举行庆祝中苏友好同盟条约鸡尾酒会，并特别邀请刚刚莅渝的毛泽东前来参加，李德全与冯玉祥作为孙科的好友，自然亦在邀请之列的，再则冯李两位素来对苏抱有好感，对中共毛泽东也是神交已久，当然希望一睹风采了。据当时《新华日报》报道，毛泽东在会间与冯、李两人会面后，“冯焕章（玉祥）先生两手握住了毛泽东同志的手，看了又看，然后举起酒杯来说：‘您来了，中苏友好条约缔结了，来来，让我们为总理的三大政策的实现而干杯！’毛主席兴奋地干了杯，瞧，冯先生不也已经悄悄用手帕在擦眼泪了吗？”整个会间，大家老友新朋，互致问候，真是洋溢着三大政策的精神。9 月 7 日晚，冯玉祥、李德全夫妇设家宴招待毛泽东。宾主会面后，冯将军称赞毛泽东到重庆，象征了国内团结，称颂是共产党的主张保障了中国的和平，真是喜事临门。毛泽东对冯玉祥和李德全在政治上的进步，大为赞许，说他们是现今国民党内为数不多的仍坚持总理三大政策的楷模之一，并提出请两位今后继续为国共两党合作而努力。为此，毛泽东还特别在桂园接见了李德全及其主持的中国妇女联谊会的代表，同她们就战后中国时局和中共的政治主张交换了意见，李德全等当即表示，今后将更加严格地执行自己的宣言，支持中共的主张，为共同建设新中国而奋斗。

1946 年 2 月，李德全亲自参加在重庆校场口举行的庆祝政治协商会议成功大会，10 日这天，重庆各界协进会理事会推定大会总主席恰好是她。会议还未正式开始之际，蒋介石唆使的特务分子即大打出手，致使李公朴、郭沫若、马寅初等被殴打致伤，大会为之大乱。唯李德全以一介女流仍不屈不挠地站在第一线，最后也被打伤。后来周恩来、邵力子等赶到，由育才学校的学生将受伤诸人送到医院。待周恩来到医院后，各位受伤理事悲愤不胜，连连斥责蒋介石阴狠凶残。是年 9 月，李德全随冯玉祥以“考察水利”之名被蒋介石遣赴美国，他们二人在美利用各种形式揭露蒋介石发动内战残害人民的阴谋。冯著《我所知道的蒋介石》一书痛斥蒋介石；李则利用参加世界妇女代表大会的机会，猛烈抨击蒋介石，要世界各国妇女为争取民主和平而斗争，同时还向广大侨胞和美国朝野人士揭露蒋的卖国行径，反对美国当局援助蒋介石加助中国内战的政策。

1948 年 1 月，中国国民党革命委员会在香港成立，冯玉祥被推为中央常务委员和政治委员会主席，李德全被推为中央执行委员。中共中央发出著名的《五一宣言》后，冯李立即响应，并冲破国民党特务的重重围困和破坏，在苏联驻美大使馆的帮助下，于 7 月间取道苏联回国，拟赴解放区参加新政协会议。讵料，轮船途中失火，冯及女儿遇难，李德全受伤后经抢救脱险，于 11 月进入我东北解放区，旋于次年3月参加第一次全国妇女大会，被选为全国妇联副主席。9月21日在北平参加新政协第一次全体会议，被选为政协委员。

新中国成立后，李德全历任中央人民政府卫生部部长兼中国红十字会会长，中苏友好协会总会副会长、政务院文化教育委员会委员、国家体委副主任、全国保卫儿童委员会副主席等职。1954年后，他还被选为第一、二、三届全国人民大会代表，第四届全国政协副主席。中间曾多次受到毛泽东的会见和晤谈，两人来往频繁，关系密切。

1958年12月，李德全加入中国共产党，完成了由民主主义战士到共产主义战士的转变。1972年4月在京病逝，享年76岁。

李漱清

他是毛泽东少年时的“激进派”老师，曾将自己的儿子介绍给毛泽东当秘书。1925 年抛妻别子到广州帮助毛泽东主编《政治周报》。新中国成立后，毛泽东对他的儿子说：“尊翁健存，可为庆贺，尚祈转问候之意。”

李漱清，又名李劼，生于 1874 年 7 月，湖南湘潭人。家住韶山冲陈家桥李家屋场（现属韶山乡韶山村），距毛泽东家上屋场仅 3 里路。他虽是一名不见经传的教书先生，却是一位思想开朗、博学多才、充满爱国热情的进步知识分子。毕业于湘潭师范和地方自治专门学校，较早地接受了维新思想，曾在湘潭县西二区上七都都校和韶山李氏族校执教多年。在乡间，他常给人们讲述各地见闻，劝说人们不要求神拜佛，反对封建迷信，主张废庙宇、兴学堂，让农家子弟都能进学校读书，学点文化科学知识以开发民智，振兴国家。他的这些维新主张，遭到当地不少人的非议尤其是豪绅们的激烈反对甚至诽谤，污蔑他是“过激派”。但毛泽东却敬重他的为人，钦佩他的学识，拥护他的行动，经常到他家去借书请教，听他讲述时事，讲述维新救国的道理和爱国的动人事迹，受到不少民主思想的启蒙教育。

毛泽东好学上进，记忆力特别强，深受李漱清的喜爱和器重。李漱清热情地向他灌输新思维，推荐新书让他阅读，认真帮助他修改作文。因此他们之间逐渐形成了比一般师生更为密切的关系。这种真挚的情谊，以后一直保持着。

毛泽东 16 岁那年夏天的一个傍晚，他放学回家扯完了田里的稗子草，便跑到李家屋场去找李漱清。他此时刚刚读完了《盛世危言》一书，心里有许多话，很想同先生说说。李漱清正在禾坪里乘凉，见毛泽东来了，连忙高兴地招呼他坐下，等毛泽东说明来意之后，李漱清说：“润之，你有什么话，只管讲嘛！”毛泽东说：“我总在想，一个人生活在世界上到底要做些什么？”

李漱清沉默了，摘下近视眼镜轻轻地擦着。毛泽东说：“这几年，我每天夜里读书，有许多感慨。杂书上那些英雄豪杰、忠臣义士，都是十分了不起的风流人物！他们或者血洒疆场，为国立功；或者公正廉明，为民除害，很受后人钦佩。如今国家多难、外侮凭凌，处此民族危亡之时，我们莘莘学子怎能株守家园？”李淑清脸上一片愧赧说：“是呀，像我们这样的七尺男儿、一介书生，本当为国尽忠，可眼下奸臣当道，劣绅横行，我们求学无门，报国无路，有什么办法呢？”说完不停地咳嗽起来。毛泽东安慰道：“李先生不要伤心。您在家办个维新的私塾，收几个学生，别人也不会干预。您的愿望不是也能实现了吗？”毛泽东接着说：“我读了《盛世危言》之后，深感自己学问不够，要继续进学校读书，要趁年轻时学好本领，将来为国立功，为民造福。”李漱清点点头鼓励说：“十五、六岁年纪，正是风华正茂、立志向上的时候，你要争取外出求学，这样才能实现你的愿望和志向。”

1911年至1921年，毛泽东在长沙读书和从事革命活动期间，每次回家，总要去看望李漱清先生。此后，毛泽东与李漱清虽然时有长期分离，但时常书信往来，互通思想、互诉衷曲，情深谊长，形成了一种介于师友之间的亲密关系。

1925年2月，毛泽东由上海回韶山开展农民运动，李漱清亦随后回到韶山协助毛泽东开展工作，他将自己的儿子，当时担任小学教员的李耿侯介绍给毛泽东当秘书。李耿侯在毛泽东的领导下参加打土豪、分田地的运动，还在农民夜校担任教员，成为农会骨干。不久，李耿侯又在毛泽东的介绍下加入了中国共产党，成为韶山第一个党支部五名党员之一。

1925年8月，国共合作时期，毛泽东离开韶山去广州，担任国民党中央宣传部代理部长，并主编《政治周报》，特地邀请李漱清去协助办报。此时李漱清虽年过半百，仍告别妻儿欣然前往广州，到中央宣传部图书室工作，竭力帮助毛泽东主编《政治周报》。

1927年初，李漱清到长沙在湖南省清查逆产委员会工作，这个委员会主管没收一切军阀及其党羽、贪官污吏的财产，为抚恤老弱残废士兵赈济之用。“马日事变”后李漱清回乡，仍充任小学教员。后来，由于戎马倥偬，时局动荡，毛泽东一度中断了与李漱清的联系，但他却时常惦念着这位老师。

1936年秋的一个晚上，毛泽东在延安窑洞里接受美国记者埃德加·斯诺的采访，谈起童年的往事。当他谈到对自己影响最深的事情时说：还有一件事对我有影响，就是本地一所小学来了一个“激进派”教师。说他是“激进派”，是因为他反对佛教，想要去除神佛。他劝人把庙宇改成学堂，大家对他议论纷纷。我敬佩他赞成他的主张。毛泽东接着谈道：这些事情接连发生，在我已有反抗意识的年轻心灵上，留下了磨灭不掉的印象。在这个时期，我也有了一定的政治觉悟，特别是在读了一本关于瓜分中国的小册子以后。我现在还记得这本册子的开头一句：“呜呼！中国其将亡矣！”……我读了以后对国家的前途感到沮丧。开始意识到，国家兴亡，匹夫有责。这里提到的小册子叫作《论中国有被列强瓜分之危险》,大概就是李漱清介绍给毛泽东读的。

新中国成立后,毛泽东当了党和国家主席,仍然没有忘记这位“激进派”老师。1949 年 11 月 17 日毛泽东复信给李漱清的儿子李介侯:“尊翁(指李漱清)健存,可为庆贺,尚祈转问候之意。”他还多次给李漱清写信,询问其生活情况,问寒问暖。党和政府对李漱清先生非常关怀。1952 年 11 月,经湖南省委统战部介绍,湖南省人民政府聘请他为省文物管理委员会委员,后改任省文史馆馆员,月薪 40 元。此后,李漱清仍居乡间休养,终老故里。

杨 度

1920 年,毛泽东的岳父杨昌济去世时,杨度曾与毛泽东等湖南同乡共同发表启事。1928 年秋,杨度加入中国共产党。

杨度,字皙子,原名承瓒,晚号虎头、虎禅师、拜虎,1875 年生于湖南湘潭县姜畲石塘,与毛泽东同乡,距韶山冲仅 40 里。杨度早年受教于名儒王闿运,深得“帝王之学”真谛。1894 年中举人,1902 年东渡日本求学,是当时向西方寻求科学真理的先驱人物之一。后为清政府出洋考察宪政大臣起草报告,任宪政编查馆提调。1907 年主编《中国新报》月刊,主张实行君主立宪,要求清政府召开国会。辛亥革命后,受袁世凯指使,与汪精卫组织国会共济会。1914 年任参政院参政。次年联络孙毓筠、严复、刘师培、胡瑛、李燮和等组成筹安会,系“筹安六君子”之一,策划恢复帝制。袁世凯死后,杨度受到通缉,逐渐倾向革命。1927 年李大钊被军阀张作霖逮捕,他曾多方营救。1928 年秋加入中国共产党,在白色恐怖下坚持党的工作。

杨度从一个热血青年转变为筹划帝制的祸首,继而学佛,最终又成为一个共产党员,经历了一条坎坷的道路。他是中国近代政治史上的见证人,是中国近代知识分子中的“怪杰”。

毛泽东对杨度的印象是深刻的,也是敬佩他的。早在少年时期,毛泽东就曾读过杨度的爱国诗歌,如《中国歌》、《湖南歌》、《长江》和《黄河》等。这些诗歌,均是杨度用白话文写的,充满了强烈的爱国热情。尤其是《湖南歌》中写道:“中国如今是希腊,湖南当作斯巴达;中国当是德意志,湖南当作普鲁士。如果中国国果亡,除非湖南人尽死。……尽掷头颅不足惜,丝毫权利人休取。莫问家邪运短长,但观意志能终始。”又如《黄河》诗云:“……长城外,河套边,黄河日落无人烟。思得十万兵,长驱西北边。饮酒与梁海,策马乌拉山,誓不战胜终不还。”20 世纪初,有人将杨度这些爱国主义的诗歌谱成曲子,作为小学音乐课教材,因之传遍中华大地。少年毛泽东读到这些诗歌时,每每激动不已,更激起了他的忧国忧民之情。毛泽东早年所作的诗歌,也多少受到杨度这种爱国主义诗歌的影响。如 1918 年所写的七言《送纵宇一郎东行》:“丈夫何事足萦怀,要将宇宙看梯来。沧海横流安足虑,世事纷纭何足理。管却自家身与心,胸中日月常新美。名世于今五百年,诸公碌碌皆余子。”此中就颇有杨度诗歌中藐视一切的气魄与雄风。

杨度协助袁世凯称帝,办筹安会时,舆论大哗。毛泽东当时还在湖南一师读书,对此非常关怀,与同学谈论时事,关心时局的变化,并作了自己的分析与判断。1918 年 6 月,毛泽东的老师杨昌济离开长沙赴北京大学任教时,杨度与薛大可正在北京筹备创办《唯一报》,同年又任华昌炼矿公司经理,自此与杨昌济时有往来。1918 年 8 月,毛泽东第一次到达北京,住在鼓楼东豆腐池胡同九号杨昌济家,11 月经杨昌济介绍,到北京大学图书馆任助理员。在此期间,他更多地了解了杨度其人其事。1919 年 12 月,毛泽东由上海第二次到达北京,任“平民通讯社”社长,向全国各大报社发稿,传播张敬尧的罪恶和驱张运动的消息。他通过杨昌济的介绍终于认识了杨度。但由于两人思想上的差距,关系并不密切,甚至还有分歧。

1920 年 1 月 17 日,杨昌济先生不幸病逝,杨度与毛泽东及章士钊、黎锦熙等湖南同乡 29 人发表启事。启事中称赞杨昌济“先生操作纯洁,笃志嗜学”,“雍容讲坛,寒暑相继,勤恳不倦,学生影从”,可惜“天不假年,生平所志百未逮一,为教育、为个人均重可伤也”。表达了杨度与毛泽东等人对杨昌济的怀念之情。

第一次国共合作时,共产党员毛泽东以个人身份加入了国民党,积极推进国共合作的发展。杨度于 1926 年出任张作霖北京政府教育部长。他积极靠拢共产党人,与李大钊等往来密切。此时,他对毛泽东的印象也在不断加深。据毛泽东的同学萧瑜(子升)回忆说:1926 年的一天,杨度与萧瑜曾谈到毛泽东,他向萧瑜了解毛泽东的学识和为人,并谈及他对毛泽东的评价。杨度首先对萧瑜说:“你应该小心才是,有人说你有共产的倾向,甚至说你是共产党的间谍。”萧瑜感到奇怪,便问:“他们为什么怀疑我?”杨度说:“因为你讲话比较激进,而且据说你在大学里,时常称赞共产党学生。但是,最重要的原因,你是毛泽东的挚友。而且常听你称道毛泽东。”“不错,我是毛泽东的挚友。”萧瑜直率地说。“他能写文章吗?”杨度马上问。“在学校,作文总是他最拿手的科目。”萧瑜的回答是很正确的,当时毛泽东的作文闳中肆外,纵横捭阖,一气呵成,深得老师赞赏,常常被当作范文在同学中传阅,“他在哲学上有没有良好的基础?”杨度又问道。“他在辩论上的确很出色。”杨度听了萧瑜的回答后说:“这是我头一次听人家讲毛泽东的好话。但这些话你可不能在别人那里讲。否则会十分危险,人家会怀疑你是共党分子。”当时杨度所接触的人多是军阀、政界的头面人物,这些人憎恨共产党,对毛泽东也不会有好感的。杨度自然是偏听偏信了。“告诉我,你到底怎样看毛泽东?”杨度进一步向萧瑜了解毛泽东:“他是否有真正的能力、知识、天赋,我的意思是,他有没有真正的天分?”也许杨度此时在揣测毛泽东的雄才大略和治国之才,故有此一问。“就我所知,首先,毛泽东对于他所从事的任何事情都会花大功夫去精心规划,他是伟大的战略家和组织者。其次,他对敌人的力量估计得非常准确。第三,他的演说很有魅力。他的说服力强,很少有人不受他的影响。”萧瑜如实回答说。最后,杨度试探地说道:“你认为共产主义能付诸实现吗?”萧瑜说:“如果人民对于现行政府感到不安,或不满,就会起来革命,那么共产主义就会迅速扩展。”杨度当时还不是一个共产主义者,他有上述的问话,后人是可以理解的。

1928 年秋,杨度终于觉悟前非,找到了共产主义。他由潘汉年介绍,周恩来批准,正式加入了中国共产党,成为秘密党员,一个爱国主义者终于找到了共产主义信念。1931 年 9 月,杨度在上海病逝。在他死后的第 18 年,毛泽东领导中国人民建立了人民新中国,这是杨度生前所盼望的,也是他所未料到的。倘若杨度九泉有灵,一定会欣然含笑和深感宽慰的。

1948 年秋,章士钊先生在河北西柏坡见到了毛泽东主席。毛泽东握着章士钊的手说:“你的好友杨度,是我们的人,是共产党员。”毛泽东还告诉他:杨度在病危期间写了一幅自挽联:“帝道真如,如今都成过去事;医民救国,继起自有后来人。”这幅挽联体现了杨度勇于批判自己,坚信美好未来的豪迈气概,说明他终于找到了真理。

杨虎城

国民党西北军著名爱国将领，驻节西安后，与共产党往来密切。后与张学良发动西安事变，1949年遭反动派暗杀。

杨虎城，原名彪，号虎臣，1893年生，陕西蒲城人，出身于贫苦农民家庭。1908年15岁时，父亲受仇家陷害，被清政府处以绞刑，自此立志反清。少时事母极孝，享誉乡里，遂组织“孝义会”。嗣后，在此基础上组织进步青年成立“中秋会”，以打富济贫、扶弱抑强为宗旨。1911年10月22日，陕西响应辛亥武昌起义，杨虎城遂率“中秋会”部分成员参加陕西辛亥革命的队伍，隶属于向枝山“秦陇复汉军”的向字营。是为其参加革命之始。

1915年，杨虎城加入陕西护国军，参加了驱逐袁世凯在陕西爪牙陆建军的斗争。翌年陕西军队整编时，杨部被编为陕西陆军第三混成团第一营，任营长。1917年，孙中山在广州揭举护法大旗，杨虎城遂率部加入，初任左翼军第五游击支队司令，旋改为第三路军第一支队司令，驻节临潼栎杨镇。1920年直皖战争后，靖国军受直系军阀分化、收编而瓦解。然杨部拥护于右任先生不为所动。1922年冬，杨虎城特派代表姚丹峰赴沪向孙中山先生请示道途，孙指示他保存革命武装，以待后命，并邀杨到沪略谈。1924年1月，杨复派姚丹峰至穗参加国民党第一次全国大会，孙中山在百忙中接见了姚，并通过姚为杨虎城办理了正式加入国民党的手续。

1924年10月，冯玉祥发动“首都革命”，成立国民军，杨虎城以陕西国民军前敌总指挥名义率部由陕北越至关中。自国民军第三军孙岳部入陕后，杨部改编为该军第三师，任师长。凡数年中，他通过身边的共产党人的模范工作，逐步对共产党政策多有体察，感到共产党人是无私无畏、光明磊落的群体；至西安事变前后，他通过与毛泽东的通信往还，通过与周恩来的直接接触，对共产党人的钦仰与信任程度几达最高峰。同时，中国共产党人对杨虎城的忠正爱国与亲密合作也极为欣赏，并给予了极高的评价。

1927年四一二政变后，蒋介石在北方对国民军各部下达“清党”命令。但杨虎城并没有执行这一指令，而坚持继续与共产党保持各种合作关系，以至当时在陕的共产党人竟纷纷转来杨部工作。彼时，杨正驻节豫鲁皖一带休整，他常与魏野畴、南汉宸、蒋听松等在一起讨论国内外大事，特别在皖北太和县人事调整时，曾在所部许多重要位置上安排了不少的共产党员，如魏野畴为其第十军军部政治处长，蒋听松为军部秘书长，南汉宸为军事政治学校校长等，前后上下约计 200 余人之多，而且魏、南、蒋等还在杨部成立了中共河南省委领导下的皖北特委，积极开展工作。1928 年春，皖北特委发动刘集暴动失败后，魏野畴牺牲，因叛徒告密共产党人在杨部不能继续存身了，杨虎城便委托军参谋长孙蔚如将暴露身份的共产党人"礼送"出境。他对孙说："这些朋友都是我请来的，纵一时不能合作，也要对得起朋友，要有道义，要留他日见面的余地。"

1933 年 6 月，杨虎城、杜斌丞、孙蔚如等十七路军将领曾派员至红四方面军所在川陕革命根据地，面见张国焘、傅钟等红四方面领导人，表示愿意接受中共中央提出的停战议和、一致抗日的主张、并达成了一致的协议。

1935 年 12 月间，汪锋受毛泽东命令亲到西安见杨虎城，并带来了毛泽东、彭德怀给杨的亲笔信。在信中，毛泽东对杨虎城给予了很高的评价，提出与之进行西北大联合共同抗日的主张，并希望杨和共产党的关系继续保存下去，发扬光大。此后，杨部再未与红军发生过实际军事冲突。

1936 年 8 月 13 日，毛泽东再次亲笔致书杨虎城，并派张文彬持函前去晤谈。函称："先生同意联合战线，盛情可感。九个月来敝方未曾视先生为敌人。……先生如以诚意参加联合战线，则先生一切顾虑与困难，敝方均愿代为设计，务使先生及贵军全部立于无损有益之地位。比闻贵部将移防肤洛，双方更必靠近，敝方庆得善邻，同时切望贵部维持对民众之纪律，并确保经济通商，双方关系更臻融洽，非特两军之幸，抑亦救国阵线之福。"此后，张文彬被接纳为红军驻十七路军代表，常驻西安。当时因电台未建，关于蒋的重要军事部署杨虎城便直接口头告张转达之。由此，双方互相往来日趋稠密。

1936 年底，杨虎城与张学良出于抗日情势，毅然发动震惊中外的西安事变，扣押蒋介石，逮捕随行大员，发布八项抗日爱国主张。在处理西安事变善后问题上，他通过与周恩来的直接接触，更加体会了中共的光明磊落与高风亮节。杨原是不同意释蒋的，与周晤谈时他还反诘曰："你们过去都是讲反蒋抗日，为什么现在又讲联蒋？"又云："蒋介石气量小，又极阴险，放了他将来定会大肆报复。"周反复向他解释了逼蒋抗日的可能性，使之消除顾虑，终于赞成了和平解决的方针。彼时杨曾感慨系之地说："共产党置党派历史深仇于不顾，以民族利益为重对蒋介石以德报怨,令人敬佩。”

1937 年 1 月,杨虎城被背信弃义的蒋介石下令撤职留任。3 月间被迫以“考察军事”为名送出国外。7 月 9 日,杨在旅途中听到他所极不愿闻的日军进攻卢沟桥的消息,当即一再电告蒋介石要求返国,请缨抗战,然均遭拒绝。7 月 14 日,他抵达美国旧金山,在书面谈话中慨然提出:“这次卢沟桥事变,是危及中华民族生死存亡的大问题,我怎能置身于外,流连忘返,即拟兼程回国,执行战斗,为国效死! ”当时有人从个人安全角度对他多有劝诫,然而他的答复却是:“宁使蒋负我,不能使我负国家民族,个人利害,在所不计也!”10 月底,他毅然离开法国,11 月底经港赴汉拜访陕乡元勋于右任老先生请示方略,不料蒋电约晤南昌。12 月 2 日,杨抵南昌,非但不能见蒋,反被戴笠囚禁起来了。孰料,12 年铁窗之后,在蒋介石败亡大陆前夕的 1949 年 9 月,杨虎城竟被暗杀于重庆。时年 56 岁,正威武将军,横刀跃马之年也。惜且悲哉!

1949 年 11 月 30 日,重庆被我刘邓大军解放了。翌日,杨虎城遗体被发现于“戴公祠”花园内的一座花台里。翌年 1 月 15 日,重庆各界在中共领导之下为杨虎城隆重举行盛大追悼大会。第二天,以毛泽东为首的中共中央和人民政府分别发来唁电,指出:“杨虎城将军在 1936 年与中国共产党合作,推动全国一致抗日,有功于国家民族。”“杨将军的英名,将为全国人民所永远纪念。”

杨树达

早年与毛泽东有半师之谊，曾参加过毛泽东领导的驱张代表团，进京请愿。新中国成立后，毛泽东亲自推荐他出席全国政协会议。

杨树达，字遇夫，号积微，1885年6月1日生于湖南长沙。4岁启蒙，在父亲系统、严格的教读下，他在语言文字方面打下了坚实的基础，对史学产生了浓厚的兴趣。

1897年10月，杨树达入时务学堂，在学取知识的同时，受到救国图强思想的熏陶。1905年他赴日留学。1911年辛亥革命爆发，因官费断绝，匆忙回国。此后，杨树达除在湖南省教育司、湖南省图书编译局短期任职外，绝大部分时间从事中等教育工作。毛泽东和杨树达的交往也就是从那时候开始的。

1919年，杨树达在湖南省立第一女子师范学校教国文，毛泽东曾旁听过杨树达先生的课。五四运动发生后，外争国权，内惩国贼，反对帝国主义、封建主义，提倡科学和民主。由于湖南早有新思想的传播，因而群情激愤，活跃异常，知识分子首先响应。杨树达参加了长沙教育界组织的健学会，响应新潮。

当时湖南督军张敬尧，统治横暴，剥削残酷，封闭进步报刊，镇压爱国群众，停发学校经费，作恶多端。杨树达说："湖南督军肆虐于湘，予心弗忍。"他与全省人民一道进行驱张活动，并且站到前列。1919年11月，他被推举为湖南教育界代表之一，参加毛泽东率领的代表团，上京向当时的国务院请愿。临行前他对送行的友人说："义无反顾，势在必行，吾意决矣。"足见其除暴安民的决心。次年6月，张敬尧终于离湘，所部随即撤离，湖南人民的斗争取得了胜利。这次反军阀势力的斗争，曾给毛泽东留下了难忘的美好记忆。1954年，毛泽东视察湖南，在长沙宴请杨树达时，开言便问："你还记得当年我们驱逐张敬尧的事么？"可见毛泽东经久未忘杨树达当年驱张的勇气和正义。

杨树达在黑暗统治下，忧国忧民，贫贱不移，刚正不阿，反对黑暗，追求光明。抗战爆发后，他由北京返回长沙，执教湖南大学。由于薪金微薄，物价飞涨，他的生活非常清苦,身体健康受到严重损害,子女也被迫离校辍学。在艰难的生活面前,他宁愿“荒山忍饿写图经”,也决不向黑暗的反动政府作任何乞怜,拒绝加入国民党,旗帜鲜明地同国民党反动派划清了界线。

1951 年 10 月 1 日,长沙举行盛大游行,杨树达亦前往参观,归来喜赋诗一首:

热泪纵横不自休,暮年喜见此年头。
夜门兀自无人闭,各粒都归种者收。
淮水安澜歌大德,夷人授首洗前羞。
平生梦想今都现,笑口频开待首丘。

此诗字里行间充满了一个老学者对新社会热情赞颂,对新中国无限热爱的激情和自豪感。杨树达先生对中国共产党、人民政府非常拥戴,对毛泽东主席非常敬佩。他曾兴奋地说,毛主席提出要继承祖国一切优秀的文化遗产,去其糟粕,收其精华,接受一切有益的东西,作为革命事业的借鉴,是完全正确的。毛泽东每次到长沙来,都要访问杨先生,关心他的生活和学术研究,并曾向他征询过关于文字改革的意见。

“三反”思想改造运动过去后,毛泽东回湖南时,在餐车上召见他,询问他对文字改革的意见,并要他担任全国政协委员,到北京开会。杨树达兴高采烈,激动万分,感到这不仅是党对他个人的信任和爱护,也是对广大知识分子的关怀和鼓励。毛泽东亲自推荐他出席全国政协会议,使他引以为生平最大的荣誉。此后,他还先后收到毛泽东给他的三封亲笔信。领袖对他的亲切关怀和尊重,使他受到极大的感染和振奋。从此以后,他精神更加焕发了。

1956 年 2 月 14 日,杨树达因高血压和消化道出血与世长辞,终年 71 岁。

毛泽东主席特致电悼念。政协全国委员会主席周恩来送了花圈。2 月 16 日在长沙举行了沉痛的追悼大会,杨树达先生的遗体安葬在长沙岳麓山。

杜聿明

黄埔军校一期毕业生，抗日名将。淮海战役中被我军俘获，1959年获特赦。毛泽东曾当着诺贝尔奖获得者杨振宁的面，称赞他的岳父杜聿明是中国的名将。

杜聿明，字光亭，1904年生，陕西米脂人。其父为清末举人，后参加同盟会及民初反袁斗争。1916年，年仅12岁的杜聿明始入由其表哥李鼎铭创办的新式小学读书，1920年复入榆林中学(该校校长乃其堂兄杜斌丞)。中学毕业时，因英语成绩不佳，遂决心做一个爱国军人。

1924年3月，经于右任先生推荐，杜聿明投考广州黄埔军校，成为该校第一期学生。入学未久，校方办理入党登记，他同时收到国共两党登记表，便填写了前份，由此成为正式的国民党员。毕业后曾参加第一次东征，中途因患疥疮而回穗医治。孙中山逝世后，他曾担任北京西山碧云寺守灵特务营副营长职。北伐完成后先后追随张治中、徐庭瑶左右。1937年春，国民党军队组建第一个陆军装甲兵团，杜被委为第一任团长。至1938年底，该团扩至成第五军，杜任军长。该部为抗战初期国民党唯一的机械化新军，因杜带兵有方，要求严格，该军的军事训练成绩全国有名。

抗战中期，杜聿明亲率第五军赴桂南战略要地昆仑关负责收复该地。1939年杜以凌厉攻势与巧妙战法重创有"钢团"之称的日军第五师团第十七旅团，毙敌4000余众，旅团长中村正野亦被当场击毙。

1942年初，杜聿明奉命率中国远征军赴缅甸对日作战，曾取得中国抗战史上著名的斯瓦逐次阻击战胜利。远征军回滇后，他忠实执行了蒋介石剥夺云南王龙云实际兵权的密令，深得蒋氏嘉惠。1946年内战爆发后，杜聿明出任国民党东北"剿总"副司令长官，进攻东北，占领长春。1948年6月旋任徐州"剿总"副司令长官，因病欲去美国治疗，后因淮海战役告急而从上海转赴徐州前线，翌年，1月被我军生擒于战地。所谓黄埔名将顿成战俘，斯之谓也。

当1948年12月杜聿明部被我军包围于陈官庄、青龙集后，我解放大军自10

日停止军事进攻，而展开了长达20多天的政治宣传攻势。17日，毛泽东亲笔起草了著名的《敦促杜聿明将军投降书》，内称："你们现在已经到了山穷水尽的地步。黄维兵团已在15日晚全军覆没，李延年兵团已掉头南逃，你们想和他们靠拢是没希望了。你们想突围吗？四面八方都是解放军，怎么突得出去呢？"又说："你们当副总司令的，当兵团司令的，当军长师长的，应当体惜你们的部下和家属们的心情，爱惜他们的生命，早一点替他们找一条生路，别再叫他们作无谓的牺牲了。……你们应学习长春郑洞国将军的榜样，学习这次孙良诚将军、赵壁光师长、黄子华师长的榜样，立即下令全军放下武器，停止抵抗，可以保证你们高级将领和全体官兵的生命安全。"据说，当时杜聿明并未看到空投到包围圈内的毛泽东劝降书，强行突围，结果正如毛泽东在劝降书中所预料的，杜聿明的不求和或不得不战，只能是自取灭亡。据当时报载，杜被俘后，其夫人曹秀清曾大闹总统府，当面质问蒋介石："我的丈夫身体有病，还要他率部突围，他走不动，突什么围呀？不明明是要他的命么?！"

杜聿明被俘后，陈毅找他谈话，但他拒绝谈任何问题。真正冲击杜聿明"精神支柱"的是社会主义中国的巨大成功，尤其是和平解放西藏和抗美援朝战争的胜利。因为在他看来，这些都是根本不可能之事。

转入北京功德林战犯所之后，杜聿明患有胃溃疡、肾结石、肺结核和脊椎结核。后来经毛泽东过问，周恩来批准，不惜重金派专人去香港、澳门等地为他买美国进口的一级链霉素等药品（新中国成立初，我国不能生产此药，国外进口的多来自苏联，但药物性能差，英美两国的质量虽过关却对大陆实行封锁禁运）。当他得知他的四种病竟是共产党花费这样大的代价给治好的时候，他拉着战犯管理处姚处长的手激动地说："没有你们和政府为我治病，我早完了，共产党是我的再生父母，毛主席是我的救命恩人啊！"至此，他终于放弃了曾经想以死亡来对抗共产党的打算。

1957年，美籍华裔物理学家杨振宁博士获得诺贝尔奖，周总理向毛泽东商请后立即通知尚在改造中的杜聿明，至此，他才知道自己的大女婿为何许人。他为自己的女儿致礼高兴，也为自己高兴，更为中华民族高兴。他当即手书一简请周恩来设法捎去，内称："亲爱的宁婿：我祝贺你获得诺贝尔奖金，这是民族的，你要注意政治。"简简数语、拳拳深情。1959年底，杜作为新中国第一批特赦战犯之一被人民政府宽大释放，由此由过去杀人如麻的头等战犯变成为了新中国普通公民的一员。嗣后，周恩来、陈毅等中央领导同志接见了第一批特赦的十名战犯。一见面，杜便低头对周说："学生对不起老师，没跟着老师干革命，反走到反革命道路上去了，有负师恩，有悖师教。”周两眼发红地说：“不怪你们，怪我对你们接近太少……”在这十人中，除陈长捷等两人外，其余八人都是清一色的黄埔学生，杜向陈毅检讨说：“被俘时老总要见我，我当时抱着与共产党势不两立的想法拒不见面，确是顽固透顶，应当罪加一等的。”陈老总摆摆手笑着说：“过去的事，就让它过去吧。”

1960 年 4 月，周恩来、陈毅宴请来华访问的英国陆军元帅蒙哥马利将军，特别邀请杜聿明前来作陪。第二次世界大战期间，蒙是非洲战区地中海战场的指挥官，而杜是中国战区中缅战场的指挥官，彼此知名而相互倾慕。席间，蒙曾问杜：“你的百万大军哪里去了？”杜指着对面坐着的陈毅说：“我都送给他了。”陈却摇摇头说：“你哪有这样大方，是我们一口一口吃掉的。”1963 年，经党和政府的不断工作，终于说服了五年前由台赴美的杜氏之妻曹秀清，使之回归大陆与杜聿明晚年重会，偕老余生。

1971 年至 1973 年，杨振宁博士三次回国讲学，周恩来每次接见都邀杜氏作陪。其中第一次见面时，杨称曹为“妈妈”，却称杜为“先生”，周立即纠正说：“应称岳父大人才对。”说得大家哄堂大笑。杨氏夫妻第三次回国时，毛泽东还亲自接见了他们。毛泽东当着杨振宁夫妇的面称赞杜聿明是中国的名将，虽以战犯收场，但现在已是一个很好的中国公民了，并请两位一定回去代问杜先生好。

被特赦后，杜聿明担任全国政协文史资料委员会文史专员，第四、五届全国政协委员，第五届政协常务委员。1981 年 5 月，因病在京逝世，时年 77 岁。

杜斌丞

陕北著名教育家，杨虎城的高级参议。他遇难后，毛泽东写下了“为人民而死，虽死犹生”的挽词。

杜斌丞，原名丕功，字斌丞，1888年5月10日出生在陕西省米脂县城内一个破落地主家庭。7岁时入私塾。1905年，到绥德中学堂读书。杜斌丞在这里接受了爱国主义思想的洗礼。1907年考入三原宏道高等学堂。该校是陕西讲授新学的著名学府，教师中有留日学生、国内知名学者和中国同盟会会员。在校期间，杜斌丞阅读了《民报》、《夏声》等秘密的进步刊物，思想上得到进一步启发和提高。

1913年夏，杜斌丞考入北京国立高等师范学校史地部。他在校学习期间，帝国主义和封建军阀演出一幕又一幕的丑剧，革命人民掀起一次又一次的爱国斗争。杜斌丞把自己的爱国之情、救国之志，全部凝聚在学习上，如饥似渴地阅读古今中外的历史书刊，研究世界各国的教育思想和学制，兼容并蓄，力求融会贯通，探求救国之道。

1917年夏，杜斌丞从北京高等师范学校毕业，谢绝了许多朋友的挽留，放弃北京、天津就业的机会，接受陕西督学袁刚的聘请，毅然回到偏僻、落后、艰苦的陕北，在榆林中学任教务主任兼史地教员，“开拓新文化的处女地”。

1918年，杜斌丞接任榆林中学校长。他去除陈规，锐意革新。十年如一日，苦心经营。他选贤能，招聘名师；各方联系筹措经费，扩建校舍，增加设备。循教育救国之路，求拯救中华之道，他采用蔡元培先生在北京大学实行的“循思想自由原则，取兼容并包主义”的方针，增设新课程，传播新思想；提倡科学民主，反对封建迷信；提倡革命进步，反对保守落后；提倡新文化、新风尚，批制旧文化、旧礼教；改革传统的旧教育制度，开创了陕北教育史上的一代新风。

杜斌丞在陕北从事教育工作十年，培养了一大批革命青年和爱国志士，其中有已故的刘志丹、谢子长、霍世杰、曹力如、王子宣、武开章、李力果等共产党员，为开创陕北、陕甘革命根据地作出了卓越的贡献。

1922年秋，杨虎城来到陕北后，由于寄人篱下，心情苦闷，寓居榆林养病。后与杜斌丞相识,久之,两人成为生死之交。此后,杜斌丞在杨虎城和共产党合作共事的几次重要历史关头,都起了重要作用。

1930 年 10 月,杨虎城率十七路军入关,任陕西省政府主席、潼关行营主任,以"共建新西北"电邀杜斌丞由北平回陕,任命他为陕西省政府高级参议。杜斌丞主张实行西北大联合,即包括共产党领导下的革命力量和西北反对蒋介石统治的地方势力的大联合,并协助杨虎城在这方面做了许多工作。

1935 年红军长征到达陕北后,为争取十七路军共同抗日,毛泽东派中共陕西省委军委负责人汪锋为代表,持他分别写给杨虎城、杜斌丞、邓宝珊三人的亲笔信到西安联络。其中给杜斌丞的信写道:

斌丞先生左右:

仲节君回,盛称德意,并聆抗日救国宏论,无任钦迟。值此国难日亟,国贼猖狂,大好河山,危险万状。伪蒙军向绥远进攻,冀察政委会质量之改组,凡此种种,愈见日寇之变本加厉。弟等一再呼吁,要求全国不分党派,一致团结御侮。一年以来成效渐著。虎臣先生同意联合战线,但望百尺竿头,更进一步。时机已熟,正抗日救国切实负责之时,先生一言兴邦,甚望加速推动之力,西北各部亦望大力斡旋。救西北救华北救中国之伟大事业,愿与先生勉之。特派张同志专谒崇阶,敬祈指示一切。云山在望,延企为劳,诸惟心照,不尽。即颂

日绥

毛泽东　手启

1935 年至 1936 年期间,国家民族的命运日益危岌,全国人民抗日救亡运动风起云涌。杜斌丞以极大的热情参加了这场运动。1936 年西安事变后,杜斌丞受命任政治设计委员会委员和陕西省政府秘书长,协助张、杨在政治、组织以及民政、群众等方面做了大量的工作。

抗战爆发后,杜斌丞继任陕西省政府秘书长,积极参加抗日民主运动,并在各方面尽力支援陕甘宁边区。毛泽东曾说:"我们把杜斌丞就没有当外人看待,和他共事,我们是放心的。"杜斌丞对毛泽东同样十分景仰,特别是当他读了毛泽东的《新民主主义论》后,十分兴奋,到处宣传:"中国革命,从此有了明确的道路和方计。这就是毛先生指出的新民主主义,除此别无道路。"

1944 年,杜斌丞参加中国民主同盟。抗战胜利后,任中国民主同盟中央常务

委员兼西北总支部主任委员，继续在西北从事民主运动，反对国民党的独裁统治。

1946年初，李公朴、闻一多先后遇害，我党对杜斌丞的安全极为关心，毛泽东曾派曹力如接杜斌丞去解放区。但杜斌丞认为他留在西安比到解放区对革命作用更大，因此继续留在西安，坚持斗争。

1947年3月，杜斌丞在西安被国民党逮捕入狱，在狱中他始终坚强不屈，同年10月7日遇害，时年60岁。

杜斌丞死后，1948年10月7日，陕甘宁边区各界代表一千多人，在延安举行了隆重的追悼杜斌丞先生殉难一周年大会，毛泽东亲书“为人民而死，虽死犹生”的挽词。

吴 晗

他是著名的历史学家，学生时代就被同学称为“太史公”。青年时又被人们誉为“民主炮手”。毛泽东不仅关心他的明史研究，而且亲自过问他的入党问题。

吴晗，原名吴春晗，字辰伯，1909 年农历八月十一日出生于浙江省义乌县苦行塘村。吴晗小时家境较好，父亲有个书斋，取名“梧轩”。吴晗幼年时期在“梧轩”读过许多古书，直到成年后，他还对那里念念不忘。吴晗对文史书籍尤感兴趣，有一部白纸本的家传《资治通鉴》，他从 11 岁时就爱不释手，这是他孜孜不倦，刻苦攻读的第一部史书。

1916 年，吴晗 7 岁时，进入邻县金华傅村育德小学读书。由于他天资聪颖、勤奋好学，深得老师器重。12 岁时，他考入了浙江省立第七中学。1931 年，进入清华大学历史系学习。当时家境已破落，一切学习费用都要靠自己半工半读维持。在校学习期间，他极为勤奋刻苦，而且自创了一套读书方法——勤读、勤抄，带着问题广泛搜求，然后综合、分析，得出自己的观点和结论。他的学习成绩门门都是优等，深得教授的赞赏和同学们的尊重。在繁重的课业之余，他还积极地从事校内外的学术活动，成为多产的学生作家。他担任了校刊《清华周刊》“学术栏”主任，并发起组织了“史学研究会”，每月集会一次，每年召开一次年会，交流心得，探讨有关史学问题，引得当时许多颇有名望的史学家也参加进来。由此可以看出，学生时代的吴晗，就崭露出了出众的治学和学术交往能力，他是当时清华学府最有才华的高才生之一，同学们都亲切地称他为“太史公”。

1934 年 7 月，吴晗以优异的成绩毕业于清华大学。为了报答母校对他的培养，便留校任教。1937 年抗日战争爆发后，吴晗应聘到云南大学任教授，他埋头做学问，撰写了不少有关明史研究的文章。1943 年 7 月，吴晗经周新民、潘光旦介绍加入了民主同盟。这是吴晗政治生活中的一个新起点，他坚定地从象牙之塔的书斋走向反蒋抗日爱国运动。

吴晗加入民盟后，目睹国民党反动派的倒行逆施，透过弥漫于中国大地的硝烟烽火，他日益看清了中国的出路，逐渐坚定了与反动统治阶级决裂的立场。他以笔作刀枪，以历史为题材，借古喻今，抨击蒋介石政府的独裁统治，以大无畏的勇气和智慧，冲锋陷阵，义无反顾，置个人生死于度外。他的文章和演说，字重千钧，慷慨激昂，被人们誉为“民主炮手”。

1946 年 8 月，吴晗偕夫人袁震回到了阔别已久的故都北平。他一方面从事教学活动，另一方面密切配合党的地下斗争，积极从事民主运动。

1948 年，党中央发布了纪念五一节的口号，提出召开新政治协商会议的建议，各民主党派立即响应，吴晗也来到了解放区。毛泽东、周恩来在河北省平山县西柏坡党中央所在地亲切地接见了他，同他交谈了当时的政治形势和前途。毛泽东还在百忙中用了一个晚上的时间，专门讨论了吴晗所写的《朱元璋传》书稿中的问题。吴晗在书稿中对元末农民大起义领袖、红巾军领导人彭莹玉和尚功成身退的结局，赞叹不已。对此，毛泽东指出：“这样坚强有毅力的革命者，不应该有逃避的行为，不是他自己犯了错误，就是史料问题。”新中国成立后，吴晗到北京，果然在《明实录》里找到了彭莹玉在杭州被元军擒杀的记载，在后来改写时做了订正。

在解放区两个多月的生活里，吴晗仔细阅读了列宁的《国家与革命》及毛泽东的许多著作；参观了老解放区的机关、部队、学校；还参加了各种学习会和座谈会，参加群众集会，听报告。所有这些都使他耳目一新，思想上发生了根本性的变化。他正式向党中央递交了入党申请书。后来，毛泽东写信答复吴晗说：“我们同意你的要求，唯实行时机当值得研究，详情恩来同志面告。”从毛泽东的信中可以看出，根据吴晗的多年表现，毛泽东认为他已基本具备了一名共产党员的条件，所谓“实行时机当值得研究”，除了当时建国在即，万事待理，此事可以暂缓外，也考虑到吴晗当时留在民主党派中可能起到的作用更大。

1949 年 1 月 31 日，北平和平解放了。吴晗被任命为北京市副市长，这完全是他始料不及的。他是一个历史学家，是专心致志做学问的人，做官不是他的宿志，因此有些个人的想法。后来周恩来与他进行了一次促膝长谈，使他深受感动，愉快地接受了党交给的任务。在工作中，吴晗时刻以共产党员的标准要求自己。党也从政治上、工作上给予他帮助和指导。1954 年，吴晗写信给当时的北京市委第一书记彭真，再次提出要求加入中国共产党的迫切愿望。彭真看了吴晗的信后，把它批给了刘仁和张友渔，还指定张友渔“切实设法解决其工作中的问题”。几天后，毛泽东在中南海颐年堂约见刘仁、张友渔和吴晗，亲切地询问吴晗的工作和生活情况。吴晗表示自己一定要努力工作，但是由于行政工作非己所长，生怕有负党的重托。毛泽东鼓励他大胆去工作，并指示刘仁和张友渔说：党员和党外民主人士共事，必须很好地合作，有了问题要互相坦诚地商量、研究、解决。在工作中，一定要使党外民主人士有职有权。从此以后，吴晗深受党的关心和爱护，更加自觉地接受党的严格要求和考验。1957 年，中共中央批准吴晗为中国共产党党员，他多年愿望终于实现了。当时他内心的喜悦是难以用语言来表达的，他终于由一个爱国的民主主义者成为一个忠诚的共产主义战士。

吴晗担负着极其繁重的行政工作和社会工作，但他仍保持着刻苦钻研、勤奋笔耕的学者本色。1963 年，中国科学院哲学社会科学部召开学部委员扩大会，毛泽东接见了与会同志。毛泽东走到吴晗面前向他打招呼说："你的书(指《朱元璋传》)写得怎样了？"毛泽东的亲切关怀，给吴晗极大鼓舞。1964 年春，他利用病后半休时间，对《朱元璋传》的第三稿进行了修改，于 1965 年正式出版。此书前后经过四次修改，历时二十年，最后对朱元璋作出了恰如其分的评价，受到毛泽东的赞许和学术界的好评，认为它是一部达到了很高科学水平的学术论著。

1959 年 4 月以后，根据毛泽东的建议，吴晗比较集中地研究海瑞，在《人民日报》上发表了一些有关海瑞的文章，可以肯定地说，吴晗研究海瑞和写有关海瑞的文章，完全是出于对党对社会主义事业的一片赤诚，是出于一个正直史学家对人民的责任感。然而林彪、江青一伙企图借《海瑞罢官》为题，打开缺口，以实现他们篡党夺权的罪恶阴谋。为了达到他们的目的，对吴晗进行了残酷的折磨，欲置他于死地而后快。在狱中，吴晗视死如归，坚贞不屈，同林彪、"四人帮"进行了坚决的斗争。

1969 年 10 月 11 日，吴晗这位忠诚的无产阶级革命战士，含恨离开了人间，终年 60 岁。

吴贻芳

她是南京金陵女子大学第一任中国女校长,1938年曾与毛泽东同聘为第一届国民参政会参政员。1954年在第二届全国人民代表大会上,毛泽东对她说:“久闻其名,未见其人,今天总算见到了。”

吴贻芳,号冬生,曾用名 Cantance,1893 年 1 月 26 日出生于湖北省武昌市。

吴贻芳的曾祖父是清末翰林,祖父是个举人,可谓名门望族,书香门第。1904年,11 岁的吴贻芳和大姐一起到杭州外祖母家,进了公立杭州女子学校读书。这是一所在维新思想影响下,冲破封建礼教束缚,由维新人士举办的女子学校。在这所学校里,她受到了爱国思想的启蒙教育,幼小的心灵萌发了富国强民的志向。正当她发奋读书,憧憬美好未来时,家中发生了一连串的悲惨不幸。先是父亲因背上贪污公款的罪名,走投无路之下,投入滚滚长江饮恨而死,之后在不到一个月的时间里,哥哥、母亲、姐姐相继含恨去世,使得吴贻芳“哀不欲生”,产生了轻生的念头。在姨夫陈叔通的谆谆教诲之下,她才重新鼓足了生活的勇气,又开始了新的追求。

1916 年 2 月,吴贻芳进入了南京金陵女子大学,这时,她已经 23 周岁了。由于坎坷的生活经历,使她深知谋生之艰难及求学机会之难得。在校期间,她不但学习成绩优异,组织才华超众,而且十分关注祖国的兴盛和未来,深得同学们的信任和喜爱。大学毕业后,吴贻芳在北京女子高等师范学校任英文教员兼英语部主任。

1922 年 7 月,吴贻芳远涉重洋来到美国密执安大学研究生院读生物学专业。在紧张的学习中,她仍然时刻关心祖国的前途和未来,渴望着祖国能够强大起来。1928 年 8 月,吴贻芳获得生物学博士学位,回到南京,成为金陵女子大学第一任中国女校长。她立志走教育救国之路,把金陵女子大学办成世界上第一流的大学。

为了实现教育救国的理想,吴贻芳倾注了巨大的心血。她以校为家,勤勤恳恳,大胆对旧的教育体制和教育方法进行了不少探索和改革。她那炽热的教育救国思想及实践,虽然带有明显的阶级和时代局限,不能从根本上解决中国贫穷落后的问题，但她所建立的一整套教学原则和教学方法，即使在今天，也还是有参考和借鉴价值的。她那认真负责的工作精神和严谨治学的科学态度，以及她在师生之间建立起来的深厚情谊，也都是光彩照人和堪称楷模的。

在抗日战争期间，吴贻芳不但积极支持学生参加抗日救亡活动，自己也不辞劳苦，活跃在国内外的政治舞台上，为抗战的胜利，作出了卓越的贡献。

1938 年 7 月 6 日，国民党政府在汉口召开第一届国民参政会。根据 4 月 1 日在武汉召开的中国国民党临时全国代表大会的决议，中国共产党的代表毛泽东、林祖涵、吴玉章、董必武、陈绍禹、秦邦宪、邓颖超等被聘为国民参政会参政员，吴贻芳也被聘为参政员。在会议的闭幕式上，吴贻芳致辞，她在简短的讲话中，呼吁民主，呼吁团结，认为“要在抗日期间，养成民主政治习惯，永久团结，使民主永久生存，国运日臻强盛”。

1946 年 2 月和 1949 年 3 月，吴贻芳两次坚决拒绝担任国民政府教育部部长。她让一位教师把毛泽东的《新民主主义论》译成英文，在外籍教师晚祷时要她们学习，同时也要求在中国教师中进行学习，使大家了解共产党对中国时局发展方向的见解。当中国人民解放军横渡长江进逼南京时，国民党政府给她送来机票，要她离开，可她毅然留下来，迎接南京的解放。

1949 年 9 月，吴贻芳作为特邀代表参加了中国人民政治协商会议第一届全体会议。10 月 1 日，她参加了隆重的开国大典，亲眼看见毛泽东升起了第一面五星红旗，庄严宣告中华人民共和国成立。目睹这一历史性的宏伟场面，她激动得热泪盈眶，一种从未有过的民族自豪感油然而生。

1954 年 8 月，吴贻芳当选为江苏省人民代表大会代表，9 月又当选为全国人民代表大会代表。9 月 15 日，她和其他 1200 多位人大代表欢聚北京，参加第一届全国人民代表大会。因为这是真的人民代表，她感到了人民的信任和期望。大会开幕式在中南海怀仁堂举行。下午 3 时，毛泽东在雷鸣般的掌声中致开幕词，他用洪亮的声音庄严宣告：“我们正在做我们的前人从来没有做过的极其光荣伟大的事业。”“我们的目的一定要达到。我们的目的一定能够达到。”毛主席的话表达了中国人民团结奋斗的坚定决心和无坚不摧的英雄气概，吴贻芳感动极了。散会后，她仍沉浸在无比幸福之中。这时，中央领导同志从主席台上走下来，吴贻芳礼貌地让到了一边。走到她面前的毛泽东朝她伸出手来，说：“请问大名？”她当即回答：“我叫吴贻芳。”毛泽东和蔼地一笑：“嗬，你就是吴贻芳，金陵女子大学的，久闻其名，未见其人，今天总算见到了。”吴贻芳一时激动得竟不知该说什么。毛泽东又问：“您现在在哪里工作？”吴贻芳回答：“在江苏省教育厅。”“好啊！”毛泽东颔首微笑。

望着那朝门口走去的高大身影，吴贻芳那颗激动的心久久不能平静。

吴贻芳崇敬毛泽东，对共产党怀有深厚的感情，尽管前进的道路坎坷不平，她却一如既往，不改初衷。此后，她先后担任过江苏省副省长、全国政协委员、全国妇联副主席、民主促进会中央副主席、中国基督教三自爱国运动委员会名誉主席等职，始终与党同心同德，为祖国的建设事业奋斗了一生。

1985 年 11 月 10 日，吴贻芳走完了她 93 年坎坷而多彩的人生历程，静静地离开了人世。

陈此生

他投考过黄埔海军学校，最终却参加了左翼作家联盟。为纪念与毛泽东在河北平山县的第一次会见，他曾写下了《满庭芳·向毛主席致敬》一诗。

陈此生，原名陈勉勤，广西贵县城区北厢人，1900 年 2 月出生在一个行医世家。陈此生幼时进私塾念书，由于他勤奋好学，天资聪敏，文史成绩皆优，特别是作文常受到先生夸奖。14 岁时，他只身到广州投考公费的黄埔海军学校，两手空空走出家门，求学、谋生的经历练就了他一身傲骨和辨别是非的本领，或许他命中注定是文人而不是武官，军校五年都无法激起他对航海事业的兴趣，而对中国的文学和历史产生了偏爱，临近毕业，他还是离开了学校。

1920 年初，陈此生离开广州黄埔海军学校，漂泊到了上海，六、七年间辗转了几处都是以教书为主。1927 年初，他第一次回到祖籍广西，并来到了桂林。此时，其大哥陈勉恕正任中共广西区委青年部长，他是中共早期党员，对陈此生的思想进步以至最终走上革命道路起了重要作用。经过 1927 年的反革命大屠杀，革命者的鲜血和反动派的残暴，使陈此生这个文弱书生惊诧、愤怒，他开始思索，觉醒，立志再不做革命的旁观者，而要做其中的一名战士，为争取一个光明、自由、民主的新中国而奋斗。

30 年代初，陈此生在上海系统地专心地读了些马克思主义书籍，开阔了思维和视野。出于对左联事业的向往和对左联战士的爱慕，在柔石、冯铿等一批左联战士已流血牺牲的时刻，陈此生毅然参加了有生以来的第一个政治团体——左翼作家联盟，而且为左联积极工作。从这时起，陈此生开始大量阅读左联旗手鲁迅的作品，尤其是他的杂文，他十分敬佩鲁迅那种“从善如流，疾恶如仇；正视淋漓鲜血，甘为孺子牛；一支尖锐笔，临死也不休”的人格和文笔，并视为他做人习文的座右铭。

1936 年，陈此生在香港参加组织抗日救国会华南区总部，从而成为广西最早参加救国会的三人之一。此后几年，陈此生基本上是在西南大后方的桂林度过的。

这里虽然没有前方的硝烟战火，可也惊心动魄。他与桂系的民主党派及国民党著名民主人士李济深等共同为坚持抗战、反对投降进行了坚决而又巧妙的斗争，从而使桂林成为全国著名的“文化城”，为推动整个国统区的抗战文化运动发挥了重要的特殊作用。

1946 年 3 月，中国国民党民生促进会在广州成立，陈此生作为主要发起人之一参加了成立大会，当选为中央常务理事。1947 年，陈此生在香港参与发起中国国民党革命委员会，并当选为中央执行委员会委员。

1949 年 1 月底，陈此生等人应邀从香港启程北上，在大连登陆。随着三大战役的迅速胜利和北平的和平解放，原定在哈尔滨召开的新政治协商会议在北平举行。陈此生和许多民主人士遂从大连转赴河北省平山县李家庄。2 月的一天，毛泽东亲切地会见了陈此生和李章达等一批民主人士，当毛泽东那温暖而有力的手与陈此生的手紧紧握在一起时，他感到一股暖流流遍全身，激动得竟说不出一句话来。毛泽东与他们亲切交谈，赞扬他们对民主革命作出的贡献和勇敢的献身精神，并鼓励他们戒骄戒躁，继续为新中国建设事业服务。聆听着毛泽东的教诲，回忆起自己大半生的奋斗经历，陈此生百感交集，这是他终生难忘的一天。

为了记住这一天，陈此生特赋《满庭芳·向毛主席致敬》诗一首，以示终身留念：

远道奔投，
专诚致敬，
人民革命英雄。
当斯时世，
已席卷辽东。
又把平津解放，
生擒巨恶元凶。
东南面，
鏖兵淮海，
消灭敌人踪。
百年蒙耻辱，
扬眉今夕，
全赖工农。
党英明领导，

伟绩丰功。
纵有千言万语,
心情乃难以形容。
毋骄满,
吾师教诲,
牢记在怀中。

1949 年 9 月 21 日,陈此生有幸作为“民促”的代表,参加了具有历史意义的政治协商会议第一次全体会议。10 月 1 日,陈此生又参加了开国大典,当他亲眼看到毛泽东将象征着中华人民共和国成立的第一面五星红旗在天安门广场升起时,感慨万分,不禁热泪滚滚。是啊!为了这一天的到来,他曾苦苦追求了半辈人生。

新中国成立后,陈此生历任全国政协常委、全国人大常委、广西省人民政府主席、广西省政协副主席、《光明日报》副社长兼总编辑、民革中央常委、副主席等职,是一位德高望重、有职有权的民主人士,但他仍保持着新中国成立前的“书生本色”,始终牢记毛泽东的谆谆教诲,为人民鞠躬尽瘁,把毕生的精力献给了中国人民的革命事业。

1981 年 8 月 17 日,陈此生在北京病逝。中共中央根据他生前申请和一贯表现,追认其为中国共产党党员。

陈明仁

他是蒋介石的嫡系将领，曾与解放军血战四平。1949年与程潜在长沙通电起义。毛泽东对他说："从今以后，解放军有饭吃。你也有饭吃，一视同仁，绝不会有半点亏待你的。"

陈明仁，号子良，1903年4月7日生于湖南省醴陵县洪源村。1924年入广州革命政府军政部讲武学校，后并入黄埔军校第一期，1925年3月毕业。参加过讨伐军阀陈炯明的第一、二次东征，历任少尉排长、上尉连长、少校营长。1927年2月，任黄埔军校学生第一队上校队长，1928年起，先后任国民党浙江军官训练班学生第二大队队长、南京中央陆军军官学校步兵第二大队队长、陆军第十师第五十六团团长。1930年3月起历任国民党军第十师第二十八旅少将旅长，第三师独立旅旅长，第八十师副师长、中将师长。1935年考入陆军大学第十三期学习。同年9月任军事参议员。抗日战争爆发后，任国民党第二预备师师长。率部参加了抗击日军的九江会战，1940年兼任湘（潭）株（洲）警备司令、衡（山）耒（阳）警备司令。1940年率部参加桂南会战。1942年3月任国民党军七十一军副军长，1944年11月任军长，指挥该军一部参加滇西缅北反击战，攻克畹町附近的回龙山。

1946年1月，第七十一军开往东北，6月退守四平，陈明仁以少数兵力坚守四平，巷战19昼夜，被擢升为第七兵团司令官。1948年11月任华中"剿总"副总司令兼武汉警备司令、第二十九军军长。1949年8月4日，与国民党长沙绥靖公署主任程将军在湖南长沙通电起义。对和平解放长沙作出了贡献。对此，中共中央、毛泽东、朱德给予了很高的评价，赞誉他们的义举："义正词严、极为佩慰，义声昭著，全国欢迎，南望湘云，谨致祝贺。"

1949年8月30日，毛泽东曾亲自审核发电给程潜和陈明仁，邀请他们到北平参加第一届全国政协会议。9月19日，毛泽东在百忙之中亲自邀请程潜和陈明仁同游天坛公园。刘伯承、陈毅、粟裕、李明灏、李明扬和张元济等也陪同出游。游到祈年殿前，毛泽东特地从人群中召唤陈明仁出来："子良将军，来，来，来，我们两个单独照相。”“这……”陈明仁这位久经沙场的虎将，一时竟也手足无措，踌躇不前。“主席请你，你就莫装斯文了啰！”陈毅一边说，一边将陈明仁推到毛泽东跟前。陈明仁恭恭敬敬站在毛泽东右边和毛泽东照了个双人半身照。照完相后，毛泽东说：“子良将军呀，现在外面的谣言很多，说你被我们扣起来了；还说杜聿明、王耀武被我们五马分尸干掉了，我想请你这次开会之后，去山东济南着看他们，把情况向外介绍一番，写些书信给你那些还未过来的亲友故旧，促进他们及早觉醒，及早归来。”“是，我一定照办。”陈明仁爽快地回答道。“你还可以把这张照片分送给你们黄埔同学，只要送得到的，都送一张。”毛泽东还告诉他：“后天 21 号，我们的新政治协商会议就要开幕了，各方面的代表人物都有，唯独还缺少蒋介石的嫡系将领，你来了，代表性都全了。”陈明仁听到这里，非常感动，主动向毛泽东检讨说：“起义前自己认识不足，蒋介石和李宗仁派黄杰、邓文仪到长沙时，有人劝我把他们扣起来，我不仅没扣，还把已扣起来的忠于蒋介石的特务头子毛键钧也放走了，错过了机会。”毛泽东听后说：“没错，没错，不要扣，革命不分先后，不要勉强人家嘛，今后，凡是愿意过来的，我们派飞机接，凡是愿意走的，我们派飞机送，你那种搞法是可以理解的，不要怕人家讲闲话。”

9 月 21 日，陈明仁参加第一届全国政协会议。在会上，他发言说：“我起义了，这既是对白崇禧实行兵谏，也是我对蒋介石的‘大义灭亲’。”一席话博得了热烈的掌声。政协会议期间，毛泽东又先后两次接见陈明仁，每次谈话的时间都很长。第一次接见时，毛泽东亲切地对陈明仁说：“你顺利地过了战争关，过来了就是好的。”并问他：“你今后打算干什么？是从政，还是从军？从政，就打算给你拨一笔特别费，由你全权开支。”陈明仁马上答道：“报告主席，我是一个军人，还是想在军事上为国家尽点力量。不过，我那个部队还是国民党军，改编为中国人民解放军吧！”毛泽东点头道：“那好，你还是去带兵吧。我们拟把你的一兵团正式编为中国人民解放军第二十一兵团，仍由你当司令员，你有什么条件吗？”陈明仁不假思索地说：“报告主席，我现在真正服了共产党，我一点条件也没有。”毛泽东笑道：“哎呀，人家有条件的我倒好办，你这个没有条件的，我倒不好办呀！这样吧，从今以后，解放军有饭吃，你也有饭吃，一视同仁，绝不会有半点亏待你的。”第二次接见时，陈明仁向毛泽东表示，他要求打仗，要求参加作战立功。毛泽东笑着对他说：“你的志愿是好的，但目前部队未整训，马上去前线，逃兵必多，作了初步整训之后，如有作战机会，上前线打几仗是很好的。”毛泽东果不食言。后来，在毛泽东的指示下，陈明仁的第二十一兵团果然有机会参加了广西的剿匪战斗，并取得了巨大胜利。

陈明仁起义后，历任湖南省临时人民政府主席、人民解放军第二十一兵团司令员、湖南军区副司令员、中南军政委员会委员。1952 年 10 月任五十五军军长。1955 年被授予上将军衔和一级解放勋章。是第一、二、三届全国人大代表,第一、二、三届国防委员会委员,第一届全国政协委员,第三、四届全国政协常委。1974 年 5 月 21 日病逝于北京。

陈叔通

他是前清翰林，毛泽东尊称为“叔老”，说他“出污泥而不染，真是难得”。他与毛泽东在一起不仅共商国是，而且谈诗论画，被传为一代佳话。

陈叔通，原名陈敬第，1876年出生，浙江杭州人。陈叔通少时聪明好学，1902年考中举人，次年赴京师会考，中进士，被授为清政府翰林院编修。甲午战争后东渡日本留学，入法政大学攻读政治法律。1906年，回国任资政院民选议员，并撰写《政治学》、《法学通论》两书。回杭州后，他加入了反清革命组织光复会，创办了杭州女学校和《白话报》，宣传社会改革，参与创办上海合众图书馆。

1911年辛亥革命后，陈叔通被推为中华民国第一届国会众议会议员，先后任浙江都督府秘书长、大总统府秘书、国务院秘书长等职，并任《北京日报》社经理。抗日战争时期，他积极参加抗日救亡活动。1941年日本帝国主义侵略军进占上海租界后，他拒绝日伪逼他任上海维持会会长，隐藏起来，保持了民族气节。

1945年，抗日战争胜利后，陈叔通同中国共产党开始发生并保持了密切联系，积极投身反内战、反独裁，争取和平民主的斗争。1948年人民解放战争节节胜利，中国共产党发出五一号召，准备召开新的政治协商会议。在中共地下党组织的安排下，陈叔通从上海赴香港，转往解放区。

在石家庄，陈叔通见到了毛泽东、周恩来、刘少奇和朱德等中共领导人。他惊异地看到这些叱咤风云的伟大人物，竟是那样平易可亲，热情待人，丝毫没有官架子，同一般干部没有什么不同。他们见到陈叔通就如家人一样，问寒问暖，关怀备至，尊称他为叔老，对他过去不事权贵、洁身自好的高风亮节给予高度评价。毛泽东对他说：“叔老，你长期在旧社会能够出污泥而不染，真是难得。”陈叔通说：“我没有起来同他们斗争，感到惭愧。”交谈中毛泽东等人对许多重要大事，都亲切征求陈叔通的意见。毛泽东曾对他说，你是清朝的翰林，经历了几个时代，见多识广，你的经验是很宝贵的。

毛泽东除了开会时征求陈叔通的意见外，还不时请他到自己家里叙谈。陈叔通曾对人说，他看到历代的最高统治者，都是一种不可一世的傲气，毛主席可以说是我国有史以来最受亿万人民爱戴的领袖，他和蔼可亲，在他面前感到同家里人谈话一样，无拘无束。陈叔通每次约定时间去拜访毛泽东时，毛泽东大多在门口等候；他出门时，毛泽东是亲自为他打开汽车门，照顾他上车，然后关好车门，待车远走了，还看到毛泽东在招手。

毛泽东经常同陈叔通商谈国家大事，听取他的意见，多数是赞扬的。也有几次，毛泽东听了陈叔通的话，沉吟不语，陈叔通就想自己是否说错了，但也知道毛泽东喜欢他直言不讳，所以，有什么心里话，他仍然毫不隐瞒地说出来。

在三年困难时期，陈叔通向毛泽东倾吐了自己的忧心。毛泽东耐心地给他分析了形势，指出：成绩很大，问题不少，但前途是光明的。陈叔通听后，受益匪浅，回家后写了一副对联："一心记住六亿人口，两眼看清九个指头。"一时传为佳话。

陈叔通同毛泽东不仅商讨国家大事，而且还经常谈诗论画。他认为毛泽东的诗词、书法都表现了十分伟大的气魄，令人钦佩和敬仰。他也和毛泽东观摩一些文物，作为茶余饭后的闲谈。

长时期以来，中国工商界最受尊重的有两位老人，一位是中国民主建国会的黄炎培先生，另一位就是陈叔通。毛泽东时常给两位老人写信。令陈叔通很感动是，毛泽东日理万机，竟对来信称呼的排列这样的小事，也总是考虑得十分周到。每每提起与毛泽东的交往，都令陈叔通感慨万分。毛泽东尊重陈叔通，陈叔通也十分敬仰毛泽东。

新中国成立以后，陈叔通作为爱国民主人士和我国商业的元老，曾任中央人民政府委员、全国人大常务委员会副委员长，政协全国委员会副主席、中华全国工商业联合会主任委员。1966 年 2 月 17 日，陈叔通在北京病逝，终年 90 岁。

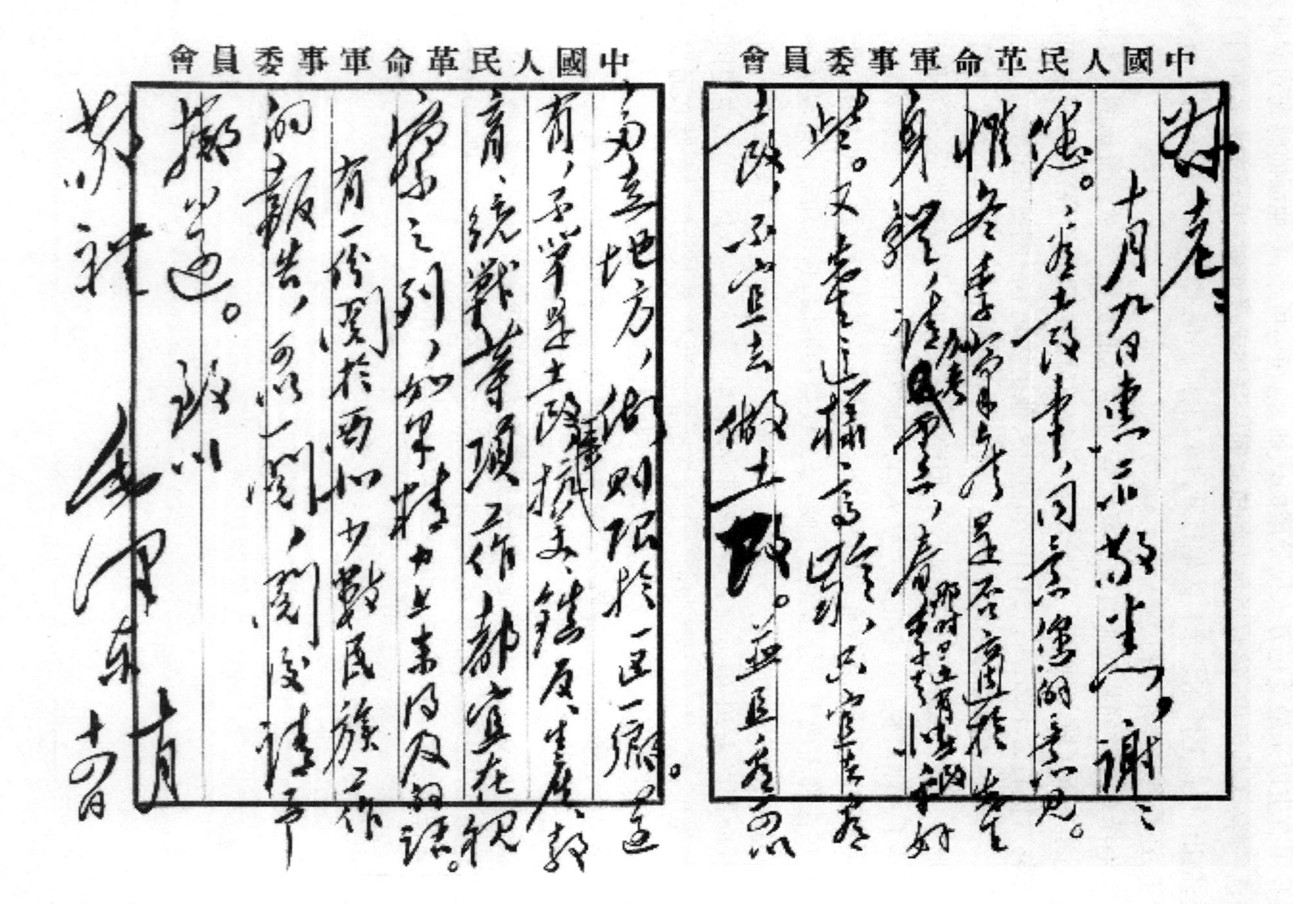

中國人民革命軍事委員會

中國人民革命軍事委員會

陈铭枢

他官居蒋介石的行政副院长兼交通部长，却于1933年发动福建事变，反蒋抗日……毛泽东曾对他和李济深、蔡廷锴说："人民是会记住你们的。"

陈铭枢，1889年生，字真如，广东合浦人。早年毕业于保定军官学校，辛亥革命之际便参加斗争。1915年因参与谋刺袁世凯的广东亲信龙济光之活动而被捕，越狱后逃往日本，在日学习政治军事。1924年国民党改组后，曾任广东国民革命军第四军第四十师师长。北伐战争中大败吴佩孚主力于汀泗桥、贺胜桥，声名始扬。1929年出任广东省政府主席，翌年所部改编为第十九路军。

1931年九一八事变后，陈铭枢任京沪卫戍司令部司令，国民党行政院副院长兼交通部长。翌年初，日寇大举进攻上海，在著名的"一·二八"抗战中，与蔡廷锴、蒋光鼐给日寇以重创，受到全国各界的积极援助和爱戴。1933年，因不满蒋介石的不抵抗主义及内战剿共政策，着所部十九路军在福建前线与中央红军达成初步抗日反蒋协定。11月，参加李济深、蔡廷锴等发动的福建事变，公开打出反蒋抗日旗号，并直接参加福建人民政府，任政府委员兼文化部长。后来，毛泽东还多次对陈铭枢等发动的这场福建事变给予赞扬，称"他们把本身向着红军的火力掉转去向着日本帝国主义和蒋介石，不能不说是有益于革命的行为。"

1934年福建人民政府在蒋介石的进攻下失败后，陈铭枢流亡香港，并在港继续从事反蒋抗日活动。1935年华北事变后，中共中央发出著名的《八一宣言》，陈铭枢等在港立即响应，并于8月间联合蔡廷锴等组织中华民族革命同盟，创办《大众日报》，宣传抗日反蒋的政治主张。1936年中共采取逼蒋抗日政策之后，陈铭枢等也使该同盟口号随之改变，提出建立"联合战线、武装抗日"的口号，还提出"愿为国共合力救亡"负斡旋之责，对促进抗日民族统一战线的形成起了重要作用。此间，由陈铭枢领衔办的"神州国光社"，还出版了许多马克思、列宁的译著及左翼作家的著述。上海解放前夕，该社还利用种种条件，秘密印出了大批在解放区流行的革命文献。

1945年抗日战争胜利前后，陈铭枢在重庆参与三民主义同志联合会的发起组织工作。1948年，由三民主义同志联合会等组织为基干，在香港成立了中国国民党革命委员会，陈铭枢任中央委员。1949年9月，陈铭枢以三民主义同志联合会代表的身份参加了毛泽东主持的新政协第一次全体会议，这是他第一次见到毛泽东。

1950年，毛泽东在中南海宴请李济深、蔡廷锴和陈铭枢等人。席间，毛泽东特别回顾了1933年福建人民政府的情况，并对陈铭枢说，真如先生曾经官居蒋介石的行政院长，可你在任潮（李济深）先生和贤初（蔡廷锴）先生发动福建事变时，仍然站到了人民一边，这说明你对蒋介石的内战剿共政策是不满的，对我们红军的抗日主张是拥护的，人民是会记住你们的。陈说："我跟蒋介石几十年有合有分，分而又合，合而又分，，虽然深知蒋介石视我如异己，即使给予高位也是出于羁縻之计，所以才一再反他，但总也对蒋无深刻认识，有时甚至抱有幻想，这些是需要深刻反省的。"毛泽东笑道："你这不已经在反省了嘛。"他转对李济深、蔡廷锴说：你们说呢？李、蔡皆点头称是。随后，毛泽东又对陈铭枢等说："你们的历史人民是清楚的，现在新中国成立了，你们有什么好的建议和主张可随时告我，我们共产党是疑人不用，用人不疑，这一点还请各位先生相信我哩。"回到家中，陈铭枢把与毛泽东的上述谈话说与家人，感慨不尽地说："毛泽东待人以诚，凡事大处着眼，这才是真正的伟大风度呀。"陈铭枢曾经对佛学有所研究，他深知毛泽东博览群书，通会百家，便把他的论佛法书寄给毛泽东乞予教正。这年6月12日，毛泽东亲笔复函给他，谦逊地写道："尊著略读，未能详研，不敢提出意见。"并说就书中若干观点日后约他商略。

新中国成立后，陈铭枢担任中央人民政府委员，中南行政委员会副主席、交通部长等重要职位；他还被选为民革中央常务委员、全国政协常委和全国人大常委。此间，陈铭枢为思想和工作方面的问题，曾与毛泽东有过很多交往，他既对毛泽东非常尊重，又常以诤友的身份不时提出各种建议。

1965年，陈铭枢在北京病逝，享年75岁。

陈嘉庚

他曾是东南亚最大的企业家之一。1941 年应毛泽东之邀赴延安访问。毛泽东曾送给他“华侨旗帜，民族光辉”的条幅。1950 年回国定居，将全部家产捐献于厦门大学和集美学校。

陈嘉庚，1874 年 10 月 21 日出生在与台湾一水相望的福建同安县集美社(今厦门市集美镇)。他出世时，父亲陈杞柏已是在新加坡拥有一家米店的中等侨商了。在父亲远离的情况下，陈嘉庚是由母亲张氏一手抚育长大的。9 岁时，他开始入南轩私塾读书。早年的私塾生活，使他对旧式教育的弊病有了深刻的印象，也为日后萌发教育救国的思想奠定了基础。

1890 年秋，17 岁的陈嘉庚来到新加坡，在其父经营的顺安米店学商。当时，新加坡已沦为英国的殖民地，华人在这里从事奴隶般的劳动。在这片土地上，洒遍了中国苦力的血汗。目睹这一切，一股爱国爱乡之情在心头油然升起。1892 年，陈嘉庚接任“顺安”米号经理。次年秋，他回国与秀才之女张宝果成婚，在家乡住了近两年时间。一面经营渔业，一面从塾师补习中文，并出资 2000 元建立了惕斋学塾，这是他捐资兴学的开端。

1900 年冬，陈嘉庚为了返乡葬母，第三次回国。苦难的祖国，正在帝国主义的铁蹄下惨遭蹂躏，穷困的人民，正在水深火热之中痛苦地呻吟。陈嘉庚的心中，郁结着无言的痛苦。此后，父亲的米店因管理不善，亏损甚巨，宣告破产。陈嘉庚亲睹父亲从兴盛到衰落的情景，感慨颇深，他立志从头起步，闯出一条新路来。在此后的三十年间，陈嘉庚从创立新利川菠萝罐头厂和接办日新公司开始，凭借他敏锐的眼光和强烈的经营竞争意识与创新精神，顶住当地殖民垄断资本的压迫排挤、日货的削价倾销和同行业的激烈竞争，使个人企业在经营米业、菠萝、房地产、航运、橡胶等方面形成规模，他成为当时东南亚最大的企业家之一。

早对清政府腐败无能十分不满的陈嘉庚，从阅读革命书报中深受同盟会革命主张的影响。1910 年春天，陈嘉庚正式加入同盟会，剪掉了辫子，与清王朝决裂，开始从事反封建、反帝国主义侵略的政治活动。为了支持辛亥革命和救济国内难民，他热情奔走呼号，带头筹款捐资。他一生克勤克俭，从不奢侈浪费。他常说："我的金钱取诸于社会，亦当用诸于社会。"从 1918 年开始，陈嘉庚把大部分精力和资财用于兴学上，先后创办了集美学校、厦门大学和南洋华侨中学。

1937 年 7 月，抗日战争全面爆发了，国难当头，陈嘉庚毫不犹豫地走在了南洋抗日救亡的最前列，被推举为"南侨总会"主席。1946 年冬，陈嘉庚发起组织了"南洋华侨回国慰问考察团"。1941 年 3 月他率团到达重庆，拒绝加入国民党。在重庆期间，中共领导人叶剑英、林伯渠、董必武、邓颖超曾专程拜访了陈嘉庚，并在中共驻渝办事处举行了欢迎茶会，会间陈嘉庚流露了想亲往延安的心愿。获知此信不久，毛泽东即发来电报正式请陈嘉庚访问延安。同年 5 月，陈嘉庚到达延安，毛泽东在办公室兼住所的窑洞里会见了他，并设晚宴招待。窑洞俭朴的陈设，领袖的谦逊待人，不事铺张的晚餐等，都给陈嘉庚留下了深刻的印象。几天中，毛泽东多次到陈嘉庚的住所，与他交谈，共同进餐。陈嘉庚也同从集美、厦大和南洋到陕北参加革命的青年交谈，并且实地参观、访问，了解那里政治、军事、经济和民生，所见所闻使他逐渐认清了国民党完全是积极反共、消极抗日的，只有共产党才是真诚奋勇抗日，从而不满国民党，而同情、拥护共产党，把延安视为中国的希望所在。后来每每谈及延安之行，陈嘉庚都流露出对毛泽东的无限敬仰之情。

抗日战争胜利后，陈嘉庚从避难地返回新加坡，正式结束了沦陷时期的流亡生活。在为他安全脱险举行的庆祝大会上，毛泽东特送来了祝贺条幅，高度评价陈嘉庚先生"华侨旗帜，民族光辉"。当听到毛泽东以国家、民族利益为重，不顾个人安危，决定赴重庆蒋介石谈判的消息后，陈嘉庚深为毛泽东的安全担心，拍电报劝他不要前往。

1946 年 7 月，蒋介石撕毁"双十协定"和"停战协定"，祖国的内战爆发了。陈嘉庚密切注视着时局的发展变化，为解放战争的胜利而由衷地高兴。1948 年 5 月 4 日，陈嘉庚代表新加坡华侨各界，代表大会致电毛泽东，响应中国共产党召开新政协和成立民主联合政府的建议，声明否认蒋介石为中国总统。

1949 年 1 月 20 日，陈嘉庚接到毛泽东来电，邀请他回国参加新政治协商会议，共商国是。6 月 4 陈嘉庚到达北京，受到了董必武、林伯渠、叶剑英、李维汉、李济深、沈钧儒等人的热情欢迎。7 日由周恩来副主席亲自陪同前往西山同毛泽东晤谈。延安一别，转眼九年，故人重逢，倍感亲切。陈嘉庚激动地向毛泽东介绍了海外华侨的情况，并对家乡福建何时解放表示关切，希望中央派得力的文才武将去管理福建。在会谈中，陈嘉庚先生对许多问题直率发表自己的见解，足见他对祖国建设的关心和对毛泽东的信赖。

1949 年 10 月 1 日，中华人民共和国成立，陈嘉庚被选为中央人民政府委员和华侨事务委员会委员。

1950 年，陈嘉庚回国定居，并把全部财产献出来，用于建设厦门大学新校舍和集美学校。在建立集美解放纪念碑时，他写信请毛泽东为纪念碑题了字。这块纪念碑，作为人民领袖同爱国侨胞亲密交往的又一见证，屹立在陈嘉庚先生的故乡。

1958 年元月，经专家检查，陈嘉庚患了鳞状上皮癌。1961 年 8 月 12 日在北京逝世，享年 88 岁。陈嘉庚的灵柩被运回集美，安葬在鳌园中。

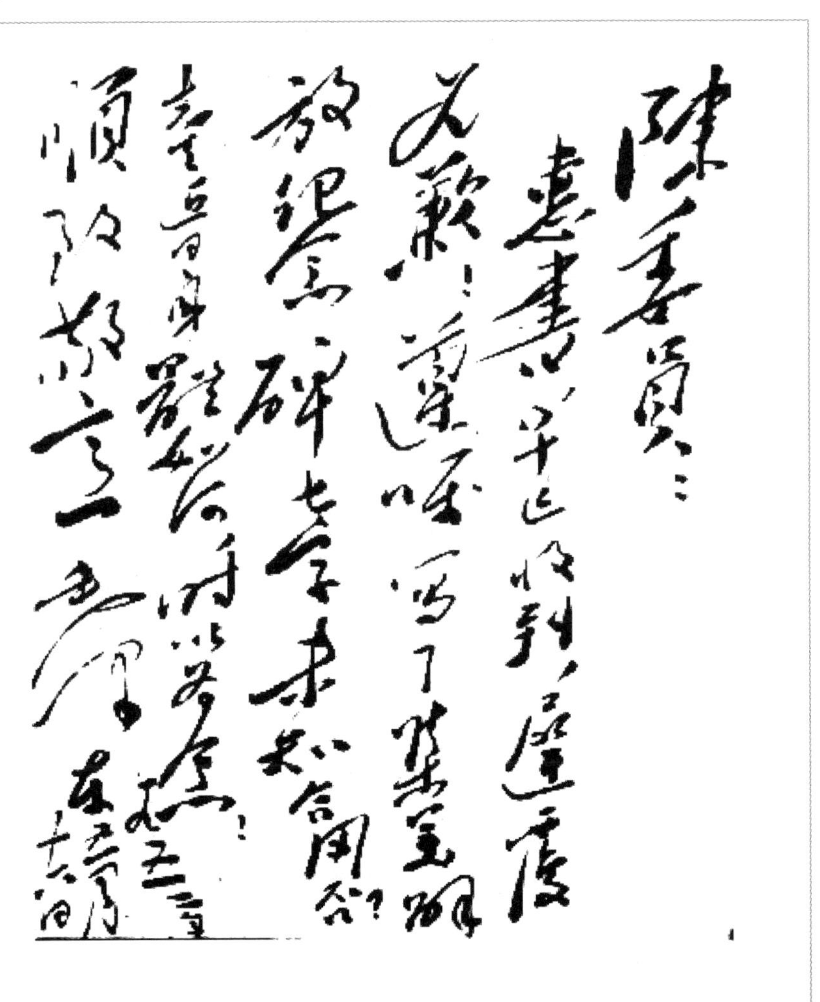
陈委员：

惠书早已收到，迟覆为歉！遵嘱写了集美解放纪念碑七字，未知合用否？嘉庚先生[illegible]！

顺致

敬礼！

毛泽东

[illegible]

阿沛·阿旺晋美

他是西藏地方政府赴京谈判的首席全权代表，为西藏的和平解放作出了重大贡献。后来成为毛泽东极为信任的藏族领导干部之一。

阿沛·阿旺晋美，原名霍康·阿旺晋美，1911 年生，出身于西藏拉萨显贵霍康世家，该家族是成吉思汗的后裔。自幼生活极为优裕，受过良好的教育，少时曾立志把西藏建设成世上的乐园。1933 年，他在十三世达赖喇嘛组织的一支新军（富人兵营）当如本（营长）时，与年方 17 岁的贵族少女阿沛·才旦卓嘎相识。婚后便向噶厦政府申请出仕，于 1935 年藏历新年承袭阿沛封爵和名号，进入政府工作，自此改名阿沛·阿旺晋美。1936 年阿沛出任西藏地方政府昌都的粮官、孜本（审计官）等职。

西藏和平解放前，身为孜本的阿沛·阿旺晋美力排众议，公开提出与中央人民政府进行谈判，用和平的方法解决西藏问题。也正因为这个缘故，他挺身而出，受命于危难之时，以增额喀伦身份出任藏东重镇昌都总管之职。1950 年 10 月，我人民解放军刘邓所部第十八军及中共西藏工作委员会进入昌都后，阿沛滞留昌都。当他了解到我中央人民政府的民族宗教政策及和平解决西藏问题的方针后，曾与同僚联名上书噶厦和达赖喇嘛。力促西藏当局与中央政府进行和平谈判。后在摄政大扎下台、达赖喇嘛亲政后不久，阿沛·阿旺晋美被任命为首席全权代表重任赴京进行和平谈判。

1951 年 4 月，阿沛以西藏地方政府首席代表的身份率团抵达北京，与李维汉为首席代表的中央人民政府代表团进行和谈，经过双方坦率认真的讨论和协商，终于达成《关于和平解放西藏办法的协议》十七条，并代表西藏地方政府在协议上签字。至此，西藏宣布和平解放，我人民解放军部队按协议规定进入西藏并驻军拉萨。尔后，阿沛·阿旺晋美担任中国人民解放军西藏军区副司令员，西藏自治区筹备委员会秘书长、副主任等职。1965 年后，出任西藏自治区人民委员会主席、革命委员会主任。此际，遵周恩来总理的指示，阿沛及其一家迁居北京。1971 年后，阿沛任西藏自治区常委会主任、自治区人民政府主席。他是第一、二届全国人民代表大会代表，第三、四、五、六、七届全国人大常委会副委员长，第三届全国政协副主席。

为了西藏地区的和平解放、民主改革及后来西藏自治区的建设发展，毛泽东曾多次与阿沛·阿旺晋美接触、协商和晤谈。在双方不断的交往过程中，他们互相尊重、互相信任。尤其是阿沛，由衷地感谢共产党和毛泽东的伟大，因之他也成为毛泽东极为信任的西藏出身的少数领导干部之一。阿沛一直认为："没有毛主席就没有西藏人民的今天，就没有我的今天，毛主席是西藏人民的引路人。"可以说，这是他总结自己的一生所得出的一个基本的结论。

那还是 1951 年 4 月下旬阿沛·阿旺晋美率西藏地方政府代表团第一次进京参加和谈时，毛泽东就曾在中南海驻地接见过阿沛一行，毛泽东握着阿沛的手说："你们一路风尘，辛苦了！"阿沛说："来京路上，我们受到各地负责人的热情接待和照顾，看到了各族人民空前团结的盛况。路过重庆时，邓小平等西南军政委员会首长接见了我们，还转达了您对西藏人民的关怀和对我们的问候。一到北京，周总理代表您到车站迎接，这使我们深受教育。"毛泽东听后立即说："为了祖国团结和统一，你们跋山涉水来到首都，你们是应当受到欢迎的。"他还问道："你们和李维汉他们谈得怎样？"阿沛回答道："谈得很好，已经达成了西藏和平解放的十七条协议。"毛泽东说："这是件大好事，大大的好事！"随后，他便用松赞干布和文成公主的故事勉励他们为加强汉藏团结作出贡献。临别时，毛泽东对阿沛一行说："藏族是个勤劳勇敢的民族，具有悠久的历史和文化，是我们祖国大家庭中的重要成员。历史上，西藏地区的人口曾达到一千多万，现在减少到了一百余万了，这样继续几百年，藏族会灭绝的。我们共产党要帮助所有的少数民族发展政治、经济和文化事业，还要帮助发展人口，对藏族人民尤其是这样。"一席话，说得阿沛等人十分激动。

5 月 24 日，和平解放西藏的十七条协议签字后，毛泽东特别请阿沛一行与之合影留念，说要永远记住这个伟大的日子。当晚，毛泽东举行盛大宴会并招待他们观看文艺节目。宴会开始后，毛泽东首先举杯庆祝和平协议的签订，庆祝全国各族人民的大团结，庆祝西藏人民内部的大团结。他说：几百年来，中国各民族间是不团结的，特别是汉藏之间是不团结的，藏族内部也不团结，这是反动的清政府和蒋介石政府统治的结果，也是帝国主义挑拨离间的结果。现在好了，团结起来了。这种团结不是一方面压迫另一方面，而是兄弟般的团结。观看晚间文艺节目时，毛泽东特别把阿沛拉到自己的身边坐下，彼此边看边交谈。

阿沛·阿旺晋美后来回忆说:“1954 年到 1955 年这段时间，毛泽东曾多次接见我。一次毛泽东对我说:西藏经济落后,人口也少,这是旧制度不好,一不人兴,二不财旺。”又有一次他问我有几个孩子,当得知我孩子较多时,毛主席风趣地说:“西藏人口太少,你对发展西藏人口有功劳哩!”又说:“要教育孩子们好好学习,在我们社会主义国家里,他们将是大有前途的。”还有一次,毛泽东对阿沛说:“释迦牟尼也是贵族,是个王子,但他和人民一起搞改革,得到人民的拥护,因而人民就纪念他。希望你们为民族、为祖国作出贡献。”当川藏公路和青藏公路通车后,毛泽东又对阿沛说:“一个地方的交通发达不发达,关系着这个地方政治、经济和文化的发展,现在公路是通了,开始改变了西藏交通落后的状况,这只是第二步,将来还要修铁路,让火车爬上世界屋脊哩!只有铁路通了,西藏的交通问题才是真正的解决。”

1959 年春,西藏上层某些反动分子发动叛乱,阿沛坚决执行毛泽东的指示,号召西藏人民帮助解放军平息了这场叛乱事件。在 4 月间参加全国人大第二届会议期间,毛泽东特别接见了阿沛·阿旺晋美,他说:“本来我们根据和谈协议要逐步改变西藏落后面貌的,1956 年底我们就说过,1957 年起六年内西藏可以不进行民主改革,连试点也不搞,六年后改不改,仍根据那时的情况由西藏上层和人民群众共同协商解决。可是达赖不高兴,叛逃了。你们站在维护祖国统一方面,站在人民方面,这很好,你们要努力学习,为祖国和人民多做些事情,祖国和人民是感谢你们的。”谈到民主改革问题,毛泽东问阿沛:“现在你们同意不同意进行民主改革呀?”阿沛说:“我来开会前,西藏党组织的同志曾征求过意见,我们完全拥护中央关于边平叛边改革的方针,请主席放心。”毛泽东听后高兴地连连点头说:“你也主张边平叛边改革,这很好。民主改革是西藏人民的根本利益所在,希望你们多做工作,早日把西藏变成繁荣昌盛的新西藏。”毛泽东还反复告诉他,民主改革要根据西藏的具体特点来进行,要严格执行政策,要团结各阶层僧俗人民,要区别对待没有参加叛乱的、被裹胁叛乱但又迅速投诚的与坚决参加叛乱的农奴主,要保护宗教信仰自由和文物古迹,等等。

阿沛·阿旺晋美还回忆说:1966 年“文化大革命”开始后,毛主席经常关心我、保护我。当年的国庆节,特别约我到天安门城楼参加观礼,相见之际,亲切地拉住我的手问寒问暖,并招呼说:“翻译呢?翻译在哪里?我要同阿沛说几句话。”但当时城楼上没有藏语翻译,等从楼下找来翻译时,毛泽东又去忙别的事情去了。阿沛十分后悔:“也许老人家有什么事要对我有所嘱咐呢。”此后,阿沛便下决心学习汉语,以适应工作和学习需要。1970 年五一节阿沛又被邀去天安门城楼观礼,毛泽东亲切地喊他的名字,并把他介绍给在场的外宾认识,称他是自西藏和平解放以来一直坚定地走社会主义道路的好干部。这对阿沛是多么大的鼓励和信任啊!

1977 年,在毛泽东诞辰 85 周年的时候,阿沛·阿旺晋美对前去采访他的记者说:“在共产党、毛主席的领导下,短短二十多年,西藏就跨越了几个世纪,从封建农奴社会进入社会主义社会。毛主席是西藏人民的大救星,是他指引我走上了革命道路。”

2009 年 12 月 23 日,阿沛·阿旺晋美因病在北京逝世,享年 100 岁。

何香凝

国民党左派领袖,廖仲恺先生的夫人。早在国民党第一次全国代表大会期间即与毛泽东相识,友谊持续了半个世纪。

何香凝,原名谏,又名瑞谏,1878 年出生,自号“双清楼主”,盖取“人月双清”之意。“人月双清”,展示的原是一种清幽高洁、物我两娱之境,这里暗合了何香凝那毕生追求、旨在进步的高尚人格与昂扬精神。自 1877 年与廖仲恺完婚后,她便追随夫君东渡扶桑,留学于东京目白女子大学、女子师范学校及本乡女子美术学校。东渡留学期间,他们结识了胡汉民、汪精卫、朱执信诸人;1903 年,又得晤民主革命先驱孙中山;1905 年,加入同盟会。由此,走上了毕生矢志革命、追求进步的民主革命之路,并与孙中山及后来的宋庆龄交成莫逆,志道同途,以致在近现代中国革命史上,大凡人们辄谈“孙宋”,亦必同称“廖何”耳。

1925 年孙中山逝世及廖仲恺遇难后,宋庆龄、何香凝这两位伟大革命先驱的遗孀,以其清高盖世的伟大人格和奋发独立的不屈精神,成为革命的国民党左派的战斗旗帜和精神领袖,她们以革命未亡人的资格,经久不懈地坚持并执行孙中山、廖仲恺所开拓的联俄、联共、扶助农工三大政策,同外国帝国主义列强,尤其是同国民党内的顽固派,开展了长期而不屈不挠的英勇斗争。她们模范言行,不仅为国民党内孙中山三民主义真实拥护者所称颂,同时也为信仰马克思主义学说的中国共产党人所景仰,后者一直将她们荣耀地引为自己的忠实朋友和革命知音。

还在 1924 年国民党第一次全国代表大会期间,毛泽东就与何香凝等国民党左派领袖人物有了革命工作方面的交往和接触。1925 年在他主编的《政治周报》上,曾经刊登过很多赞赏何香凝等国民党左派人士的文章。在武汉国民政府时期,毛泽东与何香凝等也曾有着频繁而默契的工作交往。1926 年蒋介石制造反苏反共的三二 O 事件之际,何香凝曾当面斥责蒋介石说:“孙先生和仲恺的尸骨未寒,北伐也正在开始,你们便在革命队伍里闹分裂,何以对孙先生?何以对仲恺?”蒋介石整理党务案发后,何香凝再度明确表示,这个提案是违背孙中山革命真意的,是反共反俄而对工农不利的行为。她提出:共产党“是我们的朋友,我们要同他们共同奋斗,向敌人进攻,完成国民革命。”1927 年四一二政变后,何香凝极为愤慨,毅然辞去国民党反动派加给她的一切头衔和职位,与之彻底决裂,出走国外以示抗议。毛泽东对何香凝的这种革命立场和无畏精神,曾经在不同的场合多次表示赞誉。

抗日战争期间,何香凝是毛泽东等中国共产党人建立抗日民族统一战线的积极响应者。早在 1934 年 4 月, 她就曾与宋庆龄等 1700 多人签名公布了著名的《中华人民对日作战基本纲领》,提出停止一切剿共内战、全国一致对日作战的积极主张。1935 年中共中央《八一宣言》发布后,她与宋庆龄、柳亚子、于右任、孙科等人立即响应,广为宣传。1941 年皖南事变发生后,她与宋庆龄等通电全国,斥责蒋介石破坏团结抗战,她指出:“今后必须绝对停止以武力攻击共产党,必须停止弹压共产党的行动。”及至 1945 年抗战胜利后,何香凝积极筹组国民党民主派组织,反对蒋介石的独裁和内战。在毛泽东赴重庆谈判期间,她两次致电毛泽东,期望和平建国与民主合作早日完成,同时致电蒋介石,要求遵循总理遗嘱精神,必须与各民主党派、各界贤达共商国是,还民主自由给人民。蒋介石悍然发动内战后,何香凝先于 1946 年底在穗组建中国民主促进会,反对独裁,要求民主;及至 1947 年 11 月,她又在香港召开的国民党民主派联合大会发表演说提出,我们的奋斗目标是:要真正的三民主义,实行三大政策。翌年 1 月,她为之殚精竭虑的中国国民党革命委员会终于成立,并荣任 16 名常务委员之第二位。5 月间,她与李济深等再度致函毛泽东,表示拥护中共五一号召,愿意参加新政协会议,期成夙愿积久的中国民主联合政府。

1949 年 4 月,毛泽东特地派人把何香凝由香港接至北平,参加中国人民政治协商会议第一次全体会议。建国后,何香凝先后担任中央人民政府委员、全国人大常委会副委员长、全国政协副主席、中华全国妇女联合会名誉主席、中国国民党革命委员会主席等重要职务。此间,毛泽东十分关心她的身体健康,并多次邀她前来中南海作客,垂询政教,问候起居。在她病重期间,毛泽东又设法延请名医,并数次派工作人员前去探望,表现了中国共产党人对革命先贤的深厚情谊。

毛泽东一生都十分钦仰何香凝的伟大人格。1937 年间,他亲口对 1928 年便加入中国共产党的廖承志说:“你的母亲是个杰出的女性,就你一个独子她并不溺爱,反把自己最亲爱的人奉献给了革命事业。”其时,恰逢何香凝先生托人给毛泽东带去一份礼物:一套上好的狼毫湖笔、一册画集及一本《双清词草》,毛泽东如见至宝,睹物思人,立即挥毫复书,书称:“承赠笔,承赠画集及《双清词草》,都收到了，十分感谢。没什么奉答先生，唯有多做点工作，作为答谢厚意之物，先生的画，充满斗争之意，我虽不知画，也觉得好。今日事，唯有斗争乃有胜利。先生一流人，继承孙先生传统，苦斗不屈，为中华民族树立模范，景仰奋兴者有全国民众，不惟泽东等少数人而已。承志在此甚好，大家也觉得他好，望勿挂念。十年不见先生，知比较老了些，然心则更年轻，这是大家觉得的。……时事渐有转机，想先生亦为之慰，但光明之域，尚须作甚大努力方能达成。"在这里，我们于字里行间可以看到的，正是一代共产党人对革命先贤的一片由衷景仰。信中，毛泽东的那种谦逊自励与思贤若渴之情，亦随之跃然纸上。

1972 年 9 月 1 日，何香凝在北京逝世。遗体安葬于南京孙中山陵侧，与廖仲恺先生同墓。

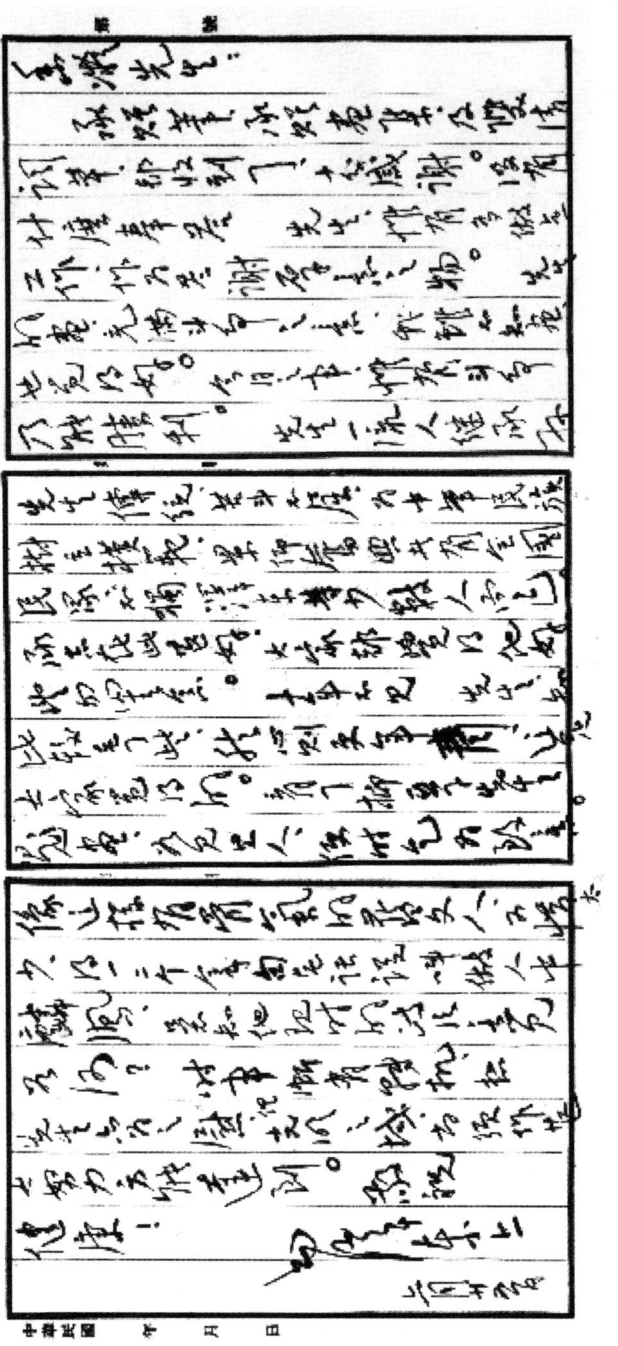

宋庆龄

国父孙中山先生的夫人,1927年与毛泽东等联名通电讨蒋,1945年在重庆拜访了阔别18年的毛泽东。毛泽东称她是中国妇女的典型代表,同机出访时,坚持让她坐头等舱。

宋庆龄,原籍广东省海南岛文昌县,1893年1月27日出生于上海。早年在上海中西女中读书,1908年15岁时,远涉重洋到美国梅肯市威斯理安女子大学上学。在校刊上,她曾发表题为《二十世纪最伟大的事件》一文,高度评价辛亥革命的胜利。1913年毕业时,获学士学位。同年回国后,她即作为伟大的革命先行者孙中山先生的秘书,开始了她的革命生涯。

1915年10月25日,宋庆龄不顾家人的反对,毅然与孙中山结婚。她既年轻貌美、端庄大方,又具有宽广的胸怀和坚定的革命信念。她陪同孙中山往来于上海、广州之间,负责处理大量机密书信和其他日常工作,始终是中山先生的亲密战友和得力助手。1921年5月,孙中山在广州就任中华民国非常大总统。翌年6月,陈炯明叛变革命,炮轰总统府。危难之时,宋庆龄坚持留下来吸引敌人的炮火和注意力,她对孙中山说:"中国可以没有我,不可以没有你。"待孙中山撤离险境后,她才在卫士的掩护下突破包围。由于极度的疲劳和紧张,她的身体因此受到了无法弥补的损伤。

1922年,孙中山着手对国民党进行大改组。宋庆龄在孙中山与中国共产党代表磋商合作以及与列宁所派使节交谈中,做了大量积极有效的工作。1924年11月,孙中山为了解决中国的统一和建设问题,接受北京军政首脑的邀请,力排众议,迎难北上,宋庆龄毅然随行。1925年3月12日,孙中山不幸在北京逝世。

此后,宋庆龄坚决执行孙中山的三大政策,同共产党密切配合,与国民党右派进行了坚决的斗争。无论在多么险恶的环境中,宋庆龄始终同共产党一条心,生死与共。她深信中国共产党所领导的人民民主革命必将取得最后胜利。毛泽东与宋庆龄有着极为长久、极为深厚的诚挚友谊,他对宋庆龄始终保持着特殊的尊重,并对宋庆龄为中国革命作出的贡献给予了高度评价。

1927 年，蒋介石在上海发动了震惊中外的四一二反革命政变，血腥屠杀共产党人和革命大众，宋庆龄和国民党许多左派人士以及中国共产党人毛泽东、董必武、恽代英等人联名发表讨蒋通电。7 月 14 日，武汉汪精卫政府公开叛变革命前夕，宋庆龄又发表严正声明，公开宣布同孙中山先生事业的叛徒决裂。面对当时革命面临的严重危机，她满怀信心地说："我对革命并没有灰心，使我失望的只是有些领导过革命的人已经走上了歧路。"8 月 1 日，宋庆龄和毛泽东等 22 人，以国民党中央委员会名义发表宣言，严正揭露蒋介石和汪精卫的叛变行径，并成立了包括周恩来等 25 人在内的革命委员会，宋庆龄被推选为 7 人主席团成员。

1945 年抗战胜利后，为了争取国内和平，毛泽东不顾个人安危，亲赴重庆与国民党进行谈判。当时身居重庆的宋庆龄获悉毛泽东抵达山城的消息，十分高兴。她设法摆脱国民党特务的盯梢，亲自来到上清寺桂园张治中的公馆，拜访阔别 18 年的毛泽东。那天，毛泽东走出客厅门口迎接宋庆龄，两位伟大革命家的手紧紧握在一起。他们进行了十分亲切的交谈，分析了中国革命的形势，对未来充满信心。会谈后，毛泽东又一直将她送到大门外，目送她上了汽车才离开。

1949 年，人民解放战争胜利在望，中国共产党人同以往一样，从未忘记一向支持我们党，始终在政治上与我党保持一致的宋庆龄。1 月 19 日，毛泽东、周恩来联名向宋庆龄发出邀请信，请她参加新政治协商会议。宋庆龄因健康原因，未能成行。5 月 27 日，上海解放了，毛泽东与周恩来商量，派邓颖超代表中共中央亲赴上海迎接宋庆龄北上，并带去了毛泽东、周恩来的亲笔书信。同行的还有孙中山先生的战友廖仲恺、何香凝的女儿廖梦醒。在上海，邓颖超与宋庆龄进行了几次推心置腹的交谈，宋庆龄同意赴北平，并着手做北上的准备。7 月 1 日，宋庆龄在上海举行的庆祝中国共产党诞生 28 周年纪念大会上，发表了题为《向中国共产党致敬》的讲话，毛泽东获悉，极为高兴，赞扬宋庆龄是一位杰出人物，是中国妇女的典型代表，在全中国全世界都很出名。当毛泽东得知宋庆龄由上海乘火车来北平参加新政协会议的消息后，高兴地说："邓颖超这次上海之行，出色地完成了党中央交给她的任务。"他翻看着日历，计算着行程和到达北平的时间，其盼望之情，不言而喻。

8 月 28 日这天，毛泽东一早吃过饭，就穿好那套平时不大穿，只有迎送知名人士才穿的浅色衣服，提前到达火车站迎接宋庆龄，前去欢迎的还有朱德、周恩来等 80 余人。专车刚刚停稳，毛泽东便走上车厢，亲自欢迎宋庆龄下车。他握着宋庆龄的双手说："欢迎你，欢迎你，一路上辛苦了。"宋庆龄高兴地说："谢谢你们的邀请，我向你们祝贺，祝贺中国共产党在你的领导下取得伟大胜利。”

由于宋庆龄对中国革命的卓越贡献和超人的才华，她在新政协会议上当选为中华人民共和国中央人民政府副主席。新中国成立后，毛泽东和宋庆龄都在为党和人民日夜操劳，但他们仍旧保持着诚挚的友谊、密切的交往。

1957 年 11 月，宋庆龄随毛泽东参加了在莫斯科举行的社会主义国家共产党和工人党代表会议。从莫斯科归国时，毛泽东与宋庆龄坐一架飞机，毛泽东让宋庆龄坐头等舱，自己坐二等舱。宋庆龄说：“你是主席，你坐头等舱。”毛泽东却说：“你是国母，应该你坐。”他们就是这样在长期的共同工作中，亲密无间，建立了深厚的同志情谊。

1961 年，毛泽东到上海时，曾亲自到宋庆龄家中探望她。宋庆龄也非常关心毛泽东等领导同志的健康，每次从上海回北京都要亲自问候，并送些礼品，每年还要寄去贺年片。

1981 年 5 月 8 日，宋庆龄接受了加拿大维多利亚大学授予的荣誉法学博士学位。5 月 15 日，中共中央政治局决定，接收宋庆龄为中国共产党正式党员。第五届全国人大常委会第 18 次会议通过决定，授予宋庆龄中华人民共和国名誉主席的荣誉称号。

1981 年 5 月 29 日，宋庆龄因患慢性淋巴细胞白血病，不幸在北京逝世，享年 90 岁。

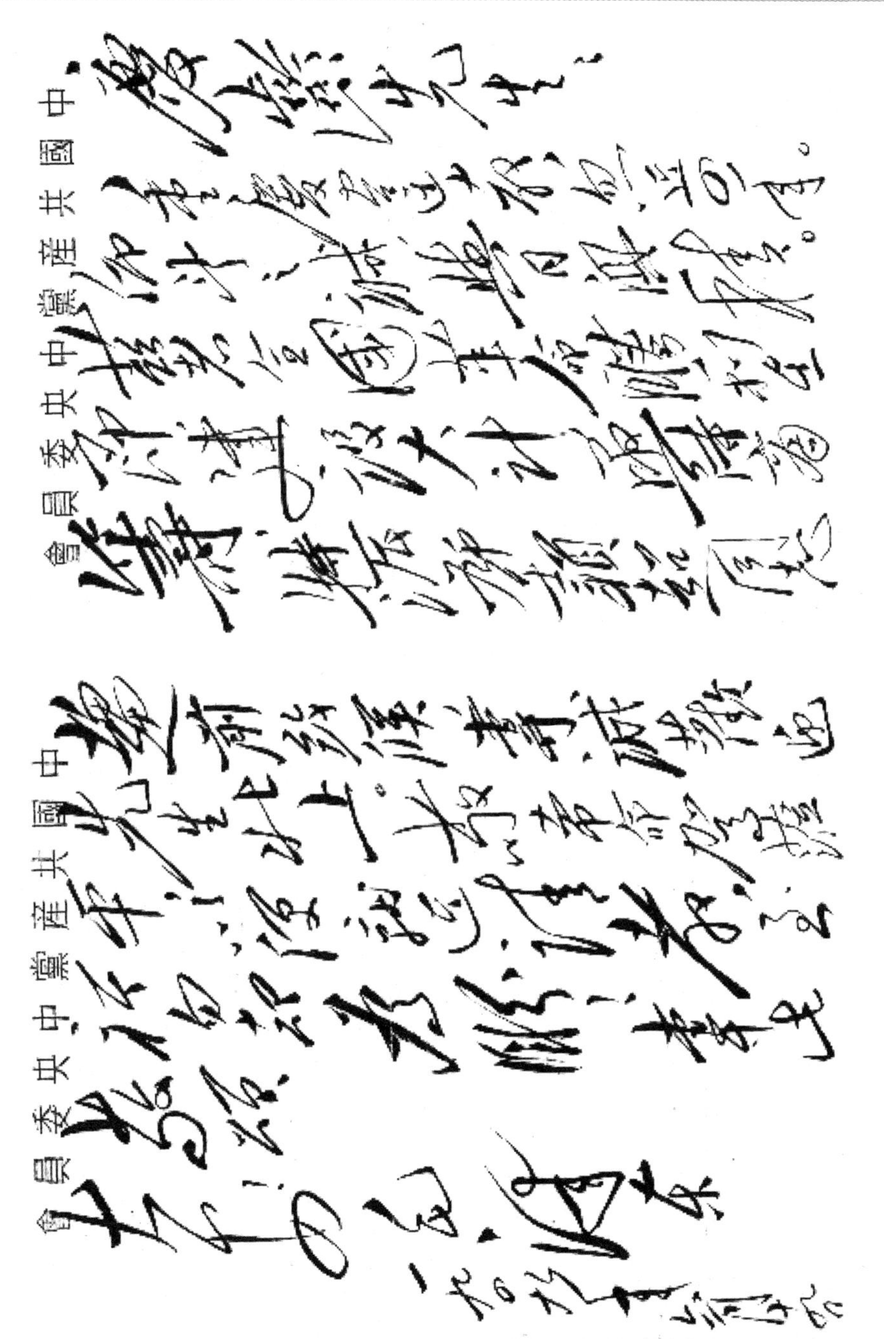

沈钧儒

中国民主同盟创始人，著名“七君子”之一。毛泽东几次与他通信联系，共商抗日大计。他90诞辰时，毛泽东委托周恩来设宴招待，称之为“民主人士左派的旗帜”。

沈钧儒，1875年出生，字秉甫，号衡山，浙江嘉兴人。早年受康有为、梁启超思想影响，主张维新变法。虽参加科举，并29岁中举人，30岁中进士，但并不热衷功名仕进，1905年博取功名后旋赴日本法政大学求学，从而放弃了仕进的机会。1907年回国后曾从事立宪活动，任浙江咨议局副议长。1911年辛亥革命后出任浙江警察局局长，后改任浙江教育司长。1912年5月加入同盟会，不久又参加柳亚子等创办的南社。

北洋军阀统治时期，沈钧儒曾在袁世凯、曹锟两任内任职，但抵制袁氏复辟，反对曹锟贿选。1920年南下广州，出任孙中山军政府检察厅厅长。1924年国民党改组后，沈钧儒充任浙江省政务委员兼秘书长。四一二政变后，沈被捕入狱，获释后担任上海法科大学教务长，至1928年5月在沪执行律师职务。1931年九一八事变后，参加宋庆龄、蔡元培、杨杏佛、鲁迅等组织的中国民权保障同盟，任法律委员，参与营救受国民党迫害的人士和进步人士的工作。1935年邹韬奋所办《新生周刊》案件发生，该刊主笔、著名进步人士杜重远被捕入狱。沈钧儒曾以律师资格为杜辩护，名噪一时。

1935年华北事变后，中共中央发出著名的《八一宣言》，号召停止内战，一致抗日，随后伟大的一二·九运动由北平首先发轫并迅即波及全国。感此，沈钧儒与马相伯、邹韬奋、陶行知等上海文化界爱国人士发起声势浩大的救国运动，至年底上海文化界救国会成立之际，沈钧儒被推为大会主席。翌年1月，该会扩大为上海各界救国会，声势益发浩大而热烈，沈作为该组织的主要发起人和领袖，被选为15人组成的执委会常委之一。是年7月，他与邹韬奋、陶行知、章乃器4人联名发表了著名的《团结御侮的基本条件和最低要求》一文，主张响应中共抗日民族统一战线的号召，全国各党派联合起来，成立救亡联合阵线，发动民众，开放抗日言论自由，要求国民党当局立即停止内战，与中共联合一致抗日救国。当时，这篇文章曾印成单行本，在全国影响极大。毛泽东看到该文后，立即于 9 月 18 日致函沈钧儒等四人，高度赞誉他们的爱国行动与正义言论。他在信中写道："先生们抗日救国的言论和英勇的行动，已经引起全国民众的广大同情，同样使我们全体红军和苏区人民对先生们发生无限的敬意！但要达到实际的国民党军队对红军的进攻，实行停止内战一致抗日，先生们与我们还必须在各方面做出更大的努力与更亲密的合作。"毛泽东还随函附上了《中国共产党致中国国民党书》，请沈钧儒等审察其情，并告之他已委托潘汉年在沪与他们作经常的联系，以便彼此沟通信息，交换意见，增进友情。

这是毛泽东与沈钧儒之间的第一次通信联系。同年 10 月 30 日，毛泽东再次公开致函沈钧儒等人，沈钧儒等主办的《救国时报》刊登了毛泽东答复他们《团结御侮文件》的长文，文章说："这些文件引起了我们极大的同情和满意，我们认为这是代表全国大多数不愿做亡国奴的人们的意见与要求，我代表我们的党、苏维埃政府和红军表示诚恳的敬意，并向你们和全国人民声明，我们同意你们的宣言纲领和要求，诚恳地愿与你们合作，与一切愿意参加这一斗争的政派的组织或个人合作，以便与你们纲领与要求上提出的一样，来共同进行抗日救国的斗争。"最后，毛泽东还提出希望沈钧儒等和其他抗日组织前去参加苏维埃政府，也希望他们派代表前去进行合作谈判，同时还表示可以到苏区外的其他安全地区与他们进行合作谈判。所有这些都表明，毛泽东对沈钧儒为代表的民主力量是相当尊重的，相交以坦率，相投以真诚。

1936 年 11 月，沈钧儒等"七君子"因宣传抗日救国而无罪入狱，在包括中国共产党人在内的全国人民及国际友人的压力下，蒋介石不得不于抗战爆发后释放了他们。

1941 年皖南事变发生后，作为救国会方面的参政员，沈钧儒同中共参政员采取一致行动，拒绝出席参政会，以抗议蒋介石破坏团结抗战的反动行径。这年 3 月，沈钧儒倡议组织中国民主政团同盟，翌年正式加入，推动该盟日益走向政治进步，并由此成为民主人士左派的旗帜。1944 年 9 月，中国民主政团同盟改组为中国民主同盟，沈钧儒被推选为 13 名常务委员之一。翌年 10 月，中国民主同盟召开全国代表大会，他又被选为中央执行委员会常务委员。

1945 年 8 月，毛泽东赴重庆谈判的消息传到重庆后，沈钧儒不顾年迈体弱，在毛泽东抵达重庆的当天亲自去机场迎接。他和张澜、黄炎培等几位老人还在中午便赶到了九龙坡机场，在乔冠华的介绍下，毛泽东与沈钧儒等一一握手，互致问候。此后，毛泽东曾亲自登门拜访沈钧儒，同他商议时局对策及建国大计。9月2日中午，沈钧儒与张澜等代表民盟在素有“民主之家”之称的特园欢宴毛泽东。毛泽东一进特园就高兴地说：“这是‘民主之家’，我也到家了。”一句话，说得满园生色，群情怡然。在大客厅里，毛泽东同沈钧儒谈健康之道，同黄炎培谈职业教育，同张申府共话五四往事……一如家人一般的恳谈，真可谓其乐也融融。毛泽东勉励大家说：“今天，我们聚会在‘民主之家’，今后，我们共同努力，生活在‘民主之国’。”9月11日晚，毛泽东在他下榻的桂园宴请沈钧儒、张澜等民主人士，并就促进国共双方团结问题交换了意见，沈钧儒等都表示当尽力斡旋，争取国共之间化戾气为祥和。

1947年10月，蒋介石悍然宣布民盟为非法组织，强令解散。民盟内的一些动摇分子也发表了辞职和解散总部的声明，沈钧儒对此十分气愤，坚决反对向国民党妥协。在1948年初于香港召开的民盟三中全会上，沈钧儒亲自主持通过了两项决议，主张一切民主党派都要结成坚强的民主统一战线，走中国共产党领导的革命路线，并第一次批判了民盟过去所标榜的“中间路线”，指出这已成为了一种走不通的幻想。中共“五一宣言”发布后，沈钧儒立即于5月6日代表民盟和救国会两团体致电毛泽东，表示响应中共提出的关于召开新政协会议的号召。

1948年9月，沈钧儒同部分民盟代表，应毛泽东之邀启程赴东北解放区，参加新政协会议的筹备工作。到达哈尔滨时，曾发表声明，表示拥护中共领导，走新民主主义革命道路，彻底否定中间路线。1949年元旦后，毛泽东发表《关于时局的声明》，针对蒋介石的求和声明，提出和谈八项主张。随后，沈钧儒在沈阳与到达解放区的各党派及无党派民主人士亦发表《我们对时局的意见》，表示坚决拥护毛泽东的和平主张，拥护毛泽东的号召，愿意在中共领导下，团结一致，将革命进行到底。2月1日，沈钧儒与李济深、谭平山等已到达解放区的民主人士，联名致电毛泽东、朱德，庆祝北平解放，庆祝中国人民解放战争的伟大胜利。毛泽东收电后，十分感动，次日复电沈钧儒诸人，感谢各民主党派各人民团体与中共“一致奋起，相与协力，从而使人民解放军获得各方面援助，使人民的敌人完全陷于孤立。”并勉励说：“诸先生长期为民主事业而努力，现已到达解放区，必能使建设新中国的事业获得迅速的成功。”

2月间，沈钧儒到达北平。6月作为民盟代表之一参加新政协会筹备会，并被选为筹备会常务委员会副主席。9月21日，他出席新政协第一次全体会议，并被选为政协副主席，中央人民政府委员，后又被任命最高人民法院院长。自此往后，沈钧儒与毛泽东因工作和私谊，曾经有着十分频繁的交往和接触，毛泽东曾多次请他到中南海吃饭、叙旧及商谈工作。

1953 年夏。沈钧儒得知家乡浙江一带血吸虫病成患，特地致函向毛泽东反映，并提出治理措施若干，毛泽东收到此函后，极为重视，复函表示已着政务院副秘书长习仲勋负责处理，并提出：“血吸虫病危害甚大，必须着重防治。”后来，当毛泽东获悉南方血吸虫病得到根治后，曾经写下著名的七律《送瘟神二首》，以此纪念当时的喜悦心情。

1963 年元旦，毛泽东委托周恩来以政协名义设宴招待 70 岁以上的老人，时值沈钧儒 90 岁诞辰。周总理在讲话中称誉沈老为“民主人士左派的旗帜”，沈老闻后极为感动，提议为毛泽东健康长寿干杯。回来之后，他曾激动地对家人说：“没有党和毛主席，哪有今天！”是年，他在北京逝世。

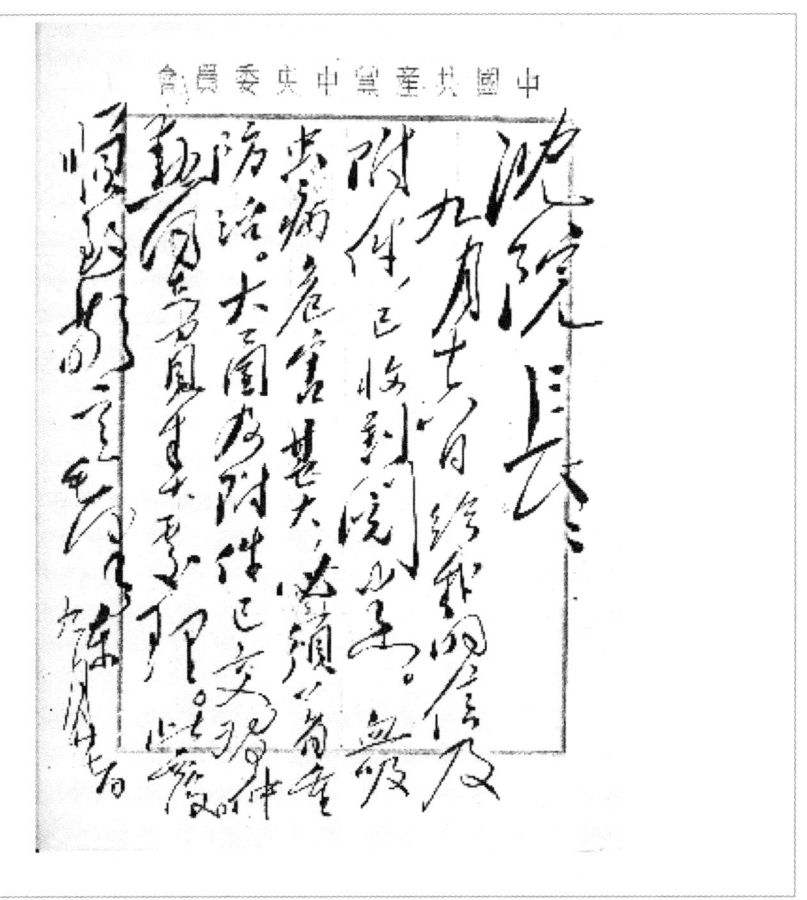
中國共產黨中央委員會

沈院长：

九月十日给我的信及附件，已收到阅悉。血吸虫病危害甚大，必须着重防治。大函及附件已交习仲勋同志负责处理。此复

顺致敬意！

毛泽东

九月廿七日

张 干

毛泽东在湖南第一师范学校读书时的校长，曾主张开除毛泽东等带头"闹事"的学生。新中国成立后，毛泽东以德报怨，多次赠米赠钱，并接他到北京旅游……

张干，字次姿，1884年生，湖南新化(今新邵)人。早年入私塾读书，1903年考入湖南中路优缘师范学校，学习物理化学，1908年3月毕业。获举人称号后留校任教。一生从事教育事业，曾先后在北京国立美术专科学校，湖南省立第一中学、省立长沙女子中学、私立妙高峰中学任教。1913年任湖南第一师范学校校长。

1913年春，年仅20岁的毛泽东，被四师范以第一名成绩录取。1914年春，四师并入一师。根据当局指示，四师春季招收的学生和一师秋季招收的学生均编入一年级，分别编入六、七、八、九、十这5个班级。毛泽东被编入30名学生的一年级八班。和一师的学生相比，毛泽东等原四师的一些学生等于多读了半年书。

1915年，当时湖南省议会颁布了一项新规定：从下学期开始，学生每人每月须交纳10元学杂费。这在当时是一个不小的数目，首先遭到了那些家境贫寒或因种种原因得不到家庭接济的大多数学生的反对，尤其是多读半年书的学生，要多交半年的学杂费。毛泽东和一些同学认为这是校长张干的过错，对这个规定极为不满，纷纷举行罢课，掀起一场声势浩大的校内"驱张运动"。毛泽东亲自写了一张新的《驱张宣言》，尖锐地抨击了张干如何对上逢迎，对下专横，办学无方，贻误青年的弊政。宣言写成之后，他组织同学连夜赶印了上千份，次日清晨带回学校，广为散发，贴到学校最显眼的地方，轰动了全校。此事可把张干气坏了！他当即决定：要挂牌开除包括毛泽东在内的17名带头"闹事"的学生。

消息传出以后，曾为毛泽东讲过修身、教育和伦理学、哲学等课程的杨昌济先生(即杨开慧的父亲)和毛泽东的表兄王季范等教员对此愤愤不平。他们先后联络了徐特立、方维厦、袁吉六、符定一等先生，仗义执言，据理力争，并为此召开全校教职员工会议，为学生们鸣不平，共同向张干施加压力，迫使张干收回成命。在强大的压力之下，张干在一师再也干不下去，只好卷起铺盖走了。

三十多年过去，弹指一挥间。新中国成立后，在湖南妙高峰当教师的张干感到惶惶不安：一是恼恨自己当了“地主”，他家本是贫农，之后任教40余年，靠积蓄购置了一份田产，未想却成了地主：二是当年自己的学生毛泽东如今成为党和国家的最高领导人，悔当初不该提出开除他；三是在重庆谈判前夕，曾给毛泽东发了一封电报，请他“应召赴谕”，还要他“幸勿固执”。这不是替蒋介石说了话吗？正因为如此，张干日夜在惶惑与苦闷中生活，又兼生活窘困，有时竟无以为炊。他想给毛泽东写信，却拿不起笔来。

1950年10月5日，毛泽东在中南海住所邀请原第一师范的师生王季范、徐特立、熊瑾玎、周世钊和谢觉哉等吃饭。大家谈起几十年前的往事，周世钊对毛泽东说：“张干这个人主席可能还记得，他现在在长沙妙高峰中学教数学，他家庭生活颇困难。他托我向主席提出请求，适当给予照顾。”毛泽东听说张干一直在教书，感慨系之，不假思索地说：“张干是有向上爬的本钱的，如果他下决心向上爬，一定爬得上去。经过几十年还没有爬上去，可见他没有向上爬的决心，这就算有一定的操守。对张干应该照顾，应该照顾！”谈起往事，毛泽东还不无几分自责地说：“现在看来，当时赶走张干没有多大必要。每个学生多交10元学杂费，也不能归罪于他，多读半年书有什么不好。”

这年10月11日，毛泽东致函湖南省政府主席王首道：“张次仑(张干字号)、罗元鲲两先生，湖南教育界老人，现年均70多岁，一生教书未做坏事。我在湖南第一师范读书时张为校长，罗为历史教员。现闻两先生家口甚多，生活极苦，拟请省政府每月每人酌给津贴米若干，借资养老。于是，王前后两次将1200斤救济米和人民币15万元(旧币)送到了张干家。张干感激异常，夜不成寐。灯下，握笔含泪给毛泽东写信：“润之吾弟主席惠鉴：敬启者，……深感吾弟关怀干的生活，(弟)日理万机，不遗在远，其感激曷可言喻？”

接信第二天，毛泽东就亲自给张干回了信，言对张干的生活困难“极为系念”。这一语牵心动肠，力重千钧。张干以他的学生中出了这样一位伟人而高兴，感到这是他最值得骄傲的一天。一家人将信看来看去，笑逐颜开。张干的病似乎也好了大半。他对曾要开除毛泽东等人的事，原来是讳莫如深的，此时此刻竟忘乎所以，向家人絮絮叨叨摆谈起来，宛如一个天真的孩童。

1951年秋，张干应毛泽东之邀赴京。到京后，毛泽东又请来青少年时代的师友罗翰溟、李漱清、邹普勋到中南海一起吃饭。叙谈间，毛泽东叫来子女，向他们介绍自己的老校长和师友，诙谐地说：“你们平时讲你们的老师怎么好，这是我的老师，我的老师也很好。”大家顿时消除了拘谨情绪。张干这时却想到当年那场学潮，一边吃，一边作检查。毛泽东缓缓地摆摆手说："我那时年轻，看问题片面，过去的事，不要提它了。"饭后，毛泽东陪他们参观中南海，看电影。九天后，又派卫生部副部长傅连暲来为张干等人检查身体。

在京两个月，张干不但国庆时登上天安门观礼台，游览了京津名胜，还乘飞机鸟瞰了长城风光。

不久，张干回到湖南，受聘为省军政委员会参议室参议，省政府参事室顾问。每月领取聘金，加上学校的薪水，使一家人生活有了保障。他常参议国家大事，应邀作报告，深为人们敬重。

1963 年初，张干曾在病中两次写信给毛泽东，请他设法帮助其女返湘工作，"以便侍养"。接信后，毛泽东一面积极为老校长张干分忧解难，一面给湖南省副省长周世钊写信说："老校长张干先生，寄我两信，尚未奉复，他叫我设法助其女返湘工作，以便侍养。此事我正在办，未知能办得到否？如办不到，可否另想办法。请你暇时找张先生一叙，看其生活上是否有困难，是否需要协助。叙谈结果，见告为荷。"

1963 年 5 月 26 日，毛泽东又亲自给张干写了一封回信："两次惠书，均已收读，甚为感谢。尊恙情况，周惇元兄业已见告，极为怀念。寄上薄物若干，以为医药之助，尚望笑纳为幸。"信中提到的"薄物若干"，谁知竟是毛泽东托省委书记张平化捎来的 2000 元钱！

"文化大革命"期间，有人造谣说张干家藏有金银，是剥削来的，加上他当过"反动校长"，便于 1966 年 9 月抄了他的家，抄走了张干心爱的书籍、资料，外带 500 元存款。张干凄楚异常，病体难支。他的幼子张元如悄悄进京，见到了中央办公厅的负责人，并带回了一封中央办公厅信函及 500 元生活费。张元如回长沙后，被抄去的部分东西和 500 存款，也退还了他家，这给病危中的张干带来了极大的安慰。1967 年 1 月 21 日，张干溘然病逝，享年 83 岁。

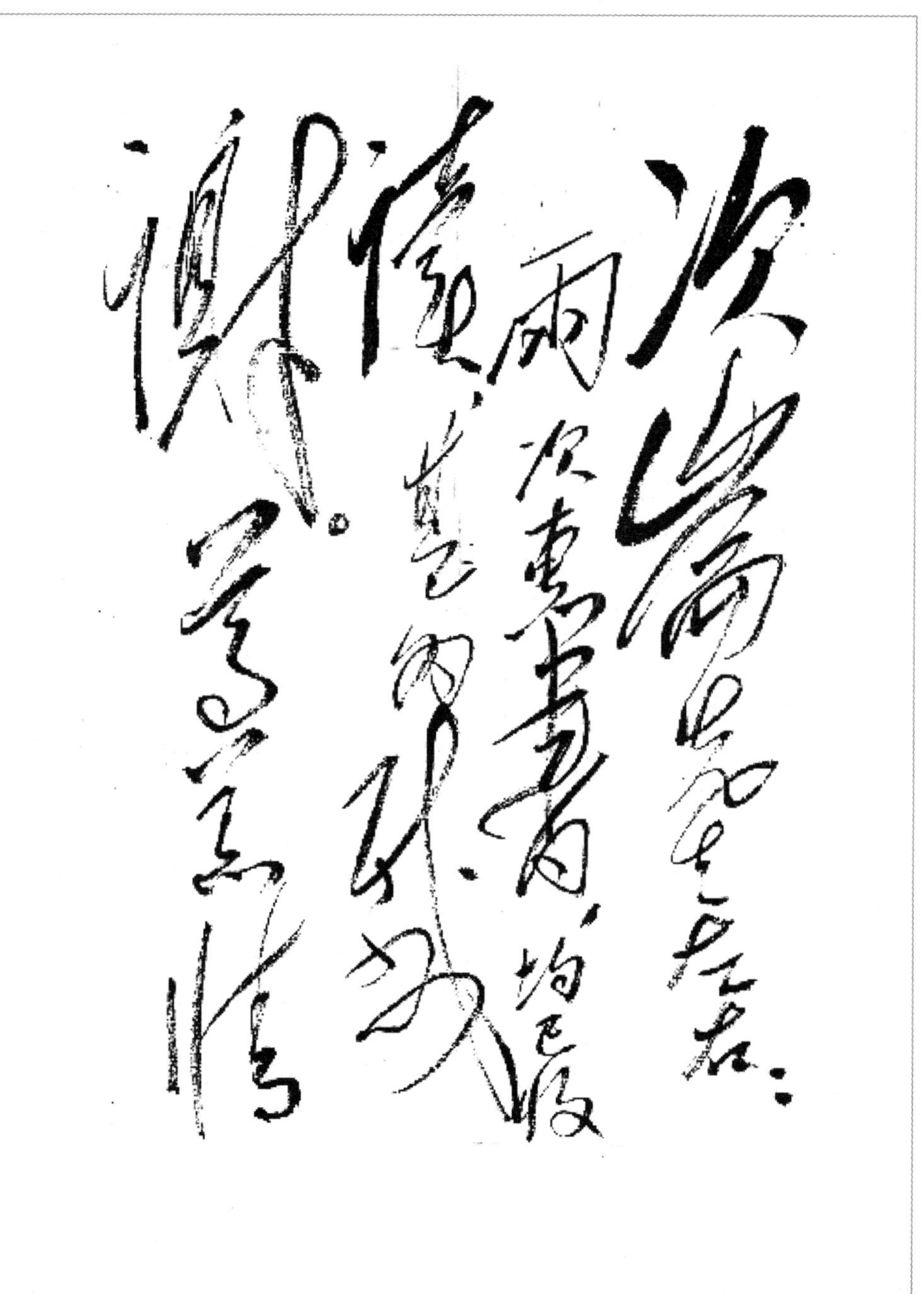

张 维

早年与毛泽东同为长沙学联委员，两人曾共吃过一只烧饼。毛泽东的妻子杨开慧牺牲后，他将自己的孩子取名开慧，以志纪念。

张维，别名张迈宝，字楚行，湖南浏阳人，生于1898年。1924年毕业于湘雅医学院，担任过长沙伤兵疗养院院长，汉口国民革命军兵战总监部预备医院第一分院院长、第44军第2师医务处长等职。大革命失败后，去北京协和医学院攻读公共卫生学研究生，随后兼任北京市第一卫生区事务所保健课主任。1929年赴美国哈佛大学公共卫生学院进修。学成回国后历任国立中央大学医学院、上海医学院教授。

张维和毛泽东友谊交往开始于20世纪20年代前后。当时张维是湖南湘雅医学院学生会会长，毛泽东由北京回到长沙，调查学生运动，两人同为长沙学联委员，都是穷得叮当响的学生，但他俩却友情深厚，即使是一只烧饼，两人也各吃一半。张维曾讲过毛泽东当时有两个喜好：一是喜欢站到雨中淋，一淋淋个老半天；二是看书专捡热闹的地方，坐着丝毫不分心。这是毛泽东培养自己意志和毅力的独特方法。

张维在湘雅读书时还认识了毛泽东的妻子和战友杨开慧，他很敬重杨开慧的人品，当他得知杨开慧遇难的消息时，非常悲痛，便将自己的孩子取名开慧，以表示对烈士的缅怀之情。

张维一直是一位民主人士。他嫉恶如仇，爱憎分明：他曾利用合法身份，在上海掩护了一些地下党员；抗日战争刚结束，他又曾组织几只民船，将一批美国援华药品亲自押送至我军占领的江阴地段。

张维与毛泽东的第二次重逢是1945年，在雾都重庆，当时毛泽东利用国共和谈的间隙会见了张维，并邀请他赴延安。张维说："年轻时，你最艰难的时刻，我没能追随你；你现在快成功了，我怎好再去。"在上海解放前夕，新华社曾对上海广播，要求上海政府的两个官员不要走，一个是工务局长赵祖康，一个便是卫生局长张维。

1949年9月起，张维在上海第二军医大学担任教授。1950年，张维的母亲年届80，为祝贺母亲八十大寿，他特地写信给毛泽东，请老朋友题写贺词。毛泽东获信后，念旧情深，欣然挥笔复信：

张维兄：

来信收读，甚以为慰。令堂大人八十寿辰，无以为赠；写了几个字，借致庆贺之忱。顺祝健康。

毛泽东

九月十九日

并题书一联："如日之开如月之恒"，以表达对故人的思念和对老人的恭敬之情。张维接到毛泽东的书信及亲笔题联，全家感激不已。

1957年，张维患病，向毛泽东写信，并反映家属的工作情况。毛泽东十分惦念，又复信一封，信云：

张维同志暨张夫人：

来信收到，深为系念。病情虽重，可能痊愈。尚望安心休养，争取好转。家属诸同志努力上进各节，自当遵嘱帮助，以尽故人应尽之责，请张夫人随时以情况见告。

毛泽东

一九五七年四月十五日于北京

毛泽东还随信给张家汇来人民币5000元，并告之自己的稿费用不完，尽可放心。张维激动不已，把子女全部叫到病榻前，他说："这个钱全部存入银行，永作纪念……"

1960年，张维夫人突然接到当时上海市委书记陈丕显请她去见面的通知。她去后才知道，毛泽东来到了上海，他想去看望张维，可又怕病中的张维过于激动，于病情不利，便请来张夫人征求意见。第二年，毛泽东又来到上海，市委负责人搀扶着张维走进锦江俱乐部的客厅，毛泽东和张维第三次重逢，畅谈了两个多小时。

新中国成立后，张维一直定居上海，在此期间，毛泽东曾6次致电(函)张维表示关怀。张维是新中国的现代公共卫生学家，一级教授，新中国成立后，曾任华东人民医院公共卫生系教授、系主任，上海第二军医大学军队卫生学教研室主任。他在毛泽东的关怀下，为我国公共卫生事业作出了显著的贡献。

1975 年，张维因病逝世，享年 77 岁。

张维兄：

来信收读，甚为感念。令堂大人八十寿辰，无以为贺，写了几个字，藉致庆祝之忱。顺祝健康！

毛泽东

八月二九日

张　澜

四川保路运动的主要领导人之一，国共谈判时与毛泽东相聚于山城重庆。毛泽东称他为“张表老”，赞他是“老成谋国”。

张澜，字表方，1872 年 4 月 2 日出生于四川省顺庆府(今南充地区)的张观沟。

1900 年，张澜的父亲去世，他继承父业在家乡西阳观设馆教书，1902 年，他进入成都尊经书院深造。一年后，东渡日本东京宏文书院师范科学习。1904 年，张澜回国，返回故乡办学。1911 年，四川发生了轰轰烈烈的保路运动，张澜就是这次运动的重要领导人之一。

张澜从青年时期开始，便接受维新思想影响，后转变为旧民主主义思想。1926 年 4 月，他担任了成都大学校长，以其独有的教育思想，严谨治学，形成良好学风，使成大成为当时我国规模最大，最有生气的学府之一，教学水平高，科研成果显著，人称为“民主与科学堡垒”。

七七事变后，张澜为国难而万分焦急，写成《感赋》诗 5 首，强烈谴责蒋介石丧权辱国的罪行，表达了抗战到底的决心和信心。他曾以自己重要的社会地位多方安置和掩护共产党员及爱国人士。1941 年，张澜参加发起组织了中国民主政团同盟，后改为中国民主同盟，并长期担任主席，直至逝世。

1945 年 8 月 15 日，日本帝国主义宣布无条件投降，经过 8 年浴血奋战的抗日战争胜利结束了。8 月 28 日中午，客居重庆上清寺特园的张澜欣闻毛泽东已经从延安飞来重庆，不胜惊喜，喜的是国内和平有望，惊的是毛泽东的雄才伟略。他连声说：“难得，难得。”张澜早在五四时期，就曾在北京听少年中国学会的王光祈介绍过毛泽东的才华和革命活动，后来又从中国的一系列重大事件中目睹了毛泽东领导中国共产党反帝反封建，特别是和平解决西安事变，促成停止内战，一致抗日局面的雄才伟略，对毛泽东深为敬佩。但是总无缘谋面，现在听说毛泽东来了，不免急于相见，相叙衷肠，便立即驱车前迎。

毛泽东一下飞机，就在人丛中发现了身着粗衣衫、银髯飘拂的张澜，不待介绍，就迈过去同他握手，一见如故地说："你是张表老，你好！"张澜双目凝视着毛泽东，连忙说："润之先生好！你奔走国事，欢迎你光临重庆！"毛泽东拉住张澜的手，久久不放，并且不安地说："大热天气，你还亲自到机场来，真是不敢当，不敢当！"张澜说："你为国操劳，身负众望，应当，应当！"寥寥数语，包含着深厚的情谊。

毛泽东在重庆期间，多次与张澜交谈，希望他能影响西南地方实力派与共产党通力合作，并望他协助地下党发展地下武装，组织游击队，张澜表示完全同意。他推心置腹地对毛泽东说："你们当坚持的，一定要坚持；好为中国保存一些净土！"毛泽东听了连连点头。张澜又说："已经谈拢了的，就应该公开出来，免得蒋介石以后不认账，如果你们有不便，我可以给国共双方写一封公开信，把问题摊开，好让全国人民监督。""谢谢张表老！"毛泽东欣然采纳，并赞誉张澜是"老成谋国"。

10 月 11 日上午，毛泽东来到九龙坡机场，张澜、解英赶往机场话别。张澜一扫愁云，兴高采烈地对毛泽东说："日后中国实现民主了，我还要到延安去看望哟！"毛泽东连忙说："欢迎，欢迎！我用延安的川菜招待你。"

1949 年，张澜已有 76 岁高龄，由于常年生活艰苦，为国事焦虑，他已多种疾病缠身。毛泽东代表中国共产党邀请宋庆龄、张澜等到北平共商建国大计，参加新政协会议。张澜于 6 月从上海乘火车赴北平，毛泽东得知后，便决定次日去相见。他觉得应该穿件像样的衣服以示尊重，可卫士在他的衣服中选了又选，竟挑不出一件不破或没有补丁的衣服，便说："现做衣服也来不及了，要不要去借一件？"毛泽东马上说："不要借了，补丁不要紧，整齐干净就行，张老先生是贤达之士，不会怪我们的。"就这样，毛泽东不无歉意地穿着补丁衣服到北京饭店去会见了张澜，接着又在中南海家中设宴招待他。席上没有丰盛的酒肴，只有普通的四菜一汤，包括豆腐豆芽。张澜非常感动，感慨良多，并经常以此事教育人们，教育子女亲属。

1955 年 2 月 9 日，张澜逝世，终年 84 岁。

毛泽东亲视含殓。公祭毕，刘少奇、周恩来亲自执绋，护送张澜灵柩去八宝山革命公墓隆重安葬。

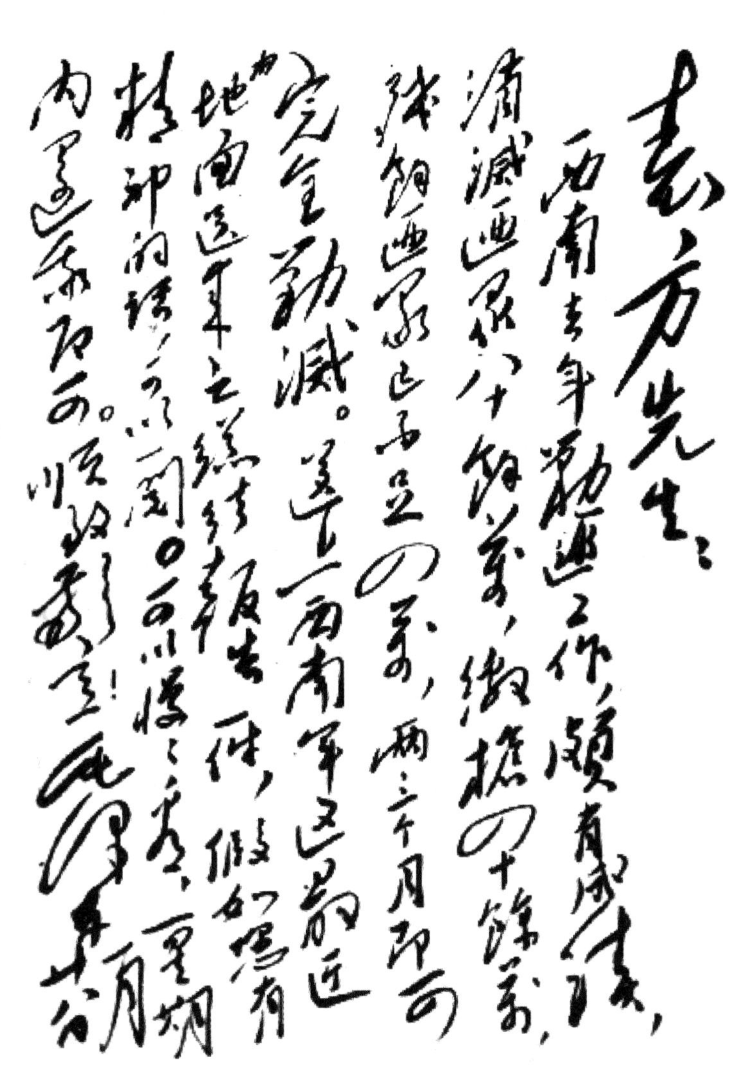

表方先生：

西南去年剿匪工作，颇有成绩，消灭匪众八十余万，缴枪四十余万，残匪已不多了，两三个月即可完全剿灭。这是西南军区关于剿匪近半年之总结性报告一件，假如你有精神的话，可以一阅，阅后仍请于一星期内退还即可。顺致敬意！

毛泽东

一月廿六

张元济

曾任清朝刑部主事，后长期主持商务印书馆的工作。新政协会议期间，毛泽东邀他同游天坛，合影留念，晚年病重时，毛泽东曾派到上海视察的周恩来总理前去探望。

张元济，字菊生，号筱斋，1867 年出生，浙江海盐人，清代光绪年间进士，曾任清朝刑部主事，总理各国事务衙门章京。

张元济从小受到良好的家庭教育，具有强烈的爱国主义思想。中日甲午战争以后，他积极参加维新变法运动，在上海首创通艺学堂，博采西学书籍，发行维新报刊。1898 年 6 月，他受到光绪皇帝的召见，戊戌变法后被清廷革职，随后到上海致力于文化出版业。1903 年进商务印书馆，任编译所所长，长期主持商务印书馆的工作。1928 年，他在日本各地图书馆查找到大量珍版秘籍，带回国许多底片。此外，他还先后主编和出版了《最新教科书》、《共和国教科书》等多种教科书。

抗日战争时期，张元济身处上海沦陷区，但他表现出了高尚的民族气节，拒绝同日本人会面，不与汉奸走狗交往。抗战胜利后，又坚决反对国民党进行内战的政策，由于张元济经历了清末、北洋政府、国民党政府三个黑暗统治时代，所以他渴望光明，渴望解放，对新中国的诞生抱着满腔热情。他从心底拥护中国共产党，拥护党的各项方针、政策，拥护毛泽东主席，积极投身社会主义革命和建设。

在海盐张元济图书馆的纪念室里，悬挂着一张毛泽东与张元济的合影照片。照片上毛泽东扳着手指在讲解，张元济认真地倾听着。他们之间的交往，就是从这张照片上所反映的情景开始的。

1949 年 9 月，张元济作为特邀代表，以 72 岁的高龄，赴京参加中国人民政治协商会议第一届全体会议。会议期间，他受到了毛泽东的接见，并对人民的休养生息、祖国建设等重大问题向毛泽东提出了许多宝贵建议，还代表商务印书馆与政府出版部门协商如何尽快地实现公私合营。

9 月 19 日，张元济应毛泽东的邀请，由陈毅、刘伯承、粟裕等陪同，和毛泽东同游天坛。一路上他们兴致勃勃，谈笑风生，合影留念。在回音壁古柏林休息时，毛泽东请张元济坐在他身边，询问他早年参加戊戌变法以及光绪召见时的情景，又问他早年在京做官时是否来过这里。张元济笑着说："这是皇帝敬天之处，我那样的小官岂能来此？"毛泽东听了，爽朗大笑，他说戊戌变法失败，原因在于不发动群众，但也流了不少血，给我们留下了可以借鉴的经验教训，他称赞商务印书馆为人民出了不少有益的书，并说他读了《科学大全》这本书，学到了不少知识；商务印书馆出的《辞源》，他在延安时总是放在案头，写作时常常翻阅。俩人越谈越投机，丝毫没有拘束之感。

当天晚上，张元济回到饭店后，在床上翻来覆去睡不着，夜已经很深了，孩子问他，您是不是睡不着，他说："我有点兴奋，今天见到了毛主席，我觉得毛主席有学问，有胆略，你看前几天周恩来，对我是那样体贴入微，想得那样周到，我看中国从此有希望了。"

10 月 11 日晚上，毛泽东在中南海颐年堂约见张元济，共进晚餐的有陈毅、粟裕等。饭后，毛泽东不断提问，征求意见。张元济建议：为使下情上达，报纸应多刊载有真实姓名、地址的读者来信开言路。毛泽东当即赞同说：可以先辟一个专栏做榜样，当张元济提到内战连年，国穷民艰，为使国盛民富，必须发展农业生产时，毛泽东也频频点头，表示赞许。

1950 年 10 月，张元济闻知中国人民解放军进军西藏，他再也按捺不住心头的喜悦，4 次写信给毛泽东，并先后寄去"告存诗"《积雪西陲》和古诗《西藏解放歌》以及《涵芬楼烬余书录》一书。诗中写出了他对西藏解放的喜悦之情。1951 年 7 月 30 日，毛泽东复信称赞"积雪西陲一诗甚好"。同年 9 月 5 日，毛泽东又复信张元济，说："解放歌具见热忱慷慨，建议各事都好。"这是毛泽东对张元济两篇词作的高度评价。他们之间前后通信共有 10 来次。

张元济是我国出版界的老前辈，新中国成立后，曾任政协全国委员会委员、上海市文史研究馆馆长，为中国出版事业呕心沥血，作出了很大贡献。他忧国忧民，积极议政，关心国家大事，关注祖国社会主义建设，将自己的毕生精力献给了祖国的文化出版事业。

1958 年春天，周恩来到上海视察，特地去华东医院看望病情日趋严重的张元济。这时张元济已经神志恍惚。周恩来站在病榻旁说："我是周恩来"。他微微挪动一下身子，点头表示认识。片刻，他吃力地用低微的声音说："毛主席好。"周恩来欠下身子，对他说："主席很好，特托我来探望你。"听后，他脸上流露出欣慰的神情。

1959 年 8 月 14 日，张元济与世长辞，终年 82 岁。

张平子

早年任湖南《大公报》主笔，曾聘毛泽东为该报特约记者，有力地支持了毛泽东的早期革命活动，是受尊敬的老报人之一，新中国成立后，任湖南文史馆馆员。

张平子，又名启汉，行四，生于1886年，湖南省湘潭县晓霞山人。自幼聪慧过人，读书过目成诵。稍长，能诗善文，出口成章。早年就读于长沙明德中学，加入同盟会与哥老会。继入湖南高等学堂文科。1906年与黎锦熙发起"德育会"。毕业后在长沙创办《公言杂志》，自任编辑、主笔等职。后来《大公报》总编辑龙彝闲退后，张平子成为《大公报》领衔。新中国成立后，张平子曾任湖南文史馆馆员。

毛泽东与张平子的交往，始于1919年张平子主持《大公报》时期。《大公报》于1915年9月1日创刊，历时32年，其中以五四运动时期反帝反封建的文章颇足称道。毛泽东曾在《大公报》发表文章达20余篇。原《大公报》第一任总编辑为李抱一，生性固执，胆小怕事，1918年至1925年，李曾一度告假离开报社。毛泽东就是这一段时间与《大公报》的主笔张平子、龙彝等开始往来的。

1920年至1927年间，《大公报》同情共产党，同情革命，欢迎毛泽东等共产党人撰文，宣传共产主义和革命道理。当时，《大公报》热情向读者介绍和探讨现代思潮，撰述最多的有毛泽东及方维夏、何叔衡、柳直荀、黎锦熙、徐特立等，可谓极一时之盛。《大公报》还注重社会问题的调查研究。毛泽东曾就上海厚生纱厂在湘招收女工，由劳资关系问题发展为男女平等问题，在该报撰文评论。

早在张敬尧督湘时，长沙人力车工人和泥木工人就纷纷举行罢工，反对剥削，掀起了"驱张"运动。《大公报》对工人罢工运动甚为重视，除派记者采访报道外，还特约毛泽东与该报同仁一起作时评、社论，对其表示同情和支持。

谭延闿督湘时，倡导地方"自治"。毛泽东从北京转回长沙，寄寓新安巷其族人毛宪（毛泽东的塾师毛简运之子）律师事务所内，与《大公报》社仅一壁之隔。该社原有全国各城市报纸及日本、英国、美国、南洋群岛等国交换的报纸100多种，皆陈列于张平子寝室中。毛泽东极喜浏览报纸，每至张家，置身报纸堆中，专心致志，一阅数小时不去。如遇风雪之夜，难于返回寓所，即与张平子同榻而卧。

毛泽东曾经为《大公报》写了不少文稿，同仁颇佩服他的学识和卓见，他返湘是为了从事新文化运动及革命工作。他曾组织文化书社，募集股款，该报编辑部同仁闻知，均表赞赏并入股。毛泽东还组织了新民学会，进行政治活动，该报同仁亦多加入。鉴于省政当局以“自治”相号召，为适应时代起见，《大公报》集合了一批思想进步人士专门撰述，聘毛泽东为特约记者，并将聘书刊于报端，以示隆重。

1920 年，一批中外名人来湘讲学，倡导新文化、新学术，分别在教育会、遵道会作了讲演，《大公报》邀请毛泽东等 3 位特约记者参加，并请他们担任记录。毛泽东一天能完成 3 篇以上文章，每篇都有三四千字，远远超出其他人所承担的任务。

1922 年 1 月，湖南劳工会领袖黄爱、庞人铨被赵恒锡逮捕杀害。事后，毛泽东曾领导学生、工人为之开会追悼。《大公报》于 17 日登载了“赵总司令查封劳工会，其主任黄爱，庞人铨被杀”的消息，并派人参加黄、庞追悼会，送挽联一幅：“奋斗众生，千古伤心是工运；取义拼一死，九泉含笑亦冤魂”。

毛泽东离开长沙后，张平子仍在长沙从事《大公报》的编辑和采访工作，集记者、编辑、社长于一身，直至 1947 年该报停刊。湖南和平解放后，张平子将自己所藏 1915 年 9 月至 1947 年全部《大公报》及纪念册，送交李锐转献国家。这套报纸保存最为齐全，为研究湖南地方志与毛泽东早期革命活动提供了重要史料。1987 年人民出版社将 1917 年至 1927 年《大公报》影印出版，深受图书馆及文史、新闻界欢迎。

1957 年张平子前往大连，途经北京，恰逢五一节，他被邀请登天安门城楼观礼，与徐特立、易礼容、黎锦熙、王季范、仇鳌等相见，并亲切话旧。同年 9 月底，张平子抵北京，恰逢十一国庆节，再度得登天安门城楼观礼。1972 年 2 月 29 日，张平子病逝于长沙，享年 87 岁。

张志和

他是军人，当过师长；又是学者，著述颇丰。毛泽东爱不释手的克劳塞维兹《战争论》便是承他所赠。作为回报，毛泽东送他一张由斯诺拍摄的六角帽照片。

张志和，原名清平，字志和，1894 年生，四川省邛崃县人，行伍出身。1914 年入保定陆军军官学校第二期学习，与刘文辉系同期学员。毕业后，长期在川军供职，历任连长、营长、团长。后受到刘文辉之邀任旅参谋长及川军总司令部参谋，职掌刘部机要，以后还当过混成旅长、师长，兼任四川兵工厂总办。1926 年国民革命军北伐，张志和作为刘部代表去武汉，表示响应北伐，刘部遂改编为国民革命军第二十四军。

在武汉，张志和结识了吴玉章、李汉俊、董必武、林伯渠、邓演达、李立三、张太雷及苏联顾问鲍罗廷等人。在他们的影响下，阅读了一些进步书籍，初步接触到马列主义，革命意识渐增。

1934 年到 1935 年，张志和曾两度出国考察，到过印度、新加坡、埃及、意大利、瑞士、法国、英国、荷兰、比利时、奥地利、匈牙利、捷克、波兰等国，然后到了苏联，著有《欧洲记游》一书。后又再次出国，东渡日本。

张志和返国后，与李宗仁、白崇禧、陈济棠、胡汉民往还洽谈，鼓动他们抗日。张志和为了批评蒋介石"抗日三月亡国"的论调，巩固李宗仁等的抗日信念，曾专门撰写了《抗日必胜论》一小册子赠予李宗仁。

在此期间，张志和相继翻译了日本安西理三郎著《最新作战命令及诸计划范例集》，编译了《各国军备概况》，撰写了《现代战争论》及《政治与军事的关系》等书。《政治与军事的关系》一书曾由吴玉章题签，刘文辉作序。后张志和又在成都与友人创办《新民报》、《抗战周刊》，积极宣传抗日救国。

1937 年 9 月，李一氓专程到成都相邀同赴延安会见毛泽东主席，张志和欣然同李一氓乘机到西安，会见了 1926 年在武汉久别的林伯渠，小住几日便搭八路军办事处的汽车赴延安。途中曾夜宿一座古庙的门板上，李一氓关切地问他习惯否？他说："多年的戎马生涯，这些对我是习以为常的了。"

张志和到延安后，除分别拜会了有关负责人外，还参观了各机关和党校，陕北公学。其间，毛泽东请李一氓转给张志和一本用连史纸石印的有关在江西几次反"围剿"的胜利战史给他阅读。张志和也送毛泽东一本由"辛垦书店"翻译的克劳塞维兹大将所著的《战争论》和由他撰著的《现代战争论》一书，毛泽东十分高兴，爱不释手。一天傍晚，李一氓邀张志和一起前去会见毛泽东主席，毛泽东亲切地接见了张志和。他和张志和对坐在茶几两边，茶几上摆有茶点招待。毛泽东一面同他谈话，一面吸着香烟，态度十分亲切和蔼，时不时地把张志和的话在白纸上记下来。最使张志和感动的是，当张志和谈到 1936 年在上海辛垦书店，曾用李凡夫的笔名主编过《研究与批判》杂志时，毛泽东马上从书架上把《研究与批判》取来，一面倾听着叙述，一面对照审视文章内容，使张志和惊异的是，在延安这么偏远的地方，毛泽东居然都能搜集到这一本小小杂志，可见毛泽东对理论研究的重视，而且态度是一丝不苟的。

谈话中，张志和向毛泽东谈到了自己的经历，和在党的指引下他所做的工作及遇到的重大事件，也谈到他游历欧洲、苏联、日本以及中国南北各省，参加救国会运动等经过。从入夜到天明谈了几个小时，毛泽东不但十分注意倾听他的陈述，而且丝毫没有倦容，并极为诚恳地勉励他，使张志和深为感动。会谈快结束时，毛泽东还安排他去会见洛甫(张闻天)专谈一次。

最后，毛泽东交给张志和一项光荣使命。毛泽东说："你莫看国民党现在对我们还好，这是靠不住的，将来他们一定要打我们的。蒋介石与地方军阀是有矛盾的。你与四川军阀的历史关系最深，可以去说服他们。"毛泽东接着说："第一步，要他们不要做蒋介石的忠实走狗，不要与我们认真作对，只是随便应付一下；第二步，要他们在国共战争中守中立；第三步，最好把他们请到我们这边来共同革命。"毛泽东说完任务后又强调说："这项工作很重要，请你努力吧！"

张志和当即向毛泽东倾诉了不愿在四川继续过军阀生活的心情，并要求留在延安工作。毛泽东说："白区党组织多被敌人破坏，以你在四川的地位和关系，是我们最好的人选。"毛泽东给张志和分析了开展这些工作的有利条件，强调了任务的重要性，使张志和认识到应该服从革命的需要，放弃了留在延安的愿望，欣然接受了毛泽东赋予他的光荣使命。答复毛泽东说："遵照指示，努力去干！"

临别时，毛泽东嘱咐他注意保密，回蜀后要直接和毛泽东派去的人单独联系。这次谈话，从头天晚上一直延续到次日凌晨。

张志和在延安还参加了 10 月 10 日"二、五方面军会师"纪念大会和陕北大学的开学典礼。在这两次大会上,他应邀讲了话,还和毛泽东一起参加了一次文艺晚会。那天晚上,张志和见毛泽东坐在群众中,把手臂搭在邻座一位同志的肩头上,十分亲切自然。

离开延安前夕，毛泽东赠送张志和一张由斯诺拍摄的头戴六角帽的相片,并在上面亲笔题词留言。

张志和回川后,从各方面为党做了大量的工作,他成了刘文辉的军师和助手,成了中共联系四川国民党上层人士的桥梁。

1941年"皖南事变"后,张志和参加了中国民主政团同盟(后改称中国民主同盟),并先后担任民盟中央执行委员、西南总支部委员、四川省支部主任委员等职务。但那时他的主要精力,仍然放在毛泽东给他布置的争取国民党西南高级军政人员的统战工作上。

新中国成立后,张志和利用自己的身份和地位,继续从事统一战线工作,为新中国作出了自己的贡献。1975年,他因病逝世,享年81岁。

张伯驹

他与张学良等人并称“四公子”，又是陈毅元帅的老师，曾将视为无价之宝的李白真迹《上阳台》奉献毛泽东……

张伯驹，字丛碧，河南项城人，1897年生，其父为前清进士，官至直隶总督。他与张学良、袁寒云、溥侗曾有“四公子”之称。早年曾在东北军等部任职，仕途颇为得意。后见军阀混战，国政日非，深以军职为耻，自行退出，进入金融界。新中国成立前夕，张伯驹曾任华北文法学院教授、民盟北平临时委员会委员等职，他与傅作义、邓宝珊关系很好，曾为北平和谈助过一臂之力。新中国成立后，他致力于社会主义祖国的文化艺术事业，曾任燕京大学艺术导师等职。

张伯驹的书画知识非常广博，对鉴别古代文物有真知灼见。凡遇珍品，不惜倾囊借贷，到手为快。他在购买我国传世之最古绘画——隋展子虔《游春图》时，曾将房屋卖掉得220两黄金，又借了20两，才如愿以偿。此外，他还变卖了夫人的首饰，以4万大洋购到我国传世最古之书法西晋陆机的《平复帖》。张群任蒋介石秘书长时，曾由南京专程赶到北平，出价高达四五百两黄金，欲购买《游春图》。张伯驹说：“贵贱不卖，我要保存。”受雇于日本人的古董掮客以大洋三十万索购《平复帖》，张伯驹说：“我买它不是为了钱，万一流落海外，我岂不成了千古罪人！”

1952年，张伯驹和夫人出于对党和领袖的热爱，将所藏的唐代大诗人李白的书法真迹《上阳台》敬献给毛泽东。他们知道毛泽东最欣赏三李(李白、李贺、李商隐)。毛泽东高兴地给他们回信表示感谢，并说这样的墨宝，我个人不能要，但我很喜欢，借给我看几天，然后放到故宫博物院去。张伯驹极为感动，后来就把稀世珍宝《游春图》也送往故宫博物院收藏。

1969年，张伯驹夫妇被作为“牛鬼蛇神”被迫退职，到吉林舒兰县农村“插队落户”，受尽磨炼。1971年底，他们得知陈毅病重，不顾路途遥远赶到北京。陈毅病危时，请张茜派人把他最心爱的一副大理石的围棋送给张伯驹，并捎话说：“我患癌症快死了，这副棋子留给你作永久纪念。你是我的好老师，使我学到很多东西，

谢谢你。"张伯驹手捧围棋老泪纵横。1972年1月6日,陈毅不幸逝世,张伯驹悲痛欲绝,挥泪写了一副挽联:

仗剑从去作干城,忠心不易。军声不淮海,遗爱在江南,万庶尽衔哀。回望大好河山,永离赤县。

挥戈挽日接尊俎,毫气犹存。无愧平生,有功于天下,九泉应含笑。伫看重新世界,遍树红旗。

1月10日,陈毅追悼会在八宝山革命公墓举行。毛泽东出席追悼会,看到了灵堂内挂着的张伯驹写的那副情深意浓的挽联,便问道:"张先生现在哪里?"人们告诉他,张伯驹在文革中被弄到东北乡下,生活很苦,现在户口还在农村回不来。毛泽东当场交代周总理说:"请你帮助解决张伯驹先生的工作和户口问题。"没过几天,中央文史馆就给张伯驹送来了聘书,聘请他当馆员,并且很快解决了户口问题。

1982年,张伯驹因病逝世,享年85岁。

张治中

他是在土地革命战争中没有同共产党打过仗的一位国民党高级将领。为了重庆谈判，曾三到延安，接送毛泽东……

张治中，原名本尧，字文白，1890 年出生于安徽巢县。从 6 岁起开始读私塾，历时 10 年。后为生活所迫，先后在丰乐河镇吕德盛号商店做过学徒，在扬州十二圩盐防营当过备补兵，在安庆巡警局做过备补警察。

1911 年辛亥革命爆发后，张治中由南京到上海，参加学生军，后改编为陆军部入伍生团。1912 年进入武昌陆军第二预备学校，随后升入保定陆军军官学校。1917 年，张治中到州追随孙中山，此后七八年间，一直奔走于粤、川、闽，曾任川军第三独立旅参谋长、驻粤桂军总部参谋、桂军军官学校大队长。1924 年黄埔军校成立时任军事研究会委员。1927 年蒋介石发动四一二反革命政变前夕，张治中辞职离开武汉，赴欧美考察。1928 年回国后，任国民党政府军事委员会军政厅厅长，不久调任南京中央陆军军官学校训练部主任。

1932 年，张治中参加了一·二八淞沪抗战，出任第五军军长，率部驰援十九路军，给日军以沉重的打击。1933 年，他任第四路军总指挥，但他避免参加"剿共"军事活动，是一位在土地革命战争时期没有同共产党打过仗的国民党高级将领。

1941 年皖南事变后，张治中向蒋介石上"万言书"建议和平解决国共分歧，一致抗日，并于 1942 年和 1944 年两次参加国共会谈。

毛泽东和张治中的交往，就是从 1945 年秋毛泽东到重庆谈判和张治中三次去延安开始的。此后，他们来往频繁，直至 1969 年张治中因病逝世。

1945 年 8 月，日本宣布无条件投降。张治中建议蒋介石正式邀请毛泽东来重庆谈判，并亲赴延安迎接毛泽东。8 月 28 日，张治中、赫尔利陪毛泽东等从延安乘专机到达重庆。毛泽东到重庆是身入虎穴，首先面临的是安全问题，为此周恩来曾颇费脑筋。因为红岩会客不方便，坡陡阶多，上下不便；曾家岩 50 号又太狭小迫胁；比较合适的是张治中的官邸——中山四路 18 号(桂园)，房舍和设备虽不算好,但还合用,且距曾家岩和红岩都不远。周恩来一开口商量,张治中马上表示同意,自己全家搬到复兴关中训团内一所破旧狭小的平房住。他还多方联系,周密安排,解决了毛泽东的安全警卫问题。

1945 年 10 月 10 日,国共双方签订了《双十协定》,张治中是该协定的签字者之一,为实现国内和平作出了贡献。为确保毛泽东归途的安全,10 月 11 日,张治中又乘专机亲自伴送毛泽东回延安。当晚,中共中央为张治中举行了盛大的欢迎晚会。第 3 天,张治中离开延安时,毛泽东又亲自到机场送行。

张治中在重庆谈判后,又参与了整军谈判。整军方案签订后,张治中陪同马歇尔到延安参观,并再次同毛泽东会面。中共中央为他们举行盛大的欢迎晚会。张治中在欢迎会上讲了话,他希望全国团结一致,共同为建设和平、民主、团结、统一的新中国而奋斗。最后张将军说:“你们将来写历史的时候,不要忘记写上张治中三到延安这一笔。”他幽默的话语博得了全场的热烈掌声。当时毛泽东曾对张治中说:“你将来也许还要回到延安,怎么只说三到呢?”张答道:“和平实现了,政府改组了,你们就会搬到南京去,你也会住到南京去了。延安这地方,不会再有来的机会了。”这是他当时的真实想法。

1949 年 4 月 1 日,以张治中为首席代表的“南京政府和平商谈代表团”飞抵北平,同以周恩来为首席代表的中共和谈代表团举行和谈。由于南京政府拒绝在协定上签字,和谈失败。此后,张治中曾坚持回南京“复命”,经周恩来做工作后,留居北平。6 月 26 日,张治中发表《对时局的声明》,宣布与蒋介石集团决裂。

1949 年 9 月,张治中作为特邀代表参加中国人民政治协商会议第一届会议,并当选为政协第一届全国委员会委员。

1958 年,张治中曾应邀陪同毛泽东视察大江南北,这期间他们情感交融,无拘无束,更加增进了相互间的友谊和交往。

那还是 1958 年 8 月的一天,在北戴河,毛泽东请张治中全家到他的住处吃饭、看电影,并对张说:我想到外地视察去,你可愿同行?张说:能够有这个难得的机会,那太好了!9 月 10 日上午 8 时,毛泽东和张治中分坐两架飞机由北京飞武汉,11 点 40 分到达。是日晴空万里,毛泽东顾不得休息,即来到长江岸边畅游长江,在江中,毛泽东游得非常轻松,时而仰泳,时而侧泳,但仰泳的时候更多。他仰泳时仰面放目,悠然地欣赏着广阔的天空。他从大桥顺流而下,游了六、七华里,才余兴未尽地慢慢游向江边船旁,上船时仍然红光满面,精神焕发,没有丝毫倦意,使张治中感到无限钦佩。

张治中在 1950 年曾写过一篇《六十岁总结》,到 1958 年 8 月连同《自我检查书》一并送请毛泽东审阅。毛泽东阅后在复张治中的信中说:“一口气读完了《六十岁总结》,感到高兴。我的高兴,不是在你的世界观方面。在这方面,我们还是有距离的。”

此次视察途中,张治中旧事重提:“您说我们世界观方面有距离,指的是哪些地方?”毛泽东说:“你在《六十岁总结》中曾说,自己对阶级斗争的观点是模糊的,而在其后所写的《自我检查书》上怎么没提到?你对阶级斗争没有搞清楚吧?”张治中解释道:“《六十岁总结》中所说,是指1924年至1948年时期的思想,我虽主张联俄、联共、扶助农工,但对阶级斗争观念是模糊的,不过从1949年留居北平后,通过看报、听报告,又读了“干部必读”中的一些书,包括马、恩、列的著作和您的好些著述,我已初步认识到阶级斗争的必要性,所以才能把过去的缺点、错误检查出来,如果对阶级斗争毫无认识,那就检查不出来了。”毛泽东听后,脸上露出了微笑。

1956年2月以后,张治中一直担任民革中央副主席,并兼任过民革中央和平解放台湾工作委员会主任委员。

1969年4月6日,张治中在北京逝世,终年79岁。

邵力子

早年加入中国共产党，创办《觉悟》副刊时被毛泽东称之为“觉悟”时代。筹备国民党改组时曾与毛泽东共事。国共谈判中两人在重庆重逢。“文革”中被毛泽东批准列入“应予保护”名单。

邵力子，原名邵闻泰，字仲辉，1882 年 12 月 7 日生于浙江省绍兴县陶堰乡邵家溇村。父亲为清朝举人，曾任江苏“吴江县县丞，分防盛泽镇”。

邵力子自幼聪明好学，5 岁就能读《大学》、《中庸》，7 岁开始在私塾就读，接受中国传统文化的熏陶。邵力子因受维新爱国思想影响，深感要改变国家民族衰败沦落的出路在于改革，改革之道在于维新。在母亲苦口婆心相劝下，考取了举人，但他毅然放弃了赴京继续赶考“博取功名”的机会，到上海求学，寻找新路。

1905 年后，邵力子先后在上海南洋公学、震旦大学、复旦公学就读。1906 年他赴日本学习和研究新闻学，在那里有幸拜访了仰慕已久的孙中山，聆听了他的谆谆教诲，并加入了同盟会。回国后，为了宣传革命思想唤起民心，邵力子致力于创办报刊，他以尖锐的笔锋向反动当局发起了猛烈的攻击，灌输革命意识，催促人民的觉醒，令反动当局忌恨不已。1912 年 8 月，邵力子加入了国民党。

邵力子多年追随孙中山宣传民主、共和，经历了辛亥革命、反袁斗争、护法运动，但一再遭受挫折和失败。中国革命究竟应该走什么道路？这使他沉浸于历史的反思之中。十月革命炮声的震动、五四运动的战斗洗礼，促使邵力子冲破旧思想的束缚，抬眼重新看世界。他开始学习和研究马克思列宁主义，并加入了上海马列主义小组，后又正式加入中国共产党。他创办的上海《民国日报》副刊《觉悟》，反映了时代的呼声和人民的意愿，给予社会极大的影响，因而曾被毛泽东称之为“觉悟”时代。主办《觉悟》副刊，是邵力子一生革命事业中的主要组成部分，也是他一生革命思想发展的重要转折点。

1926 年，邵力子以“国民党友好代表”身份赴莫斯科参加共产国际第七次扩大会，行前退出共产党。1927 年后历任中央政治会议委员、海陆空总司令部秘书长、中国公学及复旦实验学校校长，甘肃省政府主席、陕西省政府主席等职。

1945年8月，抗日战争获得了伟大的胜利。在举国上下一片和平建国的欢呼声中，中共中央主席毛泽东亲赴重庆同国民党进行和平谈判。邵力子作为国民党谈判代表同毛泽东开始了多次交往。

8月28日，在重庆九龙坡机场上，邵力子和参政会副秘书长雷震、蒋介石的代表周至柔，与民主党派领袖张澜、沈钧儒、章伯钧、左舜生、谭平山，黄炎培以及刚从苏联归来的郭沫若等人迎候毛泽东的到来。当毛泽东走下飞机时，邵力子迎上前去，握着毛泽东的手致以亲切的问候。邵力子陪同毛泽东、周恩来、王若飞等一行乘车前往张治中公馆小憩，当晚又陪同他们赴蒋介石山洞官邸，参加蒋举行的宴会。

其后，邵力子以中苏友协副会长的名义，同会长孙科在中苏友好协会二楼宽敞的大厅，举行了盛大的鸡尾酒会，欢迎毛泽东一行。宋庆龄、冯玉祥、郭沫若、沈钧儒、王昆仑、马寅初、史良、茅盾、谭平山等一大批社会知名人士及苏联大使彼得罗夫夫妇、罗申武官早已等候在那里。当毛泽东、周恩来等步入大厅时，他们都迎上前去，表示热烈欢迎。老朋友们久别重逢，高兴万分。有人即席赋诗，有人称颂"毛先生一身系天下之安危"。邵力子在上海环龙路筹备国民党改组时曾与毛泽东共过事，旧友相见，共叙友情，邵力子频频举杯，盛赞毛泽东来重庆"是和平最有诚意的表现"，再三倡议"为国共合作和平建国干杯！"

10月10日，国共双方代表在桂园张治中家的客厅里签订了《国民政府与中共会谈纪要》。签字仪式完毕后，邵力子深有感触地说："此次商谈，得以初步完成，多有赖于毛先生之不辞辛苦奔波。"10月11日上午，毛泽东驱车到九龙坡机场准备乘飞机回延安，邵力子赶往机场热情欢送话别，祝福毛泽东一路顺风。

然而，《政协决议》墨迹未干，蒋介石就挑起了全面内战。目睹蒋介石如此背信弃义的行为，邵力子断然拒绝担任国大秘书长的职务，也坚决拒绝参加国大的选举，这在国民党内引起很大震动。

1949年，邵力子作为国民党政府和平谈判代表团成员，赴北平谈判。当国民党政府拒绝签订《国内和平协定》时，他毅然脱离国民党，留在北平。识时务者为俊杰，在伟大的历史转折关头，邵力子获得了新生，开拓了新的生活。他以新的战斗姿态，更加意气风发地为和平和人民解放事业而奔走呼号。

新中国成立后，在中国共产党的领导下，邵力子积极参政议政，在中国人民政治协商会议第一届全体会议上，当选为全国政协委员，并被委任为中华人民共和国政务院政务委员与华侨事务委员会委员。

1954年9月17日，邵力子在一届人大第十次会议的发言中，就高瞻远瞩地首次提出计划生育的意见。1958年7月9日晚6时，邵力子与陈叔通、黄炎培、章士钊、李济深、张治中等6人，又在中南海游泳池前受到毛泽东的亲切接见，共商国是。邵力子向毛泽东详细陈述了计划生育的意见。毛泽东当即面示："人口问题，目前还不严重，可能达到8亿时，再讲人口过多，但对计划生育仍应实施"。后来，国务院专门发出51号文件，要求全国"深入开展宣传教育，使晚婚和计划生育变成城乡广大群众的自觉行动。"邵力子对此深感欣慰。

"文化大革命"刚开始时，邵力子也受到了冲击。他忧心忡忡，为国担忧。后来，周恩来总理请准毛泽东主席后，将邵力子等人列入"应予保护"干部的名单后，才使他免遭大灾难。

1967年12月25日，和平老人邵力子在北京无疾善终，享年86岁。

赵超构

新闻界著名民主人士，1944 年曾到延安采访过毛泽东，毛泽东一直视他为“闻海报杰”，尤其喜欢他的杂文……

赵超构，1910 年生，浙江温州人。20 世纪 30 年代在《新民报》任记者、主笔，以社评、杂文名世。抗战期间，在重庆与中共领导人周恩来等交往颇密，并经常提供大后方各界民情。新中国成立后，《新民报》改为《新民晚刊》在上海继续出版，赵超构参与改组并任改组后负责人之一，1958 年 4 月，该刊又改为《新民晚报》，经毛泽东同意并支持，赵超构复出任总编辑。他 1955 年加入中国民主同盟，曾任第一至五届全国人大代表，1973 年起任上海辞书出版社编辑、副社长。1982 年《新民晚报》复刊后，任社长。1992 年去世，享年 82 岁。

1944 年 6 月，赵超构随大后方中外记者团赴陕甘宁边区采访参观，由此完成轰动一时的报告文学集《延安一月》。在该书中，他介绍了第一次会见并采访毛泽东的经过。他写道：“毛泽东是一个最能熟习中国历史传统的共产党实行家，在过去所有的共产党领袖中，都有一个共同的缺点，那就是在原版翻印共产党理论，却不知道怎样活用到中国的社会来，在以农民占大多数的中国社会，这种作风的不受欢迎还是无可避免的。毛泽东则不然，他精通共产党理论，而同时更熟习中国历史，在他的行动中，《资治通鉴》与列宁、斯大林的全集有同样的支配力。此外再加上共产党所有的组织宣传，以及列宁、斯大林的经验，毛泽东成功了。”

这次在延安，赵超构还随记者团参观了《解放日报》、新华社和延安的中央印刷厂。6 月 12 日，毛泽东举行盛大招待宴会，即席发表热情而富有感染力的演说，最后还留出大量时间答复中外各报记者提出的各种问题。赵超构在他写的《毛泽东先生访问记》中说：“毛的谈话是满口的湖南口音，态度儒雅，音节清楚，辞令的安排恰当而有理，从头至尾是理论的说明，却不是煽动等的演说。”是晚，毛泽东在延安礼堂招待他们一行看延安平剧院演出的平剧，赵超构与毛泽东比肩而坐，开始很觉局促，但一会儿便坦然自若了。“因为此刻见到的毛先生，并不是今日下午坐在主席位上肃然无笑容的人，而是一位殷勤的主人了。大概是吃了几杯酒吧，两颊微酡，不断地让茶让烟，朋友似的和我们说话。看到兴致处，毛还不断地发笑，不是微笑而是恣意尽情地捧腹大笑。”

1945年8月，毛泽东赴重庆谈判期间，曾在郊区的八路军办事处单独约见赵超构，并与之长时间晤谈(从上午9时直到晚饭后)。据赵超构后来回忆说，毛泽东还特别提到了前述之赵著《延安一月》一书，并含蓄地批评他是个“自由主义者”。那天，毛泽东主要通过赵超构这位“神记者”了解了重庆各方面的情况，尤其是重庆新闻界及公教人员的生活、思想、情绪，他们对蒋介石的态度与国共谈判的看法等问题，使赵超构觉得毛是一个极风趣幽默而又尖锐深刻的人，他说毛当时有句话他一直都记得很清楚，那就是：“如果没有美国人帮助蒋介石运兵运枪运炮，那么大片所谓的沦陷区是会由人民收复的，因为八路军就在城门口嘛！”此次会谈之后，在国民党为欢迎毛泽东举行的茶话会上，赵超构曾再次见过毛泽东，并深为毛泽东在外交场合那种从容儒雅的风度和气质所折服。

新中国成立后，赵超构一直没离开他所喜爱的新闻战线，毛泽东也一直视他为“闻海报杰”。毛泽东一直都很爱读《新民晚报》，这不仅是由于爱屋及乌(赵是该报总编辑)的缘故，而且还由于《新民晚报》格调儒雅，版面活泼，尤其对其中的杂文(包括赵氏之作)十分爱读。为此，他曾多次在不同场合对赵超构予以彰扬。

1957年大鸣大放期间，《新民晚报》犯了错误，毛泽东认为赵超构的某些杂文也是极错误的。这年3月间和全国宣传工作会议期间，毛泽东召见赵超构并对他的所谓“软些”的办报方针提出了批评。毛泽东指出：“软些，软些，软到哪呢？报纸文章，对读者要亲切些，平等待人，不摆架子，这是对的，但要软中有硬。”6月底，赵超构进京参加全国人民代表大会，毛泽东又召见他，当时他心情沉重，亦不无惶恐，打算辞去《新民晚报》总编辑的职务，当他向毛泽东陈明了自己的想法后，毛表示不同意，说：“你最好回去还是当总编吧。”他还关心地问道：“你当总编辑，是不是有职有权？”赵超构实在没想到在这种情况下毛还关心他这个非党人士是否有职有权，对他如此宽厚以待，坦诚以见，心中块垒为之消释，激动难抑。他说：“我当然有权，如果没有权，就不会犯错误了。”毛泽东用风趣的话语体谅有加地说道：“恐怕多少还有点形格势禁吧！”他接着讲到办报要分清无产阶级的办报路线和资产阶级的办报路线，指出赵的杂文的错处所在，勉励他今后加以改正。最后还说：“如果让我自由选择职业的话，我也愿写杂文，可惜我没有这个自由。写杂文不容易呀！”一席话，如春风化雨，露润心田，赵超构更加感到了毛泽东的坦诚与宽宏。

同年9月，毛泽东在上海期间，仍然没有忘记当年曾在延安采访过他的那位名记者,他在驻地召赵超构前来晤谈。一见面,毛泽东就诙谐地对在座的人说:“宋高宗的哥哥来了!”(宋高宗名赵构)如此一言,赵的拘谨便全然打消了。毛随后问他:“你写的两篇检查我已看过了。喂,写检讨的心情怎样啊?”赵说:“很紧张,两个星期没有睡好觉。”毛立即大笑,说道:“紧张一下好,睡不着觉是好事,说不定还可乘机腹稿几篇好杂文呢!”接着他比喻说,“没有吃过狗肉的人,都怕吃狗肉;吃过了狗肉,才知道狗肉香。不习惯于自我批评的人,总觉得自我批评可怕;习惯了,就会感到自我批评的好处了!看来,我们都应该养成自我批评的习惯才是啊!”

1958 年春初,浙江省委的领导同志请赵超构吃饭,恰好毛泽东听说了,便来参加(当时毛亦在杭)。毛泽东幽默地说:你们请名记者吃饭,怎么也不叫上我呀,我们是好朋友哩。席间,赵因大鸣大放期间《新民晚报》上有关浙江的错误报道向省委同志道歉,毛泽东马上接过来说:“我不赞成这样,何必一而再地念兹在兹,犯了错误,只要改了就是好同志嘛!”此前,毛在接见赵时曾表示希望他到下面呼吸呼吸新鲜空气,可没有直接提出,却从自己的经历谈起,毛说:“我一到下面跟群众接触,就感到有了生命。”顺便问赵是哪里人,赵说:“温州。”毛便说:“好,你到你的家乡看看吧。”这样,赵便于这年 5 月回到了老家温州。一住两个月,参观访问,并写了《吾自故乡来》长文,在《新民晚报》上连载。

后来赵超构深有感触地说:“我是一个旧知识分子,而且一直是一个非党的知识分子。从我的身上可以看到,毛主席重视和爱护知识分子是一贯的,特别是对于犯了错误的知识分子,总是热情帮助,一帮到底,绝不嫌弃。”毛泽东逝世后,赵超构闻讯大恸,难以自已。凡是了解他的人都说,他对毛泽东的感情是纯真而自然的。

1992 年 2 月 12 日,赵超构在上海逝世,享年 83 岁。

周世钊

他与毛泽东同在湖南第四师范学习，后又同时转入湖南一师；毕业后两人曾同在长沙修业小学任教，共做着一个完全相同的“梦”：改造中国与世界。

周世钊，又名敦元、东园，字惇元。湖南宁乡人，1897年出生。

1913年，毛泽东与周世钊考入湖南第四师范学校同班学习。次年，第四师范并入省立第一师范学校后，他俩又同在一师学习。随着交往的频繁和深入，他们之间的情感和友谊日益加深。直到1918年毕业，他们同学时间长达五年半。

他们在第一师范学习期间，中国正处在帝国主义侵略和封建军阀统治的黑暗时期，残酷斗争的现实，新文化运动的兴起，一师民主教育的实行，以及进步师长徐特立、杨昌济等的教诲，深刻地影响着这一对友人。他们从小就立下了救国救民的志向，充分利用第一师范良好的学习环境，如饥似渴地学习，顽强刻苦地锻炼身体，积极投身反帝反军阀的斗争，热心社会活动。在节假日和课余时间，他们从事学友会工作，兴办工人夜校，深入农村进行调查，组织新民学会，努力寻求革命真理，探索救国救民之路。

1917年，湖南第一师范学生会改选，毛泽东被选为学生会总务（主席）兼教育研究部部长，周世钊被选为文学部部长。他们并肩战斗，亲密合作。毛泽东好学不倦，善于钻研，克己宽人，治学严谨，言行一致。同时毛泽东还非常富有反抗精神和非凡的胆识和才智，有一种特殊的领导和创造才能。而周世钊则为人温和敦厚，待人赤诚，他顽强好学，尤在文学、诗词方面造诣颇深。他们都深受老师和同学们的喜爱和称赞。1917年7月，全校组织了一次“人物互选”活动，12个班的学生共575人。选举结果，全校有34人当选，第一名是毛泽东，获49票；第二名是周世钊，获47票。超过40票的只有他们两人。

1918年，毛泽东和周世钊从第一师范毕业了。五年半的交往和友谊使他们难舍难分。之后周世钊在王季范的帮助下，到长沙修业小学教国文，毛泽东则到北京、上海筹办赴法勤工俭学之事。

1919年4月,毛泽东突然到修业小学找到周世钊,友人重逢,格外高兴,周世钊问毛泽东:“你现在住哪里?”毛泽东不无幽默地说:“无家可归。”周世钊便邀请毛泽东到修业小学居住。他还告诉毛泽东该校高小部正缺历史教师,每周只有6节课,只要毛泽东愿意教,对工作并无妨碍。于是,毛泽东住进了修业小学,并承担了高小部的历史教学。

在修业小学,毛泽东教的历史课,每每结合现实,启发学生们的爱国思想,深受同学们的欢迎。教学之余,毛泽东创办了《湘江评论》,积极领导长沙的五四运动。毛泽东与周世钊住的房子只隔一层木壁,周世钊深夜醒来,常常从壁缝中见到毛泽东房里的灯光,原来毛泽东还在为《湘江评论》写稿呢。在毛泽东的影响下,周世钊积极参加了湖南的革命活动。四十年后的1959年周世钊曾重游修业小学,感慨万千,喜赋《浪淘沙·访修业学校诗》一诗:

爱雨喜重游,重上东楼。卅年前事到心头。五四风云筹策地,胜迹长留。破碎以金瓯,烟瘴谁收?独将大论正沉浮。要挽湘千丈水,荡涤神州。

在修业小学时,毛泽东、周世钊的生活特别清苦,但他们的友谊却更加纯挚笃诚了。冬季寒冷刺骨时,毛泽东的被子单薄,就卷着被子到周世钊的床上同睡,他们互相温暖着,同床共做着一个完全相同的“梦”:要改造中国与世界,打倒列强,打倒军阀,救中国。

古人曰:“同声相应,同气相求”。以此来形容毛泽东与周世钊的友情,实在是再恰当不过了。

1927年,毛泽东率领部队上了井冈山,周世钊则继续从事教书的职业。此后一别二十三年,两人天各一方,“九州明月系离肠”。周世钊常常挂念自己的友人,当毛泽东在延安、重庆时,周世钊都冒着风险致函问候。1949年,长沙和平解放后,他又马上致函毛泽东,毛泽东也给他回了电,并称赞他“骏骨未凋,尚有生气”。

1958年7月,周世钊当选为湖南省副省长。受任新职,他思绪万千。10月17日他写信给毛泽东,叙述了自己复杂的心态。时隔一周,毛泽东回信给周世钊,信中说:

赐书收到,十月十七日的,读了高兴。受任新职,不要拈轻怕重,而要拈重鄙轻。古人有云:贤者在位,能者在职,二者不可得而兼。我看你这个人是可兼的,年年月月日日时时感觉自己能力不行,实则是因为一不甚认识自己,二不甚认识客观事物——那些留学生们,大教授们,人事纠纷,复杂心理,看不起你,口中不说,目笑存之,如此等类。这些社会常态,几乎人人要经历的。此外,自己缺乏从政经验,临事而惧,陈力而后就列,这是好的。这些都是实事,可以理解的。我以为聪明、老实二字,足以解决一切困难问题。这点似乎同你谈过。聪谓多问多思,实谓实事求是。持之以恒,行之有素,总是比较能够做好事情的。你的勇气,看来比过去大有增加。士别三日,应当刮目相看了。我又讲了这一大篇,无非加一点油,添一点醋而已。

这封信给周世钊以极大鼓舞,激励他充满信心地走上了新的领导岗位。此后,他相继担任了湖南省副省长、中国民主同盟中央委员、湖南省主任委员等职。

1966年,"文化大革命"开始了,两位友人的友谊经受了新的考验。面对轰轰烈烈的群众运动,周世钊感到茫然不解,他陈书毛泽东,要求面见。毛泽东答复说:"不必来京,事情可以合理解决"。

1967年,红卫兵抄了周世钊的家。周世钊去北京面见毛泽东,告诉毛泽东说:"我一身之外无长物,抄家者一无所获,不过搞乱了我好些旧书,弄得残缺不全,可惜,可惜!痛心!痛心!"毛泽东听后沉思良久,然后用低沉的声音对他说:"……这对你不起,由我负责赔偿,你那些旧书,我这里都应该有,任你挑选拿去做赔,只不得抄我的家。"停了一下,毛泽东又对他说:"你不要心存芥蒂,湖南的事,你还是要管的,当说的说,可管则管,至少是教育方面的事,你要管,不必负气……"周世钊当时回答说:"我连个党员都不是,怎能管事,怎么管事?……"毛泽东说:"你愿入党我可作介绍,你是副省长嘛!即使造反,你也应管,再说你又是湖南民盟的负责人……怎能袖手旁观……"

1972年8月,周世钊再次坦率陈书毛泽东,就落实老干部政策、知识分子政策、青年教育培养、理工科大学提高教学质量以及对社会上"走后门"等歪风邪气等陈述了自己的看法,在当时那样的政治气候下,周世钊不顾个人安危,敢于直言谏劝,提出如此意见,足见其对祖国、对人民、对领袖、对友人的赤诚之心。

"人生易老天难老",时光易逝情难逝。1976年,周世钊和毛泽东相继离开了人世,但他们之间六十三年的友谊却永留后世,光照人间。

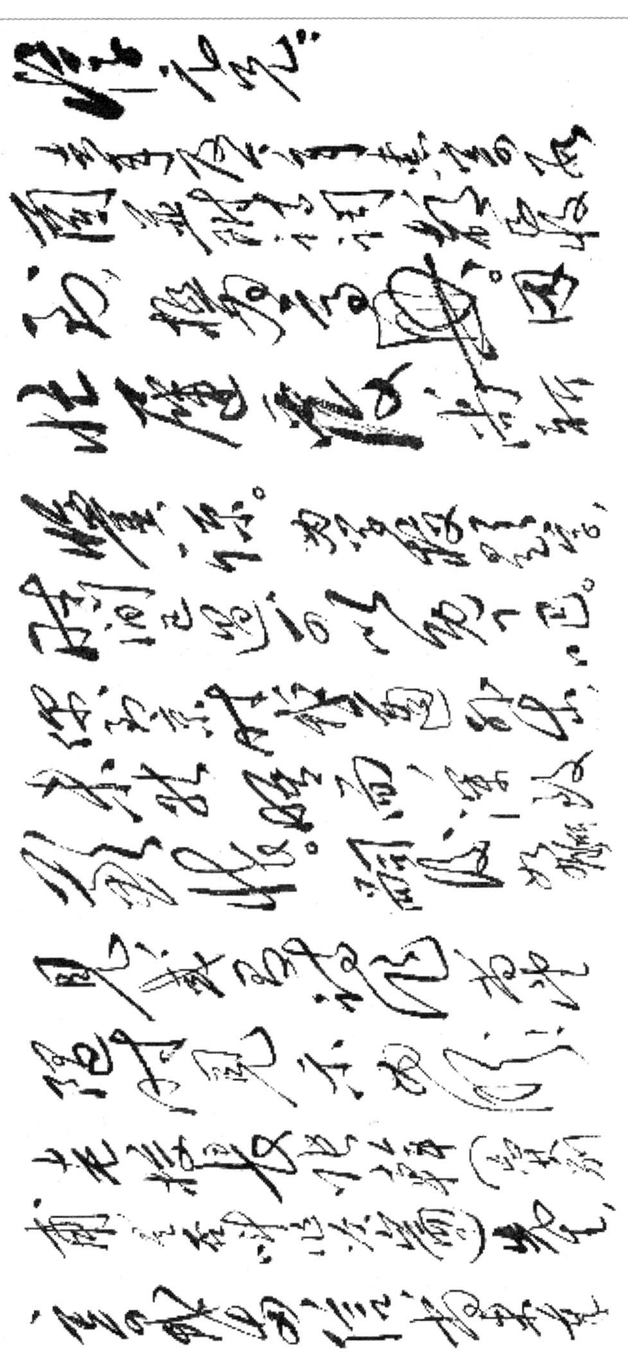

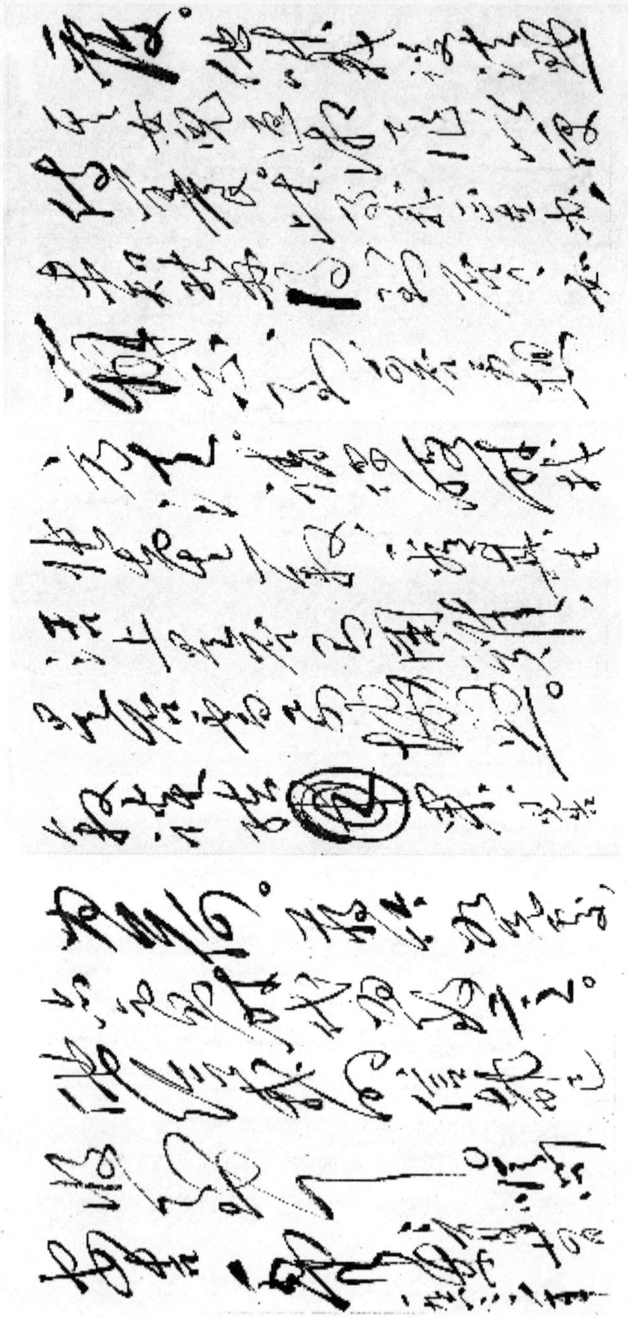

周谷城

他与毛泽东早年同在湖南第一师范附小任教，并参加过毛泽东领导的全国农民协会等工作。新中国成立后与毛泽东谈古论今，是难得的一对诗书朋友。

周谷城，生于 1898 年，湖南益阳人，幼年在家乡读小学八年，后考入长沙师范学校英语部。1919 年参加五四运动，潜心攻读社会科学。1921 年春高师毕业后到长沙湖南第一师范学校附小任教，结识了毛泽东。因为同住在学校里，又同是教师，且互有好感，毛泽东与周谷城便时常交往走动，过从甚密。常常是晚饭后毛泽东来到周谷城处，俩人促膝长谈至深夜。

有一次，毛泽东看见周谷城的书架上有本英文版《资本论》第三卷，很感兴趣。从此，毛泽东对周谷城刮目相看，他时时从自己那里拿一些共产主义的小册子给周谷城看，两人结下了深厚的友谊。北伐战争前夕，周谷城和学友徐鸣鸿来到广州。毛泽东当时正在广州负责举办农民运动讲习所，曾两次到旅馆同周谷城谈话，并挽留周谷城在他主持的农讲所任教。由于周谷城当时还未辞去湖南第一师范的职务，只好婉言辞谢了这位同乡的盛情。不久，北伐军打到湖南，毛泽东也回到长沙。这期间，在他的影响下，周谷城参加了湖南农民协会，并担任顾问。同时还在湖南农民运动讲习所任教，在船山学社（毛泽东创办的自修大学）授课，并积极发起组织湖南教育工作者协会。

1927 年春，周谷城来到武汉。毛泽东知悉后，亲自来到周谷城借宿的临近著名黄鹤楼旁的廉价小旅馆"一枝栖"。一进门，毛泽东便关切地问："你为什么住这样一个旅馆？"周谷城说："便宜，每天只要一角钱。"毛泽东邀请他去自己领导的全国农民协会工作，周谷城很爽快地答应了。不久，毛泽东见到周谷城的第一篇政论文《农村社会新论》，很是欣赏，立即鼓励他在报纸上连续刊登出来。此后，国共合作破裂，毛泽东赴湖南组织秋收起义，周谷城则到上海，以译书、卖文为生。

1945 年抗日战争胜利后，毛泽东从延安飞抵重庆参加"国共和谈"。正在大后方山城重庆的周谷城喜出望外，他又有缘与毛泽东重新晤面了。这天，中苏文化协会会长孙科举行茶话会欢迎毛泽东。周谷城闻讯早早就赶到会场，在门前等候着。不一会儿，毛泽东身着蓝布衣服，头戴白色邮帽，手拿一根手杖稳步走来。周谷城马上迎上去，握着毛泽东的手，激动得竟半晌说不出话来。多年不见，音容缥缈，但毛泽东仍一下就认出了老友，随即用带有陕西音的湖南话大声问："你是周谷城先生吗？""是的。"周谷城赶紧回答。这时，毛泽东打了个手势，眼里含着泪说："十八年。"周谷城也不由自主地流出眼泪。毛泽东眷恋友情竟至如斯，令周谷城感怀不已。周谷城紧紧握住毛泽东的手，关切地问："您从前胃出血的病好了吗？"毛泽东爽朗地一笑："我这个人啊，生得很贱。在家有饭吃，要生病。拿起枪当'土匪'，病就没有了。"说完又仰头大笑。周围的人也为这风趣的话引笑了。

新中国成立后，毛泽东与周谷城的交往一直很好，用周谷城的话说：几十年来，没有半点隔阂。那时，周谷城家居上海，曾任复旦大学历史学系教授、上海史学会会长。毛泽东每次去上海，均要约见周谷城。而周每每去北京，也常被请到中南海去聊天。领袖和学者，海阔天空，促膝长谈，一时传为佳话。

一次在上海，已是半夜时分，周谷城突然接到一个电话叫他马上去东湖宾馆。市公安局长黄志波接待了他，说是毛泽东约了他与赵超构、谈家桢三人去聊天。三人到齐后便乘毛泽东的专机，当夜飞到了杭州，与下榻那里的毛泽东一起聊了一个通宵。又有一次，周谷城在北京开会，毛泽东知道了，立即打电话叫他去。汽车一直开到中南海露天游泳池畔。毛泽东身穿浴衣，坐在凉篷下，见到周谷城便站起来，紧紧握手，寒暄之后，毛泽东问："你能游泳吗？"周谷城说："少年时在家乡的小河里或池塘里，也可以浮游几十码。不知现在还浮得起否。"毛泽东说："试试看。"于是他换了泳装，和毛泽东一同下水。毛泽东从深水处下水，周谷城则从淹至脚背的浅水处小心翼翼地往下走，但一直不敢到能够没顶的深水里去。在深水中悠悠自得，恰似闲庭信步的毛泽东见周谷城仍在浅水里，便招呼他："来呀！"周谷城打趣地说："我这个人哪，既不能深入浅出，又不能由浅入深。"毛泽东当时无话，只叫工作人员用竹竿递给周谷城一个救生圈。须臾，游罢泳上岸来，毛泽东拿出一本线装的《汉书》，翻至《赵充国传》说："赵充国这个人当年主张西北边疆屯田。很能坚持自己的主张。最初，赞成他的人不过十分之一二，不信的有十分之八九，到后来，他的主张慢慢地有人赞成，最后，相信的十之八九，不信的、反对的只有十之一二。可见，真理要人家接受，是有一个过程的，无论过去和现在都是如此。"当时，周谷城正在报刊上同人辩论学术上的问题。毛泽东的话，无非是予以鼓励罢了，要他为了真理坚持正确的主张。毛泽东对学术界的百家争鸣是积极支持和赞许的，周谷城对此印象颇深。有一次，毛泽东与叶剑英、刘伯承、贺龙几位元帅，还有徐特立、林伯渠几位老人到上海,吃晚饭时把周谷城也叫了去。周谷城风尘仆仆刚一进屋,毛泽东即拿了一本《新建设》杂志,把他拉到另一间小房间里对他说:"你的逻辑论文写得很明确,要继续争鸣下去。"当时,周谷城因不满于苏联方面一些有关逻辑的著作,曾在《新建设》上发表过一篇《形式逻辑与辩证》的文章,引起学术界一片哗然。有关杂志转告周谷城:"反对你的文章太多了"。周颇感压力。现在,毛泽东也知道这件事了。周谷城感慨地说:"我很孤立,火箭炮冲起来,我也有些受不了。"毛泽东说:"有什么了不起,辩论就是嘛。"并说有人在《教学与研究》杂志上发表文章,说周谷城的观点是有道理的。果然,过后不多久,毛泽东就给周谷城寄来了几本刊物,里面折了角的地方,均引用了周谷城的意见,表示赞许。后来,《人民日报》发表了周谷城的文章,题目是《论形式逻辑与辩证法》。毛泽东见到文章后,很感兴趣,用长途电话急召周谷城从上海来到北京中南海。

毛泽东对周说:"问题移到《人民日报》上来了,讨论可能展开。"周谷城说:"我把形式逻辑与辩证法联在一块讲,却又把它们严格划分,恐怕不易有人信。"毛泽东用夹杂英语的话风趣地说:"formallogic 本来说是 formal 的, 要把它与辩证法混同,甚至改成辩证法,是不可能的,它是一门独立学问,大家都要学一点。"

后来, 毛泽东还专门指示周谷城:"最好把西方哲学史上哲学家所讲的逻辑,每一个人的,都给写一篇或几篇说明介绍的文章,从古到今,来它个系统的叙述。"还说:"最好把所有的逻辑书,不论新的或旧的,过去的或现在的,一律搜齐,印成大部丛书,在前面写几句按语式的话,作为导言。"

此后,北京出版界决定出版《形式逻辑与辩证法问题》一书,把目录寄给周谷城,周觉得自己不能决定,于是写信向毛泽东请示。毛泽东回信说:

> 谷城兄:两次热情的信,都已收到,甚谢!大著出版,可资快读。我对逻辑无多研究,不能有所论列。问题还在争论中,由我插手,似乎也不适宜;作序的事,不拟应命,可获谅解否?敬覆,顺颂教安。
>
> 毛泽东
>
> 一九五八年七月二十八日

毛泽东的复信,令周谷城大为感动。他没有料到日理万机的领袖,竟对小小的学术界争鸣问题考虑得如此周详。

1961 年五一节,毛泽东来到上海与各界共庆佳节。当时在锦江饭店参加聚会的有周谷城、陈望道等人。众人与毛泽东围坐在小圆桌旁,无拘无束,自由闲谈。毛泽东与大家均感兴致颇高。是晚11点,周谷城在家里已睡下,忽接《解放日报》记者电话,希望他写一首诗或一首词,在第二天报上发表,以欢迎毛主席。周坚决推谢,说写不出。记者强求说:“不要紧,要求不高,写一首好了。”周谷城说:“主席是内行,要求不能不高。”因推辞不了,周谷城提笔写了一首,题目是《五一节晋见毛主席》,调寄《献衷心》,词曰:

是此身多幸,早沐春风。蠲归来,若新生。这回倾听,指点重重:为学术,凡有理,要争鸣。

情未已,兴偏浓,夜阑犹在诲谆谆。况正逢佳节,大地欢腾。人意泰,都奋进,莫因循。

词在报上发表后,毛泽东见到了,立即电话召周谷城前去。毛泽东见到他的第一句话即是:“词一首,看到了,怕不止一首吧!”“只有一首。”周谷城回答:“我从来没有在报上发表过诗词,这确是第一首。”“总怕不止一首。”毛泽东喃喃自语。“平时,我也偶然写几句。那是附庸风雅。”周谷城说。毛泽东说:“附庸风雅有什么坏处?”“附庸风雅的人,无非是发发牢骚而已。”周谷城答道。毛泽东听了,又说:“发牢骚有什么不好?有牢骚不发,过得吗?”周谷城与毛泽东的谈话,完全沉浸在一种相得益彰、物我皆忘的亲切轻松气氛中。至晚,毛泽东留周谷城一同进晚餐,餐罢周起身告辞回家,毛泽东又一直送到汽车旁。

1965年,周谷城被召到上海近郊一个旧式别墅里。毛泽东正下榻此处。周谷城一进门,毛泽东即起而笑着说:“又碰到了”。“又碰到了”这几个字,是毛泽东每次见到老友周谷城时的第一句常用话。话虽平淡无奇,但却流露出不同寻常的亲切和自然。周谷城同毛泽东握手问好之后,随即转入畅谈。这是两位友人之间经常进行的无拘束的谈话,漫无边际,也无确定题目,完全是随心所欲,乘兴而发。这种海阔天空的畅谈,也许只有周谷城这样的史学界耆宿尚能胜任,也只有家乡人之间交换着亲切的乡音才能增添兴致。毛泽东在畅谈中所获得的快意是常人不能想象出来的。这次毛泽东谈到了哲学史的写作问题。他说:“胡适之的中国哲学史,只写了一半,就没有下文了”。周谷城接着说:“他的白话文学史,也只写了一半,就没有下文。”毛泽东忽然话题一转说:“中国佛教没有人写,也是一个问题。”

后来又谈到旧体诗,说起晚唐大诗人李商隐。周谷城说着说着便有些忘乎所以起来,随口即将李商隐的一首七律诗用湖南腔调哼了起来:海外徒闻更九州,他生未卜此生休。空闻虎旅鸣宵柝,无复鸡人报晓筹。此日六军同驻马,当时七夕笑牵牛。……周谷城把诗的五六两句哼吟了几遍，最后两句居然一时竟哼不出来。毛泽东在一旁听着，知道老友已经忘记，便笑着用同样的湖南腔调替周谷城念了出来：如何四纪为天子，不及卢家有莫愁。应该说，这首著名的讽喻帝王的诗篇在毛泽东面前哼吟是不太妥当的。然而周谷城竟轻轻松松地念出来，毛泽东也自自然然地接了下去，如果当时没有那种“既有组织纪律，又有个人心情舒畅“那样一种“生动活泼的政治局面”，他们的畅谈会这么“忘乎所以”吗？周谷城后来回忆说：“毛主席念出时，我又跟着他的后面哼。一时心情舒畅，超出寻常”。

周谷城是第五届全国政协常委、第六、七届全国人大常委会副委员长，曾当选为农工民主党副主席、主席、名誉主席。在长期的工作和学术研究中，与毛泽东保持了极其深厚的私情公谊。

1996 年 11 月 10 日，周谷城因病在上海逝世，享年 99 岁。

周建人

他是鲁迅先生的胞弟，毛泽东亲切地称他为“我们文化革命旗手的弟弟”。60年代，毛泽东曾关心过他的学术研究，明确肯定他关于老子是客观唯心主义者的论点。

周建人，字松寿，又名乔峰，笔名克士，1888年生，浙江绍兴人，鲁迅之胞弟。幼年与鲁迅在三味书屋读书，后因兴趣而自学生物学。辛亥革命前任绍兴僧立小学校长兼教师，1913年后曾在绍兴明道女子师范等校教书。1919年底随家迁入北京。曾在北京大学旁听哲学。1921年离京赴沪，任商务印书馆自然科学书籍编辑，并充任《东方杂志》、《自然科学杂志》等刊助编。1923年应瞿秋白之邀，担任上海大学进化论课程讲授。1927年鲁迅到上海定居后，曾担任鲁迅与中国共产党人之间的联系和掩护工作，1933年与鲁迅一道参加宋庆龄等发起组织的中国民权保障同盟，后被推为调查委员，直接参与营救革命者和进步人士的大量工作。1935年瞿秋白被捕时，曾多方奔走救援，并将瞿在狱中写的信交给党组织。

1931年九一八事变后，周建人积极宣传抗日救国、拥护中国共产党人的政治主张。抗战爆发后，他仍然坚持既定主张，并与留沪的文化教育界知识分子组织马列主义读书会，学习并宣传中共抗日民族统一战线政策。后被迫离开商务印书馆后，在贫病交加的困境中仍与中国共产党人站在一起，坚持参加民族解放斗争。抗战胜利后，他积极投入爱国民主运动大潮之中，在《民主》等进步刊物上大量著文，揭露蒋介石政府的内战阴谋，宣传和平民主。并与马叙伦、许广平等文化界进步人士座谈时局，商讨未来斗争的策略。1945年12月，他与马叙伦、王绍鏊、许广平等在上海发起成立民主促进会，当选为该会理事。翌年5月，又与上海67个人民团体负责人商议，共同发起组织上海人民团体联合会，开展保障人权、反对内战、要求美军撤出中国等一系列斗争。嗣后，积极筹划并亲身参加上海各界群众10万人的反内战大会，并利用各种场合公开揭露国民党特务的反动暴行。他还直接参加了中共人士所办的上海新文化杂志社的工作。鉴于他的积极表现和要求，1948年

4月,中共决定吸收他为正式党员。自此,周建人完成了由民主主义斗士向共产主义战士的转变。同年8月,他辗转到河北省平山县西柏坡中共中央驻地,毛泽东等中共领导人接见了他。他与毛泽东一见面,毛泽东就拉住他的手热情地说:"我们文化革命旗手的弟弟来了,欢迎你!"当他看到作为中共最高领袖的毛泽东竟是这么生活俭朴,平易近人,不禁大为感动地说:"我所见过的任何一位国民党中下级的官员,都要比你的生活豪华出几倍甚至十几倍呢,真是无法想象呵!"毛泽东则说,我们共产党人不为做官,只想革命,这是我们比蒋介石强大而有力量的所在。又说,听说你也加入了我们的党,这很好,让我们一起为民众奋斗吧!这次会面时,毛泽东还用很长时间追忆了鲁迅对中国革命的伟大贡献,称他是我们民族的英雄,是中国文化革命运动的伟人。

1949年1月北平解放后,周建人受命担任华北人民政府教育部教科书编审委员会副主任。同年6月,他以上海人民团体联合会首席代表的身份,参加了中国人民政治协商会议的筹备工作。9月21日,他作为中国民主促进会的正式代表,亲身参加了毛泽东主持的中国人民政治协商会议第一次全体会议,亲耳聆听了毛泽东那激动人心的开幕词。新中国成立后,周建人被任命为中央人民政府出版总署副署长,旋任高教部部长。此间,毛泽东多次就知识分子思想改造和其他具体工作问题约见他。

1960年8月,毛泽东在接见各民主党派负责人时,周建人被毛泽东叫住谈话。当时哲学界正在争论老子哲学是唯心主义还是唯物主义问题,周曾著文说老子是唯心主义的。毛泽东看过此文,甚表赞同,便对他说:老子是客观唯心主义,怎么会是唯物的呢,你还要把你的文章继续写下去,真理只能越辩越明,争论本身对学术文化也是大有益的嘛。毛泽东的鼓励,使他十分感动。

此后,周建人相继担任过浙江省人民政府副主席、省长等职。他还是中共第九、十、十一届中央委员,第一、二届全国人大委员,第三、四、五届全国人大常委会副委员长,第二、三、四届全国政协常委,第五、六届全国政协副主席,中国民主促进会中央副主席、代主席。1984年在北京病逝。

周素园

他是辛亥革命老人，曾随中国工农红军第二方面军长征，后任八路军高级参议。毛泽东曾写信称他是“我们的一个十分亲切而又可敬的朋友与革命的同志”。

周素园，原名培艺，1879年生，贵州毕节人。早年参加辛亥革命，任贵州军政府行政总理。1925年退出军政界回贵州毕节家乡。

1936年，中国工农红军第二方面军长征至毕节，组织贵州人民抗日军，周素园被委任为司令员。不久，他随二方面军六军团长征到达陕北。同年7月，甘肃人民革命委员会在岷州成立，周素园任教育部部长。抗日战争爆发后，周素园任八路军高级参议，1937年决定回原籍养病。毛泽东得悉此消息后，10月6日给他写信：

素园老先生：

示敬悉。我们觉得你是我们的一个十分亲切而又可敬的朋友与革命的同志，并不觉得你是“坐享优待”。先生的行止与工作，完全依照先生的健康、兴趣来决定，因为先生是老年人了，不比年轻人。这一点，不但我们应顾到，先生自己也应顾到的。只有在比较更适当的条件与环境之中，康健更有保证些，工作才会更好些。

先生所提回黔并工作的计划，如果已下了决心并认为这样更好些的话，我是全部同意的。路费拟赠300元，不知够不够，请你自己计算一下告我。将来我们经费较充裕的时候，可以每月帮助先生一点生活费，大体上等于在延安生活一样。这完全因为先生是一个奋斗的人，丝毫也不是为了别的。临走时请留下通讯处，并告我。何时走，我来看你。

敬礼！

毛泽东

十月六日

毛泽东在信中,充分表达了对这位民主人士的敬仰之情。

新中国成立后,周素园曾任贵州省人民政府主席,贵州省副省长,全国政协委员,第一届全国人民代表大会代表,1958 年逝世,终年 79 岁。

周瘦鹃

他是现代著名作家、文学翻译家，毛泽东曾对他说："我读了你的许多文章"，"你的散文是写得好的"。为了与他长谈，毛泽东曾让等候合影的人们"再等几分钟吧"。

周瘦鹃，原名周国贤，1894年出生，江苏苏州人。1916年至1949年间，曾任中华书局、《申报》、《新闻报》编辑及撰稿人，是著名的作家、文学翻译家，新中国成立后从事写作和园艺工作，曾任第三、四届政协委员。

周瘦鹃在1959年4月28日见过毛泽东，那天，全国人大、政协会议的代表和委员，在怀仁堂前的草坪上，与党和国家领导人合影后，周瘦鹃看着大家争着和毛泽东等领导握手，他挤不上去，就在怀仁堂的必经之处等候。毛泽东果真笑吟吟地走过来了。毛泽东握住周瘦鹃的手，听他报了姓名后说："啊！原来是周瘦鹃先生"。接着，毛泽东又问了周瘦鹃的年龄，并和蔼地说："我读了你的许多文章，很想跟你谈谈"。毛泽东还说："有什么新东西给我看看"。此时，过于激动的周瘦鹃，连声说："好，好"。

1962年4月，周瘦鹃接到全国政协通知，让他偕夫人俞文英赴京参加会议。在这次会议上，毛泽东特别提出要接见周瘦鹃。周瘦鹃来到怀仁堂的一个小会客室里时，毛泽东已从沙发上站了起来，伸手握住他的手。周瘦鹃望着毛泽东慈祥的目光和温和的仪表，一无拘束，委婉地对毛泽东说："记得3年前，主席曾经说过，读了我的许多文章，很想跟我谈谈。我一直担心，自知写出来的那些拙作，一定有许多大大小小的毛病，这个还要请主席多多批评，多多指教"。不料毛泽东微笑着说："你的散文是写得好的。"并说："只要群众喜欢读你的文章，那么你的文章就是好文章"。周瘦鹃听了十分感动。此时，他与毛泽东仅隔着一只茶几，便时时深情地望着毛泽东，毛泽东也时而抬眼瞧着他，两人促膝谈心，不时发出会心的微笑。眼看半小时的单独接见就要结束了，一位工作人员进来催着毛泽东去参加小组拍照。毛泽东说："让他们再等几分钟吧"。这时，周瘦鹃又想到了自己的小女儿全全，于是急忙地向毛泽东说:“多年来我是惦念着主席,真所谓梦寐系之。而我那 5 岁的小女儿,也念念不忘呢!这一回她也跟着我来了,虽没有来见主席,却来到了北京,就像见到主席一样。”毛泽东听了,慈祥的面容上,宛若有一股和煦的春风吹过,温和之极。毛泽东真是个富有感情的人,他乐滋滋地对着周瘦鹃柔声地说道:“你替我谢谢全全。”。周瘦鹃听了,一时感动得不知说什么才好,两眼不知不觉地湿润了,心想:全全这个不知天高地厚的孩子,怎么对得起主席的称谢呢。

与毛泽东别后,周瘦鹃回到江苏,继续从事文学创作,笔耕不辍,老而弥坚,成为当今著名的文学老人之一。

周瘦鹃于 1968 年 8 月 11 日逝世。

郑洞国

他是国民党抗日名将，后又率部与人民解放军作战，1948年弃城起义。毛泽东曾号召国民党其他将领“学习长春郑洞国将军的榜样”，并亲自向他敬烟、点烟。

郑洞国，字桂廷，1903年生，湖南石门人。大革命时期，毕业于黄埔军校第一期，历任国民革命军营长、团长、旅长，曾亲身参加过东征及北伐等战役。

抗日战争爆发后，郑洞国尚在庐山军官训练团受训，随即率领第二师奔赴前线，参加了徐州会战。在著名的台儿庄战役中，郑洞国率领的第二师与日军浴血奋战，终于同兄弟部队一道，歼敌一万余人，取得台儿庄大捷。1938年12月，郑洞国率所部在杜聿明军长指挥下，于广西境内的昆仑关，与日军血战，将日军精锐的第五师团十二旅团基本全歼，击毙敌旅团长中村正雄少将。这次战役的胜利以及其悲壮惨烈为八年国民党正面战场写下了光辉的一页。随后，郑洞国被委任为中国驻印军新编第一军军长，在印度的兰姆咖营接受美军训练，并于1943年底从印度打入缅甸，取得一系列战果，为打通中印公路，确保抗战物资从印度经缅北运往中国大陆立下大功。新一军遂被蒋介石誉为王牌军。

日本投降后，蒋介石悍然发动反人民的内战。郑洞国率军从大西南直入东北，任国民党军东北保安司令部副长官，1948年任东北“剿总”副总司令兼第一兵团司令、吉林省政府主席，驻守长春，与东北人民解放军作战。

1948年9月中旬，东北解放军发起声势浩大的辽沈战役，将郑洞国指挥的新七军和第六十军等部队包围在长春。10月15日，解放军攻克锦州，长春之敌的陆上退路完全被切断。郑洞国力主突围，但大势已去，遂令全军向萧劲光和萧克所部通电起义。从此，脱离了国民党反动阵营，归向人民。毛泽东主席充分肯定了郑洞国将军在兵临城下之际的这一明智决断，号召其他国民党军队将领“学习长春郑洞国将军的榜样”。

1950年8月，郑洞国离开东北沈阳，来到北京，荣幸地受到周恩来总理的接见和宴请。1952 年 6 月，郑洞国举家迁往北京，在周总理的亲切关怀下，被任命为水利部参事。1954 年 9 月，在第一届全国人民代表大会第一次会议上，经毛泽东主席亲自提议，郑洞国被任命为国防委员会委员，参与国家机要工作。过了不久，他又意外地接到一张套红的金字请帖，打开一看，原来是毛泽东派人送来的请帖，要在中南海家中宴请他。郑洞国顿感激动万分，立刻前往中南海。那天出席作陪的有贺龙、叶剑英二帅，还有鹿钟麟将军等。郑洞国一到客厅，毛泽东立即迎过来与他握手寒暄，让座请茶。坐定之后，毛泽东便问他抽不抽烟，郑说抽，并随手就近拿起了一支烟。不料，毛泽东立即起身敏捷地擦着了一根火柴，站到面前为之点烟，这使郑大受感动。看到主席那么平易随和、彬彬有礼，丝毫没有国民党当官的那种令人生畏、讨厌的傲慢派头，他不禁自忖：在国民党阵营里 20 多年，上至蒋介石，下至我的若干上级，谁曾如此待我！而毛主席——共产党的第一把手，国家元首，人民拥戴的领袖居然为我这个败军之将亲自点烟，这不能不使我感到共产党的领导不是官，而是朴实的人民公仆。

席间，毛泽东问及郑洞国全家生活的情况，并说："你的家庭生活安排好后，就该考虑为人民做点工作才对啊！今年才五十一岁，很年轻嘛"。郑洞国听后一惊，毛主席竟是这样了解我，当即情不自禁地答应应该好好地为人民服务。不觉之间，彼此越谈越投机，原先的拘谨一扫而光了。缘于随便的闲谈，郑洞国突然向毛泽东道："你的马列主义为什么学得这样好？"毛泽东似乎也感到很突然。怔了怔，好像在问他什么意思，继则又爽朗地大笑起来说："我当年接受马列主义之后，总认为自己已经是个革命者了，哪知道一去煤矿，和工人打交道，工人却不买账。因为我那时还是那么一副'学生脸'、'先生样'，并不知道应该怎样做工人工作。那以后，我就整天在铁道上转来转去，心想这样下去怎么能行呢？想了很长时间才明白，自己的思想立场还没有转变过来嘛！……"毛泽东顿了顿，又加重语气说道："我也不是生而知之的'圣人'，而是在向社会学习，向群众学习的过程中逐步走上革命道路的。"又说："一个人的思想总是发展的，立场是可以转变的，只要立场转变了，自觉地放下架子，拜人民为师，这就灵了，学习马列主义也就容易学好"。

显然，毛泽东在这里是以自身的经验和体会开劝郑洞国，鼓励他转变立场，重新学习，为人民服务，彻底并永远地走上革命之路。后来，郑洞国曾多次对友人谈起毛泽东的这番开导话语，称赞毛泽东虽然贵为国家元首、党的领袖，竟肯这样细致耐心地做他的工作，这种方法和精神实在令人感动。他还说："从那以后，我一直牢记毛主席的谆谆教导，认真学习，努力改造世界观，在共产党的领导下，真正走上了一条爱国和革命的道路。"

此后，郑洞国先后担任了第三、四届全国政协委员，第五、六、七届全国政协常委。1979年，他出任民革中央副主席。黄埔同学会组建后，曾任副会长，积极致力于海峡两岸的统一工作，并为此作出了很大贡献。1991年，他不幸去世，享年88岁。

季　方

早年加入中国国民党，后又秘密加入中国共产党，经中共中央同意，参与农工民主党的整顿工作。毛泽东曾称赞他领导有方，稳住了农工民主党的队伍，并与他合影留念。

季方，字正戌，1890 年生，江苏海门人。早年入江苏陆军小学及陆军第四中学，保定陆军军官学校学习军事。1911 年辛亥革命爆发后，自保定入北伐军敢死队，南北统一后复回保定军校续读。1913 年二次革命发生，任李烈钧部警卫营营长，参加湖口讨袁之役，失败后回江苏继续策动反袁斗争。1919 年五四运动后，曾入上海厚生纱厂当工人。1921 年，经资深革命党人茅祖权介绍，在上海加入中国国民党。1924 年国共合作后，经邓演达荐入黄埔军校，参加该校初创工作，并参加第一次东征。1926 年随蒋介石参加北伐战争。1927 年蒋介石四一二政变前夕，不辞即入武汉国民政府方面工作，他自己说这是与蒋"不辞而别地永别了"。嗣后，随着武汉汪精卫集团的叛变革命，遂转广州，上庐山，最后于 1928 年初经香港转至上海，开始寻求新的革命路径。

1928 年春，季方在上海参加了谭平山等为响应宋庆龄莫斯科声明而筹组的中华革命党，并负责向国内外发行该党刊物《突击》和《灯塔》。1930 年 5 月，邓演达自国外回到上海，该党遂改名为"中国国民党临时行动委员会"，邓出任总干事，季方被选为 25 名干事之一，并担任中央财政委员会主任，兼中央军事委员会副主任（因该党当时既反对蒋介石的反动政策，亦不同意中共的暴动政策，遂被人称为"第三党"，以后随革命形式变化发展，党名又相继改为"中华民族解放行动委员会"、"中国农工民主党"）。邓演达被蒋介石暗杀后，季方在北平创办北展中学，继续反蒋。1933 军底，他前往福州参加李济深、蔡廷锴等发动的福建事变，在高级参谋团任职。失败后隐居上海郊外，旋被国民党逮捕，后保释出狱。此后至 1937 年，他曾回到故乡办农场，亲自实践他青年时期所热烈钟情过的"新村主义"。

1937 年七七事变的炮声，惊醒了业已陷入"新村"困境中的季方，尤其中国共产党人领导的八路军和新四军的游击战争，把他吸引到抗日民族统一战线中来了。1938年春夏之交他再度来到上海，直接参加了作为中共外围组织的“华东武装抗日自卫委员会”(简称“武抗”)。是年经王绍鏊介绍，他在上海秘密加入了中国共产党。1940年，他所在这支“武抗”在新四军东进后，被改编为新四军海防支队。此间，他还以国民党战地党政委员会少将指导员的名义，积极从事统一敌线工作，组织和推动长江以北的各派军执联合抗日。后来他利用担任南通专区指挥部指挥之便，将所辖地区改归新四军领导，此即苏中根据地第四分区。以后，季方曾担任苏中第四分区司令员、苏中行政公署主任、苏皖边区政府副主席等职，并由此与陈毅、粟裕、陶勇等新四军名将结下了深厚的友谊。

解放战争时期，季方受中共中央华中局之命，担任华中行政干部学校校长，并如期把这些干部送交山东省人民政府。1947年秋，他到八路军老根据地胶东半岛参观学习，不久又转移至渤海军区。此地有华东军区所设的高级解放军官教导团，监管着一千多名被俘的国民党高级军官，不久，他被任命做该团团长。济南战役后，随着被俘军官增多，该团改称为华东军区解放军官教导总团，他被任命为总团团长。尤其在淮海战役中，季方的担子更重了，平均每日接收五、六千战俘，负责教育士兵，并及时补充到我军前线。1949年2月，正当他准备随大军渡江收管新的战俘之际，忽接中共中央通知，指示他于3月初赶到北平，参加新政协会议的筹备工作。

抵达北平后他才得知，因中国农工民主党负责人章伯钧建议，后经中共中央同意，请他参与农工民主党的整顿工作。作为中共党员，季方毅然服从组织决定，以中国农工民主党代表的身份，参加了新政协的筹备工作，同时着手农工民主党的组织整顿工作。至政协召开前夕，章伯钧为使该党多几个参加会议的代表，又向中央建议让季方等人作为区域代表入会，这样，经中央同意，季方乃以华东解放区代表的资格参加了毛泽东主持的政协第一次全体会议。10月1日，他有幸与毛泽东等领导人一起参加了中华人民共和国的开国大典。

新中国成立后，季方被任命为交通部副部长，后又担任江苏省副省长，而在农工民主党内主要是兼职。1958年4月，在中国农工民主党中央执行局第三十五次会议上，他被推选为中央委员会代理主席。1960年8月，中国农工民主党在京召开七届二中全会，周恩来、李维汉等亲临大会并作形势报告。8月22日，毛泽东等党和国家的领导人亲切接见了季方等人，毛泽东称这次大会开得好，体现了合作建国的宗旨，并称赞季方多年来领导有方，稳住了农工民主党的队伍。事后，毛泽东等人还到会与季方等合影留念。后来，季方曾激动地说;“这一天是我们终生难忘的一个最幸福的日子。”在大会闭幕式上，季方在总结大会时讲话说：“千条万条党的领导是第一条，我们这次大会所以能开得好，根本原因是在于党的领导”。

“文化大革命”期间，季方及中国农工民主党都受到很大冲击，但他坚信党的领导，始终没有动摇过对共产主义的信念。1978 年党的十一届三中全会后，季方立即着手恢复农工民主党的各项工作，尤其负责落实那些蒙冤受屈的同志的政策。1979 年 10 月，在中国农工民主党第八次全国代表大会上，季方当选为中央委员会主席。1987 年九届三中全会上，他提出让贤的多年请求获得通过，从此作为该党的名誉主席，直到 1987 年底逝世为止。

冒广生

他是清末举人，以学者与诗人并称于世。看了他关于整风问题的文章后，毛泽东曾专门约请他……

冒广生，字鹤亭，又字鹤汀，号鸥隐、疚翁，江苏如皋人，1873年生于广州。早年离粤返江苏，1894年中举人。戊戌政变时参加保国会。1912年应聘为北京政府财政部顾问。他毕生主要致力于文教学术事业，以学者与诗人闻名于世。新中国成立后，任上海文物保管委员会特约顾问，上海文史馆馆员。

1957年6月的一天深夜，中南海派车来接冒广生和他的儿子舒湮去见党和国家主席毛泽东。车子在静夜飞速驶向府右街，穿越怀仁堂，北折进入中南海甲区，一瞬间于游泳池畔戛然而止。从甬道转入，只见一顶硕大的帐篷覆盖池边，一张办公桌和一方八面桌，几把藤椅，一个小铁床，一只帆布软榻，这就是毛泽东夏令临时办公和休息的处所。警卫员先行入内通报，毛泽东立刻自餐桌旁迈步伸出手来说："冒先生，欢迎你！"他这时方独自用晚餐，菜肴还不及撤除，餐桌上放着开樽的长白山葡萄酒。毛泽东唤人再取过两只高脚玻璃杯，亲自给他们斟酒。冒广生年迈，戒绝烟酒多年，拱手辞谢，毛泽东说："这是野葡萄酒，老年人吃了对身体有好处"。他举杯相邀，先自干杯，冒广生经不住主人的殷勤劝酒，也一饮而尽。

毛泽东最近看见了冒广生在《人民日报》上发表的有关整风的文章，于是话题便从这里开始。"老先生讲得好啊！"他神采奕奕地说开了："你讲，如果说共产党没得偏差，那何必整风？批评是帮助党员纠正错误。我们这次整风，正如你所说的，是'爱人以德，相见以诚'。"冒广生自称行年已八十有五，经历几个朝代，从未见过今天的政治清明。"人非圣人，谁能无过？共产党也不会承认自己是圣人的吧？"毛泽东不住颔首倾听。"我对主席提出的'双百方针'，起初怀疑会不会把思想搞乱。后来一想，各人的立场不同，看问题的角度不同，自不能强人以苟同。国家有道，则庶人不议。人民敢说话是好事，不因其语近偏激而以为忤。只要以国家为前提，而不是以个人为目的，那就叫争鸣也可，叫和鸣也可。"听到这里，毛泽东以肯定的语气郑重宣布："言者无罪，闻者足戒，这个方针一定不变"。他随即以浅显的语言，对老人阐明阶级斗争和无产阶级专政的学说。他说：维新派在六十年前提倡革新，变法失败，流了血，给了人们教训。二十多年后，中国共产党人提倡革命，建立了人民的政权，“你我大家都是为了救中国，是一条道路上的人”。正讲着，朱德信步踱入，毛泽东向朱德介绍冒广生。冒广生喜出望外，不禁拱手道：“老朽此生得见当代两大英雄，曷胜荣幸！”朱德连忙摆手逊谢，绽开憨厚的浅笑。毛泽东拾起筷子指着饭碗朗声笑道：“英雄也靠人民的粮食生活呀！我们并非神仙，也是吃人间烟火食的凡夫。”

谈话之中，冒广生指着儿子舒湮说：“我儿子访问山西八路军总部时，总司令曾款待过他。他后来在上海写了个话剧《精忠报国》，用秦桧影射汪精卫，汪精卫向我要人，他跑了。”毛泽东听后和蔼地说：“主和的责任不会在秦桧，幕后是宋高宗。秦桧不过是执行皇帝的旨意。高宗不想打，要先‘安内’，不能不投降敌人。文征明有首词，可以一读：慨当初，倚飞何重，后来何酷！果是成功身合死，可怜事去言难赎。”

谈到这里，毛泽东和冒广生又探讨起有关诗词的问题来。冒广生说：“诗变为词，小令衍为长调，不外增、减、摊、破四法。蜀后主孟昶的《玉楼春》(冰肌玉骨)是两首七绝，经苏轼的增字，增韵而成八十三字的《洞仙歌》。读词贵简练含蓄。孟昶原作本意已足，东坡好事，未免文字游戏。”毛泽东风趣解人，听后即作答道：“东坡是大家，所以论者不以陷袭前人为非。如果是别人，后人早指他是文抄公了。”冒广生继而表述了对三百年来词人提倡填词必墨守四声的不同意见，他说：“拘泥太甚，则作茧自缚。写诗填词岂能桎梏性灵，何苦在高天厚地之中，日日披枷带锁作诗囚？宋代是词的鼎盛时期，那时还没有词谱、词律和词韵呢，我作《四声钩沉》，即在提倡词体的解放。”毛泽东对这个提法很感兴趣，点头道：“旧体诗词格律过严，束缚人的思想，我一向不主张青年人花偌大精力去搞，但老一辈的人要搞就要搞得像样，不论平仄，不讲叶韵，还算什么格律诗词？掌握了格律，就觉得有自由了。”冒广生说：“主席讲的是，诗词既重格律，也重遣词雅训，力戒粗野，能兼顾而后能并美。”最后，毛泽东说：“今天我们就谈到这里吧。冒先生的著作，我希望一读为快。”冒广生将手稿本《疚斋词话》、《四声钩沉》、《宋曲章句》等四大册呈上，毛泽东含笑接过，道声：“拜读。”冒广生即起立告别，毛泽东握着他的手说：“我过几天要到外地去。希望你老明年再来北京。”随后毛泽东一定要送冒广生。他指着一泓碧波说：“我每天就在这里游泳。”他走了一程忽然停步问：“老先生有何临别赠言？”冒广生当即答道：“现在党内整风。共产党能把这样大的国家治理得如此好，国势的强大是历史上从未有过的。”他略一思索，继续说：“我记得佛经上说过，一头雄狮也不免为身上几只虮虱所苦。虮虱虽小,害莫大焉。请务必提防!”毛泽东侧身向舒湮,说没听清楚“虮虱”两个字,问是否指的那种寄生于人体和动物身上白色的小虫子?说时,他用拇指捻着食指形容着。舒湮立即回答:“主席,正是的。”“讲得好呀!”毛泽东赶上一步,表情严肃,右手搭着胸口说:“我一定牢记在心上。”说话之余,不觉已走近汽车旁,警卫员拉着车门,毛泽东这时伸手掩护冒广生老人的头顶,叮嘱道:“当心脑壳。”随后伫立良久,目送汽车徐徐远去。

冒广生老人未能践约重来北京。1959 年 8 月 10 日,他在上海病逝。

柳亚子

他是国民党元老，曾与宋庆龄、何香凝并称国民党三贤，与毛泽东初识于1926年。重庆谈判时，毛泽东抄赠他《沁园春·雪》一诗，轰动山城。新中国成立后，与毛泽东诗书唱酬，情深意笃。

柳亚子，原名柳慰高，又名弃疾、人权，字安如，1887年出生于江苏吴江。1903年初，柳亚子加入革命教育团体——中国教育会，并在乡里组织支部。后赴上海爱国学社读书，在此结识了章太炎、邹容、蔡元培等进步人士，进一步确立了反清革命思想。1906年，他加入了孙中山领导的革命组织——同盟会，同时加入光复会。后在苏州发起组织成立了文学团体——南社，并任社长。五四运动后，他开始接受马克思主义宣传的影响，提倡新文化，积极拥护孙中山提出的“联俄、联共、扶助农工”的三大政策。1924年，柳亚子满怀一腔爱国热情和救国救民的远大抱负，加入改组后的中国国民党，曾任孙中山总统府秘书、国民党中央监察委员。

1927年四一二反革命政变后，柳亚子因反对蒋介石，而遭到通缉，逃亡日本。回国后，他继续以各种方式反对国民党的反动统治和声援左翼文化运动。1941年1月，皖南事变发生后，他与宋庆龄、何香凝等联名发表宣言，严厉谴责国民党的卑鄙行为，随后又拒绝出席国民党中央全会，被开除国民党党籍。他和宋庆龄、何香凝一起，被当时的人们誉为国民党三贤。

柳亚子既是国民党元老，又是中国共产党的忠实朋友和著名爱国诗人。他一生追求进步，刚直不阿，富有强烈的正义感，柳亚子初识毛泽东是在1926年广州召开的国民党第二届中央执、监委员会第二次全体会议上。当时毛泽东刚刚担任国民党中央宣传部代理部长，并以共产党代表的身份出席了会议，由于蒋介石提议取缔共产党人在国民党中的活动，这次会议通过了“整理党务案”及蒋介石提出的修改办法。柳亚子对此十分气愤，托辞祖母病重，不等会议结束就离开了广州。虽然初次相识，并未深谈，但柳亚子先生的为人秉性却给毛泽东留下了极深的印象，令他钦慕不已。

1945年8月28日，毛泽东到重庆同蒋介石进行和平谈判，在曾家岩桂园住地会见了柳亚子。旧友重逢，格外高兴。柳亚子当即写下一首七言律诗《赠毛润之老友》，后刊登在《新华日报》上。在重庆期间，毛泽东与柳亚子多次交谈，书信往返，互赠诗句。毛泽东把自己1936年2月在陕北初见大雪之作《沁园春·雪》抄赠柳亚子，柳亚子惊喜万分，推崇备至地说："展读之余，以为中国有词以来第一作手，虽苏、辛犹未能抗手。"为此他特地和了一诗。毛泽东的诗和柳亚子的奉和在重庆《新华日报》、《新民报》上发表后，引起很大的反响。毛泽东的多次谈话和通信，使柳亚子终于彻底看清了当时的斗争形势和方向。他在赠毛泽东的诗中，道出了自己的感受："与君一席腑肝语，胜我十年萤雪功"。此后，他便更加自觉、坚定地投身到共产党所领导的争取民主、反对内战的斗争中。

新中国成立前夕，柳亚子正在香港。毛泽东、周恩来等非常关心在港民主人士，设法派人把他们辗转接到北京。1949年2月28日，柳亚子和叶圣陶、陈叔通、马寅初等人同船从香港赴京。毛泽东特在颐和园益寿堂招待他们，大家欢聚一堂，谈笑风生，场面十分热烈。5月2日，毛泽东约柳亚子同游颐和园。他下了汽车，走到柳亚子跟前，两人高兴地握起手来。柳亚子一时心情激动，手握拳头半举着说："共产党伟大！毛主席伟大！人民解放军伟大！"毛泽东赶忙说："人民伟大！包括你，包括我！"两人爽朗地笑起来。

他们边走边谈，兴致勃勃。毛泽东赞誉柳亚子先生既有清醒的政治头脑，是一位政治家，又是一位大诗人。他还对柳亚子说，你写的诗我爱读，有趣味，有意义，有千百万读者喜欢你的大作，我就是这千百万读者中的一个。毛泽东提议："今天咱们都很高兴，走，游园去。"于是，他们游长廊，观石舫，又上了游船。昆明湖上，微波荡漾，湖畔花红柳绿，春意盎然。坐在游船上，毛泽东对柳亚子笑着说："你现在可以赤膊上阵发表文章和讲话，现在与蒋介石时代不一样了，你的人身安全是有保证的，你的意见会受到尊重的。"柳亚子高兴地说："我一定按照主席说的去做，我要尽力做些对人民、对政府有利的工作。"

1949年9月，柳亚子出席了中国人民政治协商会议第一次全体会议。10月1日，中华人民共和国成立了，柳亚子当选为中央人民政府委员。1950年10月1日，柳亚子登上天安门观礼台，参加国庆节庆祝活动。欢喜之余作诗一首，末两句为："此是人民新国庆，秧歌声里万旗红。"10月3日，在怀仁堂观看西南、新疆、吉林、内蒙古文工团联合演出歌舞晚会，柳亚子应毛泽东之请，即席赋浣溪沙一首，歌颂民族大团结的盛况。词曰："火树银花不夜天，弟兄姊妹舞翩跹，歌声唱彻月儿圆，不是一人能领导，哪容百族共骈阗？良宵盛会喜空前！"毛泽东乃步其韵奉和：

“长夜难明赤县天，百年魔怪舞翩跹，人民五亿不团圆。一唱雄鸡天下白，万方乐奏有于阗，诗人兴会更无前。”

1950 年，柳亚子一家迁至紫禁城西北长街，毛泽东特为其居所题字：“上天下地之庐”。1958 年 6 月 21 日，柳亚子因长期患脑动脉硬化症及支气管肺炎，病逝于北京医院，终年 72 岁。

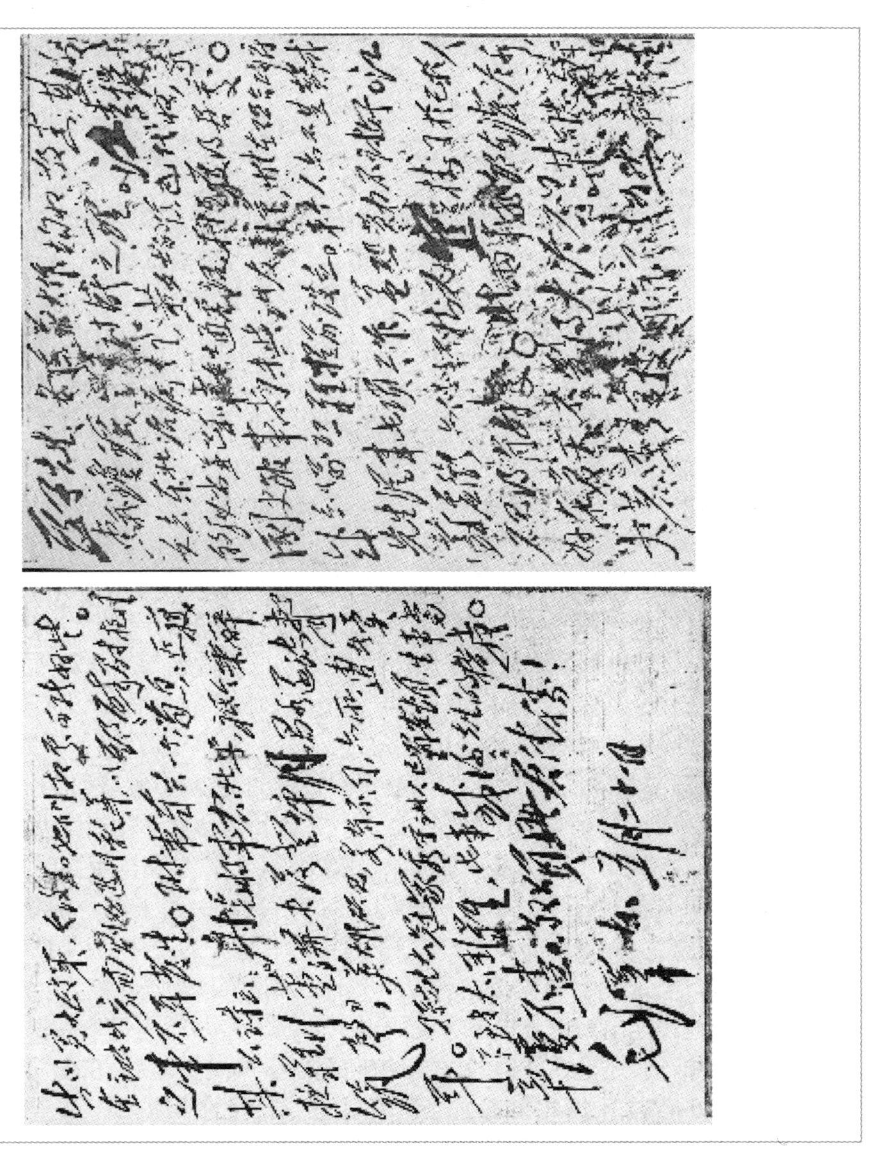

侯外庐

著名哲学家、历史学家,“小民革” 主要负责人之一。重庆谈判期间,曾三见毛泽东,毛泽东称他是“无名英雄”,对他在历史、哲学等领域的建树极为赏识。

侯外庐,原名玉枢,1903 年 2 月 6 日出生在山西省平遥县西王智村。早年在家乡读书,13 岁读完四书五经,把“子曰”“诗云”之类背得滚瓜烂熟。辛亥革命后,侯外庐随父到永济县,进一家新式学堂,开始接触数学、英语、地理、常识等课程,倍感兴趣。1923 年,他从河汾中学毕业后,本想去日本留学,无奈日本关西大地震使之却步,遂与另一年轻人,同乘一辆双轮马车,冒着烈日、风沙,不顾颠簸、劳顿,来到北京,报考了政法大学和师范大学,被录取后,同时就读两校,政法大学攻法律,师范大学攻历史。

1924 年,侯外庐结识了中共早期创始人之一——北大教授李大钊。开始接触革命思想。1926 年,他与北大同学出版进步刊物《下层》,由于经费不够,李大钊曾借来一笔钱给他们使用。1927 年夏天,侯外庐为研究和翻译马克思巨著《资本论》,前往法国,就读巴黎大学文学院。到法之后,他便从字母开始学习德文,经过一年的准备,从 1928 年起步试译这部伟大著作。抵法后侯外庐认识了旅法的中共党员成仿吾,并经其介绍加入了中国共产党。1930 年,他从法国到苏联,又从苏联回到中国,在哈尔滨政法大学担任经济教授。九一八事变后,侯外庐回到关内,在国立北平大学法学院任教授,参加了范文澜负责的“左翼教师联盟”。由于侯外庐回国后两年,未能找到党组织,便参加一个立场和倾向性都相当鲜明的左翼组织,稍能自慰。1932 年,《资本论》上册译本以“国际学社”名义出版。

抗战时期,侯外庐于 1938 年 9 月从汉口来到重庆,经王昆仑推荐,担任了《中苏文化》刊物主编。《中苏文化》杂志受到党和周恩来的关注,成为国统区一个进步的宣传阵地,起到了与党报党刊《新华日报》相配合、相呼应的宣传作用。当时,侯外庐曾婉转地向周恩来提出:“我的组织问题怎么办?”周恩来答复说:“暂时在民族运动中活动,还是在外边的好,组织问题以后再说。”之后,在张友渔的鼓励和说服下,侯外庐遂于 1940 年参加了“中国民主同盟”的活动。

抗战胜利后,1945 年 8 月 28 日，毛泽东从延安飞至重庆，与国民党进行了 43 天的和平谈判。毛泽东在渝期间,一方面和蒋介石进行紧张的谈判,一方面还抽出时间会见在重庆的民主党派和无党派人士,并出席各种座谈会和欢迎宴会。

在重庆,侯外庐有幸三次见到毛泽东。

第一次是 9 月 1 日在中苏文化协会为庆祝中苏友好条约签订并生效而举行的盛大宴会上。侯外庐参加了这次宴会,第一次见到了毛泽东主席。

第二次是在毛泽东召集的“小民革”部分核心成员的座谈会上,侯外庐等几位“小民革”负责人参加了会议。那一天,毛泽东与蒋介石谈判后来到张公馆,精神很好,毫无倦意。大家在外屋迎接毛泽东。一见面,大家向他致意,毛泽东说:“各位辛苦了,你们都是无名英雄啊!”这句话使大家感到很激动。谈话中,侯外庐等人比较集中地谈到国共和谈有无成功可能这一主题。毛泽东饶有风趣地打了个比喻说:“我看,国共两党结婚不成问题。”侯外庐说:“老头子和青年恐怕难成姻缘。”毛泽东又接着说:“不行的话可以刮胡子嘛! ”一句话引得哄堂大笑。这一次谈话,毛泽东一再强调,一定要做好统战工作。谈话间,侯外庐对毛泽东说:“读了延安整风的文件获益匪浅。”毛泽东谦虚地说:“闭门造车,出户未必合辙。”这时徐冰忙接道:“外庐是自己人,主席不必客气。”

第三次是在覃理鸣先生宴请毛泽东的家宴上。那是一个小型家宴,地点就在覃的府邸,除宾主外,作陪的有周恩来、叶剑英,还有翦伯赞和侯外庐等。宴会上,宾主之间,气氛甚浓,大家不拘泥于礼,频频举杯。宴会后,侯外庐又同毛泽东探讨了许多时局和理论问题。

这三次会面对侯外庐一生影响很大,更加坚定了他为建设一个民主和平的新中国而战斗的信念。此后他耐下心来,积极在“小民革”中从事统一战线工作。

1946 年元月后,侯外庐以教育文化方面的代表身份出席了旧政协。这次旧政协会议未有什么具体协议通过,只有中共在会上提出过《和平建国纲领(草案)》。1946 年 6 月,“中国学术工作者协会” 在重庆成立，选出了以郭沫若为首的理事 40 余人,侯外庐为理事之一。

1948 年 11 月,辽沈战役结束后,中共南方局通知侯外庐北上,到东北解放区参加新政协筹备工作。不久,即在北平召开的新政协会议上,受到了毛泽东的亲切接见。

新中国成立后,侯外庐先后担任中国科学院哲学社会科学部委员和历史研究所所长、中国史学会理事、中国哲学史学会名誉会长、全国政协常委等职务,在历史、哲学等领域建树极高,颇得毛泽东的赏识。1987 年,侯外庐因病逝世,享年 84 岁。

载　涛

他是末代皇帝的叔父，曾官至禁卫军训练大臣、军咨大臣，负责建立皇家卫队。新中国成立后，毛泽东任命他为炮兵司令部马政局顾问，他不禁感叹道："知我者，毛泽东也！"

载涛，1887年(光绪十三年)5月3日出生于北京太平湖畔的醇亲王府，其父醇亲王原有七个儿子，三个早丧，余下的四个儿子，即二子载湉(光绪皇帝)、五子载沣、六子载洵、七子载涛。

统治中国长达二百五十余年的清王朝，相继繁衍了十代皇帝。与爱新觉罗·载涛有关的就有五代帝王。载涛就出生并成长在这个"五度潜龙，一朝摄政"的帝王之家。

载涛在爱新觉罗家族中的地位是十分特殊的，他在少年时代，曾连续两次过继，跳了三个家门，当过三家王府的后嗣，使这位青年王爷从小有了显赫的名声。

1908年，载涛的侄子溥仪当皇帝后，他受哥哥载沣的委派，任专司训练禁卫军大臣，负责建立皇家卫队。这是载涛在清代所达到的最高职位，也是他旧时代政治生涯的顶峰。

在日寇侵华期间，载涛闭门不出，表现了鲜明的政治立场，这是他在旧时代颇为难得的刚强之举。对日本人，他或横眉冷对，或沉默以待，倔强地表现着自己的民族精神。这一时期，载涛生活日益贫困，度日如年，甚至街头摆摊，但他始终坚定地执行着自己的人生原则——"不发国难财"。在民族危机不断加深的情况下，他原来所持的复辟清室的愿望开始淡化，更不赞成借助日本人的力量实现复辟。从这时起直到新中国成立前夕，载涛有多次"出山"的机会，而且可以高官厚禄，重享荣华富贵，却都被他拒绝了。

新中国成立了，长期受奴役的中国人民从此站起来了。爱新觉罗·载涛，这位封建王朝的遗老，也同他的家族一起，同全国人民一道开始了新的生活。载涛当选为中国人民政治协商会议全国委员会委员。1954年，他又以满族代表的身份，当选为中华人民共和国人民代表大会代表，参加管理国家大事。这件事不仅使他感到在政治上得到了解放，精神上也得到了升华。他对新中国，对共产党非常感激，“共产党为人民办事，毛主席好”这两句话，经常挂在他嘴上记在他的心中。

新中国成立后，载涛得到党和国家许多领导同志无微不至的关怀，特别是毛泽东对他的信任和支持，更令他刻骨铭心，终生不忘。

1950 年 8 月 10 日，毛泽东主席亲自签署了对载涛的任命状，任命他为中国人民解放军炮兵司令部马政局顾问。这是载涛一生中最大的荣誉。从接到这个任命状起，这位曾经任过清朝宣统军咨府大臣、禁卫军训练大臣的王爷，一下子成了中国人民解放军的一员。这个突如其来的巨大变化，使载涛思绪万千，百感交集，心中久久不能平静。他高兴：“新中国诞生了，我载涛也新生了！”他也怀疑：“像我这样的人，怎么有资格当人民解放军的顾问？”他更纳闷：“我从来没有见过毛主席，他怎么会知道我载涛呢？”他不禁从内心深处赞叹：“毛主席伟大啊！知我者毛泽东也！”想着想着，这位末代王朝的亲贵大臣，竟激动得掉下眼泪，哭了起来。

载涛的哭，绝不是悲，而是喜，他喜毛泽东英明，真正化消极为积极，化陈腐为新生。他更喜新社会好，连自已这株枯木，也能逢春，获得了新的生命。他满腹心思，无从表达，最后对全家人说了这样一句话：“在我有生之年，一定要报毛主席知遇之恩！”

这天晚上，他坐下来，恭恭敬敬地给毛泽东写了一封信，倾吐他对毛泽东的感激之情。

一天，载涛正在开会，突然接到家里打来的电话：“北房东南角上塌了个大窟窿，你赶快回来设法修修吧！”载涛放下电话，回到会议桌旁，同志们关切地问他出了什么事，载涛风趣地说：“天公不作美，房子塌了，我怎能修得起啊！”他向主持人请假，回家张罗修房去了。这件事很快被毛泽东知道了。在一次有教育界人士参加的座谈会上，毛泽东说：“听说载涛生活不宽裕，房子坏了，没有钱修。从我的稿费中拿出 2000 元，给先生修房。”座谈会结束以后，毛主席这笔稿费，即由章士钊先生专程送到载涛家中。

载涛接到这笔钱，感动得说不出话来，眼泪不由得夺眶而出。他对章士钊先生说：“非常感谢毛主席对我的关怀”。

送走了章士钊先生，载涛的心久久不能平静。他想：毛主席日理万机，终日筹划国家大事，怎么会知道我载涛家里的小事呢？我载涛有生之年，一定要尽力为人民多干点事，以报答毛主席的恩情。他欣然提笔疾书，第二次给毛泽东写了一封信，表达他对毛泽东的感激之情，也表达了他报效国家和人民的一片心意。

1970 年 9 月 2 日，载涛在北京逝世，终年 83 岁。

陶行知

著名人民教育家。重庆谈判时，多次与毛泽东会晤，共谋和平大业。不幸病逝后，毛泽东亲致唁电……

陶行知，学名文濬，又名知行，1891年生，安徽歙县人。陶行知6岁发蒙，12岁就读经馆，15岁被英国传教士唐进贤发现，免费荐至教会学校（崇一学堂）学习。以后，陶行知又先后就读于杭州广济医学堂和南京金陵大学(均为教会学校)。1914年8月，他赴美留学，仅用一年时间即获伊利诺大学文科硕士学位，接着转入哥伦比亚大学攻读博士学位，1917年8月应聘回国，先后任南京高等师范(后改为东南大学)教授、教务长、教育系主任。

此后，陶行知全身心投入中国的教育改革运动。1920年，组织中华教育促进会，旋与朱其慧、晏阳初等发起中华平民教育促进会，从事无人问津的平民教育活动，以实现其“我要使全中国的人都有受教育的机会”的夙愿。至1926年，他着手于实际的乡村教育运动，创办了著名的晓庄学校。1930年8月，国民党当局封闭该校，通缉陶氏，罪名便是“勾结叛逆、图谋不轨”。后陶行知入商务印书馆和《申报》工作，并与史量才一道大胆改革《申报》。

20世纪30年代中期，陶行知开始与中国共产党人采取了直接合作的立场。为了表示他思想的转变，1934年7月，他在自办的《生活教育》杂志上著文《行知行》，正式宣布放弃他使用了二十三年的旧名“陶知行”，启用新名“陶行知”。他解释说：“我们是要在行动中追求真理知识，行动遇着困难，便不能不思想，思想贯通便是取得了真知识”。此间，他先后与中共“文委”的田汉，“文总”的钱俊瑜等建立联络，并与之组织了“苏联之友社”，联络和团结文化界进步人士。有时，他还秘密参加“文总”召集的工作会议，听取从江西中共苏区来上海的同志作苏区情况的报告。中共党员刘季平、丁严、张劲夫等先后在他身边工作过，陶行知便是依靠他们展开生活教育运动的。他离沪前虽未入党，但总是支持本社其他同仁加入党组织。他逝世后，周恩来曾在给中共中央的电报中说：“10年来，陶先生一直跟着毛泽东同志为代表的正确路线走，是一个无保留追随党的党外布尔什维克。……假使陶先生临终能说话，我相信他必继韬奋之后请求入党。”

1935 年华北事变后，陶行知与中共党员周新民、钱俊瑞等联络，表示要联合进步人士组织发动救国运动。是年 12 月，他与沈钧儒、马相伯、章乃器、邹韬奋等发起成立上海文化界救国会，当选为该会执行委员之一。翌年 5 月，全国各界救国联合会在沪成立，他又被推为执行委员和常务委员。

1936 年 6 月，陶行知得知中共准备与国民党建立抗日民族统一战线的意向时，当即便与邹韬奋起草了著名的历史文件——《团结御侮的几个基本条件与最低要求》，后在上海以沈钧儒、章乃器、陶行知、邹韬奋 4 人名义联名发表。这个文件在当时立即引起极大反响。毛泽东于 8 月 10 日致函章、陶、邹、沈及“全救会”成员，对这一文件和他们的行动表示极大的同情和满意，认为“这是代表全国大多数不愿意做亡国奴的人们的意见和要求”，声明“我们同意你们的宣言纲领和要求，诚恳地愿意与你们合作，与一切愿意参加这一斗争的政派和组织或个人合作，以便如你们纲领与要求上提出的一样，来共同进行抗日救国的斗争。”9 月 18 日，毛泽东再次致函陶行知等 4 人说：“先生们抗日救国的言论和英勇行动，已经引起全国民众的同情，同样使我们全体红军和苏区人民对先生们发生无限的敬意”。毛泽东还给陶行知等寄去了《中国共产党致中国国民党书》，请其予以审查及提示意见，毛泽东写道：“我（已）委托潘汉年同志与诸位先生经常交换意见和转达我们对诸位先生的热烈希望。”

陶行知等收到毛泽东的函件后，心情十分激动，纷纷表示将以更高的爱国热忱投入即将全面展开的救国运动。当时，《救国时报》发表毛泽东前函（全文长达八千余言）时，在编者按中特别指出：毛先生这一信具有伟大的政治意义，也显示出了团结御侮光明伟大的前途。

抗战军兴，陶行知则大力推行战时教育，中国共产党对他的这一活动则给了大力支持和极高的评价。1942 年 3 月，陶行知创办的生活教育社延安分社等在延举行社庆 15 周年大会，中宣部副部长徐特立、李维汉亲自到会讲话，李称：“陶先生不仅继承了五四文化革命以民主科学反对老八股的精神，而且还进一步发展反对洋八股，这是我们今天反对教条主义、党八股、整顿三风时所应特别学习的”。当时延安还编印出版了《行知教育论文选集》，以为宣传学习之用。

1939 年底，陶行知参与发起创建中国民主同盟的工作，1945 年民盟一大时，被选为中央执行委员和常务委员。

1945 年，毛泽东在重庆谈判期间，曾多次与陶行知会晤，对他的为人和教育思想极为钦佩，当时还有抗战胜利后的教育部部长应由他来担任的倡议。陶行知对毛泽东也十分崇敬，“双十协定”签字后，他曾亲自组织育才师生举行欢送毛泽东的活动。10 月 11 日毛泽东返延的当日，他作为民盟代表亲去机场送行，并合影留念。

1946 年 1 月，政协会议期间，陶行知在中共南方局支持下，在重庆创办重庆社会大学，以夜大形式为在职和失学青年提供业余教育。回沪后，他曾为“下关惨案”亲自在国际饭店举行外国记者招待会，指出这次殴打事件是对民主和学生运动的镇压。“李闻事件”发生后，中共上海工委立即派人去通知他转移，他坦然地回答说：“我等着第三枪。”7 月 23 日，陶行知赴郭沫若寓所听周恩来报告，郭提请他注意安全，并说：“我是黑榜探(即第三名)，你也要注意，榜上你也有名呢”。不料，仅隔一日，陶在家中突发脑溢血病逝。陶行知逝世的当天，毛泽东与朱德立即联名发出唁电：“先生为人民教育家，为民族解放和社会改革事业奋斗不息，忽间逝世，实为中国人民之巨大损失。”8 月 11 日，延安各界两千余人特别为陶行知举行追悼大会，毛泽东以中共领袖和老朋友的双重身份，亲笔题写会额：“痛悼伟大的人民教育家陶行知先生”。陆定一代表中共中央致悼词：“我们二百万中共党员们，要把他当作模范来学习，陶先生所走的道路是正确的，这正是伟大的民主主义者像鲁迅先生、邹韬奋先生等所走的同样的道路。”

陶峙岳

原国民党高级将领，1949年在新疆通电起义，受到毛泽东的嘉奖。每次北京相见，毛泽东总是亲切地称他“陶将军”，垂询近况，关怀备至。

陶峙岳1892年9月18日生于湖南省宁乡县。青年时代对清王朝的腐败无能和卖国行为非常气愤。1911年参加了推翻清王朝的辛亥革命。1916年毕业于保定军官学校。1926年参加北伐战争，因战功卓著升任国民革命军第四十军三师少师长。七七事变后，响应中国共产党提出的“反对内战、一致抗日”的主张，积极投身抗日战场，率部从陕西驰援上海，参加了八一三淞沪会战。1946年后任新疆警备总司令、西北行政长官公署副官长。他积极拥护和平民主的政治主张，释放了关押在新疆监狱的一批共产党员和进步人士，并亲自派人将他们护送回延安。

1949年9月25日，陶峙岳率驻新疆的国民党官兵发出起义通电。毛泽东、朱德复电，指出他们的行动“符合全国人民的愿望”，并期望他们与解放军合作，为废除旧制度、建立人民的新疆而奋斗。

1950年2月，陶峙岳赴北京汇报工作，受到了毛泽东的亲切接见。毛泽东与他亲切握手交谈，态度极其诚恳，平易近人。这使他想起了1930年蒋介石在蚌埠火车站接见他时的情景。蒋介石只是略一点头，鼻子里哼了一声，那不可一世的态度，与毛泽东成为鲜明的对照。

陶峙岳向毛泽东简要汇报了新疆的工作情况。毛泽东听得很认真，频频点头表示满意。对新疆的问题，毛泽东向他讲了三点指示：一、改造起义部队，使他们真正成为人民的军队；二、新疆是一个多民族地区，必须消除历史上造成的民族隔阂，以加强民族团结；三、积极建设祖国边疆和保卫边疆。

毛泽东听完汇报后留陶峙岳共进晚餐，这使陶峙岳感到意外和激动。席间虽无山珍海味，但那几样湖南家乡口味的菜肴，令人倍感亲切。毛泽东好像对待老朋友一样，与陶峙岳边吃边谈，垂询备至，他们一直交谈到深夜。谈话内容涉猎甚广，不仅谈及国家大事，而且也谈到陶的家庭情况等细节。毛泽东非常关心他的进步问题，毛泽东诚恳地对他说，要好好学习，不断进步，过好三关，第一是解放战争关，现已过去，过得很好；第二是土地改革关，不久就要过去；第三是社会主义关，现在还没有开始，要有思想准备。以后，每到北京开会，毛泽东总是春风满面走过来握住陶峙岳的手，亲切地称他“陶将军”。

1949 年后，陶峙岳将军先后被任命为人民解放军第二十二兵团司令员，新疆军区副司令员、新疆生产建设兵团司令员、新疆军区司令员、国防委员会委员等职。1955 年授予上将军衔，一级解放勋章。晚年先后担任全国人大常委、全国政协副主席及湖南省人大、政协的领导职务。1988 年在长沙去世，终年 96 岁。

唐生智

他是唯一一名没有同红军和解放军打过仗的国民党一级上将。新中国成立后，毛泽东设宴招待他，并说："你是我们的老朋友。"

唐生智，字孟潇，信佛后法名法智，号曼德，1889 年生，湖南东安人，出身于官第世家。1904 年，15 岁的唐生智考入湖南陆军小学。1909 年，复考入武昌第三陆军中学，同年在校秘密加入同盟会。1911 年辛亥革命爆发后，毅然弃学从军，加入革命洪流。次年冬复入保定陆军学校学习。1914 年毕业后开始他的军事生涯。

20 世纪 20 年代，唐生智以"北伐名将"名世，并且是两湖农工运动的热情支持者。抗战中他是著名的主战派抗日将领，40 年代后期成为促进湖南和平起义的功臣。晚年病中，陈毅元帅代表党中央看他时曾说过一段话："孟潇先生，你够朋友，国民党一级上将中，只有你一个没有和我们的红军和解放军打过仗。"确实，他堪称中国共产党的老朋友。他和中共之间既有一个良好的开端，又有一个良好的结尾，其中虽有一段不愉快的"分共"过程，但他是实际上的受害者。如果说十年内战中他不打红军是客观条件使然，那么后来的三年内战中他则是自觉地不与解放军为敌。新中国成立后，他作为民主党派的领袖人物，与中共合作极为和谐。曾先后担任政协常委、人大常委、国防委员会委员、中南军政委员会委员、湖南省副主席、副省长、中国国民党革命委员会中央常委等职。

唐生智与毛泽东等中国共产党人之间有着长期的交往和友情。早在 1921 年秋，时任湘军旅长的唐生智曾把 12 岁的弟弟唐生明送到湖南一师附小读书，并亲手将乃弟交给该校主事毛泽东，请他白天教他学习，晚上带他睡觉。彼时唐生明年幼并有夜间尿炕之习，毛泽东不厌其烦地照料他，从而师生感情日笃。新中国成立后唐生明自港回国定居时，毛泽东还曾开玩笑说："现在你有夫人照料了，就不要我每天半夜喊你起来解手！"

1924 年国民党一大制定三大政策后，唐生智与中共湘区区委书记李维汉秘密联合，达成关于讨吴驱赵的七项协议，并为由共产党人夏曦、郭亮等主持的国民党党部提供光洋 2000 元，作为活动经费，支持彼等组织"湖南人民临时委员会"，实际展开反吴驱赵运动。1926 年初,唐生智出任代理省长之职,并于 5 月打响了讨伐吴佩孚战争的第一枪。6 月,唐生智宣布就任广东革命政府组织的国民革命军第八军军长,并致电鲍罗廷,称第八军是“世界革命的军队”,誓将国民革命和世界革命进行到底。在中共领导的西湖工农支持下,唐军于 9 月上旬攻克汉口,并于辛亥革命武昌起义 15 周年的日子夺取武昌,从而基本消灭了吴佩孚的主力。国民革命的洪流遂由珠江流域发展到长江流域。

此间,唐生智与中共积极合作,容许他们在西湖境内大力发展工农运动。以毛泽东为书记的中央农民运动委员会正是通过此种关系,在湖南普遍建立农民协会,全省农会会员多达 130 万人之众。唐生智当时曾对部将说:“革命要革自己的命,农民运动与我们北伐军的命运是休戚相关的,不能只顾自己,不顾大局。”因为支持工农运动,他还被选为全国农会协会常务理事。有记者甚至说他是“地道的共产党将军”,反动分子则说他被“赤化”了。对此,他说:“中国最受压迫的是工农同胞,他们要求自身解放,进而参加政治,谁说不应该?”“先总理说过:反对工农运动,就是反革命,因此就是我们的敌人”。毛泽东到湖南农村考察时,他表示大力支持,并赞成毛泽东在农村实行土地改革的主张,他曾写信给自己的父亲说,“您有 10 块钱可以买鸡吃,不可以买田当地主。”他还亲口对毛泽东说:“农民在乡下捉土豪劣绅,十个有九个是对的。”后来,毛泽东把这句话直接写入他的名著《湖南农民运动考察报告》之中(新中国成立前东北书店出版的六卷本《毛选》中还有这句话,并注明是唐孟潇说的)。

1926 年底国民政府迁至武汉后,唐生智被选为国民党中央执行委员会委员和政府委员。翌年 4 月蒋介石叛变革命后,武汉国民政府免去了他的国民军总司令之职,任命唐生智为国民革命总指挥,继续北伐大业(同时唐还支持中共周恩来、毛泽东等提出的东征讨蒋的方针,后因中共陈独秀、张国焘等不同意作罢)。5 月间,在唐军北上与奉军作战紧急时刻,因夏斗寅、许克祥先后镇压工农而叛变,湖北农民不愿送粮支援北伐前线,唐生智急电病留武汉的周斓,令其委派周鳌山找毛泽东求援,毛泽东当即答应说:“孟潇先生的事,就是我们的事。”几天后,粮食便运到了河南漯河前线,保证了唐军攻克临颍,并于 6 月在郑州与冯玉祥部胜利会合。

唐生智回汉后,明确反对所部许克祥制造的“马日事变”,坚决站在中共和国民政府一边。当所谓“分共”命令已经颁布之后,他仍坚持要严惩许的这种反革命行为,使许吓得逃走。对来自汪精卫的“分共”压力,他表示说:“合是朋友,分也是朋友,道不同,可以不相为谋,但不能马上翻脸不认人,化友为敌。中共朋友总不是北洋军阀,你们要分,你们去分,我的主张是好来好去。”由于当时他的军事力量在汉县有一言九鼎之位，最后汪精卫等只得同意和平分共。当时他还表示，愿意送武汉政府中担任部长的谭平山、苏兆征出洋考察，并亲自送黄克诚、罗瑞卿等出武汉，赠柯庆施400光洋赴苏留学。他还通过部属刘兴送毛泽东两根金条，为当时困处武汉的毛泽东作入湘经费。后来，他又默许了乃弟唐生明为南昌起义和秋收起义的中共队伍提供枪械和其他物质支援。此后十年，唐生智曾三次反蒋，两度下野。

抗战胜利后，唐生智对蒋的和平建国抱有一线希望，曾返回重庆。他听说蒋介石大举向东北运兵之事后，极为愤慨，对几个来家吃饭的朋友说："民心不可欺，众望不可违，蒋某人如此行天下之大不韪，是不会有好结果的。"随后即带领全家返回湖南东明老家，隐居办学。1946年初，他反复研读了毛泽东的《新民主主义论》、《论联合政府》及《湖南农民运动考察报告》等著作，思前想后，感慨万千。1947年3月，蒋介石指派唐生智作为东安县国大代表邀其参加伪国大，他坚决拒绝，并说："我不愿入鸟兽之群，听其反共鼓噪。"7月，程潜返湘主政后，他开始劝其坚持和平与正义，后直接与中共地下组织接洽，明确表示今后"走李济深道路"，与中共合作，促成湖南和平解放。1949年8月间，程潜、陈明仁宣布长沙起义，唐生智等106人立即通电支持。此间，他还通过朋友写信给北平傅作义将军，劝其和平解放古都。

1950年初，唐生智写信给毛泽东，简要叙述了自己自北伐以来的思想演变过程。此际，毛泽东正在访苏之中，但他在百忙中回电说："信已收到，何日来京，盼先电告。"4月，唐抵京的第二日，毛泽东即宴请了他，并由陈叔通作陪。此前，李济深等曾告诉他说："有人在毛主席面前讲小话，说你唐孟潇不会来京的。"唐生智在席间当即向毛泽东讲了自己迟到的原因，说明是由于执行省工委的指示确实抽身不得，并表示说："大革命时期，我没有自始至终跟共产党走，深感内疚，今后将永远跟着主席，革命到底。"毛泽东对他说："你是我们的老朋友，我们对你是很了解的，大革命时期你并不是想那样做的，只是部下那帮赳赳武夫不听你的话。"最后，毛泽东又说："我们要过几个关：战争关、土改关、社会主义关。现在你和你的家属部下，战争关过来了，其余两关就好过了。又好过又不好过，要有充分的思想准备。社会主义革命和社会主义建设任重道远，希望孟潇先生为国效力。"唐生智当即表示说："我对社会主义革命和社会主义建设的态度是：鞠躬尽瘁，死而后已。"当时在场的陈叔通听后，大为感动，赞之道："唐孟公，真想不到你威名远震，却如此平易近人。"

1970年4月6日，唐生智因病逝世，享年81岁。

谈家桢

著名遗传学家,摩尔根学派的中国代表。毛泽东对他的遗传学研究寄予厚望,“文革”中多次保护他,病重时还关心着他的近况,惦记着为什么读不到他的文章。

谈家桢,1909 年生,浙江宁波人。幼时念过私塾,后入教会学校,1930 年考入燕京大学。1934 年赴美留学。曾任浙江大学、美国哥伦比亚大学教授,1948 年出席在瑞典举行的第八届国际遗传学会议,当选为国际遗传学常务理事。

新中国成立后曾任复旦大学生物系主任、遗传研究所所长、中国遗传学会理事长、第十五届国际遗传学大会副会长、第六届全国政协常委、民盟中央副主席、民盟上海主任委员。在生物学界,谈家桢是赞成摩尔根学派的。新中国成立初期,我国生物学界盲目追随苏联,片面强调李森科、米丘林的学说,压制和打击摩尔根学派。谈家桢在复旦大学不能开设遗传学课程,不能从事遗传学研究,当时这种情况使遗传学的许多分支在我国成了空白。1956 年,毛泽东为繁荣科学和文化提出了著名的“双百”方针,这一年,生物学界在青岛召开遗传学座谈会,不同学派的遗传学家在会上各抒已见,我国遗传学的教学和科学研究开始出现生机勃勃的景象。谈家桢后来在中南海怀仁堂向毛泽东汇报了这次会上的讨论情况,毛泽东听后很高兴地说:“过去我们学习苏联有些地方不对头。应该让大家搞嘛,可不要怕。”1956 年 1 月 6 日,毛泽东在杭州派飞机把谈家桢和另外两位知识分子朋友接去,在西湖边的一个庭园里同他们共进晚餐,一起商讨科学技术赶超世界先进水平的问题。毛泽东问:“谈先生,把遗传学搞上去,你觉得还有什么障碍和困难吗?”自从毛泽东提出“双百”方针以来,谈家桢在复旦可以开课了。但是在社会上,不少人还只把这看成是统战工作需要,认为是对高级知识分子的“照顾”,思想上并没有真正尊重摩尔根学派,谈家桢要进行遗传学的研究工作,依然是阻力重重。毛泽东了解到这一点后,就用一种令人毫不怀疑的口气坚决地说:“有困难,我们一起来解决,一定要把遗传学搞上去!”毛泽东和谈家桢他们一直谈到凌晨 3 时。分别时,毛泽东披着大衣一直送他们到湖边。这时皓月当空,毛泽东兴致勃勃地说:“今晚的聚会,也可以算是一段西湖佳话吧!”1961年五一节前夕,毛泽东在上海又一次接见谈家桢,一见面就问:“你对把遗传学搞上去,还有什么顾虑吗?”在场的上海市委的同志说:“我们大力支持谈先生在上海把遗传学研究搞起来。”毛泽东笑着点头说:“这样才好呀!要大胆搞,不要怕。”

就在这一年,由谈家桢担任所长的复旦大学遗传学研究所成立了,他们在当时遗传学的新兴领域辐射遗传、医学遗传(包括分子病)微生物生化遗传和进化遗传几个方面展开了系统的研究。从1962年到“文化大革命”前夕,共发表了科学研究论文50多篇,出版了专著、译作、论文集等16种,大大缩短了我国遗传学研究与当时国际先进水平的差距。

然而,毛泽东关于发展遗传学的指示,在“文革”中却遭到林彪、“四人帮”的疯狂践踏。谈家桢主持的遗传学研究所,被“四人帮”作为“谈氏小朝廷”、“资产阶级土围子”来围攻,实验设备和仪器被拆散毁坏,研究人员被迫离开自己的岗位。谈家桢也下放到农村劳动。1968年11月的一天,谈家桢在地里锄草,突然有人轻轻地对他说:“你明天不要来劳动了。”后来他才知道,是毛泽东了解到他的情况后,指名把他从“四人帮”的迫害下解放出来的。此前不久毛泽东曾明确地对人说道:“谈家桢还可以搞他的遗传学嘛!”1974年冬天,毛主席在病中,还让王震给谈家桢带去口信。见面后,王震对谈家桢说:“毛泽东关心你,问这几年为什么没有见到你发表文章?”谈家桢有多少话要对毛泽东倾吐啊!可是他看到旁边有“四人帮”的爪牙,只好把要说的话又吞进肚里,勉强地对王震说了一句:“谢谢他老人家,我是要搞的啊!”

粉碎“四人帮”后,谈家桢的研究所加快建设进度。他风尘仆仆地到美国访问,参加学术讨论会,订购先进仪器。除了原有研究项目外,所里又开辟了遗传工程、染色体的结构和功能、真核生物基因的调控机制等现代遗传学领域的研究工作。特别是遗传工程,被列为国家八项重点科研项目之一,这是一个古往今来科学家梦寐以求的伟大探索工作。

2008年11月1日,谈家桢因病在上海逝世,享年100岁。

徐悲鸿

他比毛泽东小两岁，毛泽东却称他“徐老先生”；他担任中央美院第一任院长，毛泽东则为美院亲书了第一块校匾；他不幸病逝后，毛泽东嘱咐……

徐悲鸿，原名寿康，1895 年生，江苏宜兴人，是我国著名的国画大师。幼时随父学画，17 岁时开始当中学图画教员。1914 年入复旦大学。四年后赴法国巴黎，先后在法国朱利安艺术学院、巴黎国立美术学校及德国柏林美术学校学习素描和油画。1927 年回国后，先后任中央大学艺术系教授、上海南国艺术学院绘画系主任、北平艺术学院院长。1933 年，曾经携带中国近代名家作品 600 余件赴欧洲各城市巡回联展，引起轰动。抗日战争时期，随中央大学迁往重庆。抗战胜利后创立国立北平艺术专科学校，任校长。

1948 年冬天，人民解放军开始对北平展开包围，徐悲鸿的老友田汉秘密从解放区来到北平徐悲鸿家里，他带来了毛泽东、周恩来对徐悲鸿的嘱托。田汉满怀欢喜地对徐悲鸿说：“我来北平之前，见到了毛泽东和周恩来同志，他们希望你在任何情况下都不要离开北平，并尽可能在文化界多为党做些工作。”听到毛泽东、周恩来在指挥全国解放战争的戎马倥偬之际，还悬念着北平的文化界人士，悬念自己，徐悲鸿夫妇非常感动。

1949 年，中国人民终于迎来了古都北平的解放，徐悲鸿第一次见到了毛泽东，并亲切地互相交谈。虽然徐悲鸿的年龄比毛泽东小两岁，但毛泽东还是尊称他为“徐老先生”，很关怀地询问了徐悲鸿的工作和健康状况。1949 年 7 月，徐悲鸿出席了中华全国文学艺术工作家首次代表大会，并当选为全国美术工作者协会主席。7 月 6 日晚 7 点 20 分，毛泽东、周恩来到中南海怀仁堂看望与会代表，并发表了鼓舞人心的即席讲话。在谈到文艺创作“中西结合”的问题时，毛泽东特别举了徐悲鸿先生的绘画作为范例，认为他既保持和发展了中国文化艺术的传统，又吸收了西方优秀的东西，把两者结合起来融为一体，取得了杰出的成绩。

10 月 1 日，徐悲鸿应邀参加了开国大典，毛泽东和颜悦色地对他说：“俗话说,文如其人。看你笔下奔马那气势,又听说你走路其快如飞,我想,这里面是不是有辩证法哟!”说完爽朗地大笑起来,徐悲鸿也被逗笑了。毛泽东又问:“你们学校办得怎么样?”徐悲鸿心里有许多话想说,可一时又不知从何说起,忙回答:“我们师生自己动手,在操场四周种了好多菜……”毛泽东赞许道:“好哇,你把延安抗大精神发扬了。”

1950年4月1日,北平艺术专科学校的校门口装饰一新,正式挂出了毛泽东亲笔书写的“中央美术学院”的牌子。学院入口处正面墙上是徐悲鸿的手书——毛主席《在延安文艺座谈会上的讲话》中的一句名言:“缺乏艺术性的作品,无论政治上怎样进步,也是没有力量的。”被任命为中央美术学院第一任院长的徐悲鸿常常对学生讲:“一个热爱祖国、热爱人民的艺术家,首要的任务是表现人民大众的精神面貌、愿望和时代精神,要做到这一点,必须到实际生活中去锻炼。”

1953年,徐悲鸿因劳累过度,在会场突发脑溢血,送医院医治无效不幸早逝。他的夫人廖静文女士在检视徐悲鸿遗物时,见到了徐悲鸿画的一幅准备送给毛泽东的奔马。画面是一幅用墨泼绘的骏马,它高高地昂起头,如疾风闪电似的向前飞奔。在画的右侧,徐悲鸿用苍劲的字,题写了:“百载沉疴终自起,首之瞻处即光明。”表现了徐悲鸿获得解放之后那种无比欢欣鼓舞的心情和对中国共产党、毛泽东的敬爱。廖静文托人将这幅画送给了毛泽东。毛泽东在12月13日给廖静文写了回信,信中说:“静文同志:十月间的信和徐先生所绘的奔马,早已收到,甚为感念。兹派田家英同志询问你们的情况,如有困难,请告知为盼!”田家英告诉廖静文女士,毛泽东在交给他这封信后,当他走出屋子时,毛泽东又把他叫了回去,细心地嘱咐说:“要告诉廖静文同志,一定要她把徐先生遗下的幼小儿女好好抚养成人。”毛泽东的关怀使廖静文女士十分激动。她认为这不仅体现了毛泽东对徐悲鸿个人的尊重,也是对我国有贡献的知识分子的尊重和爱护。

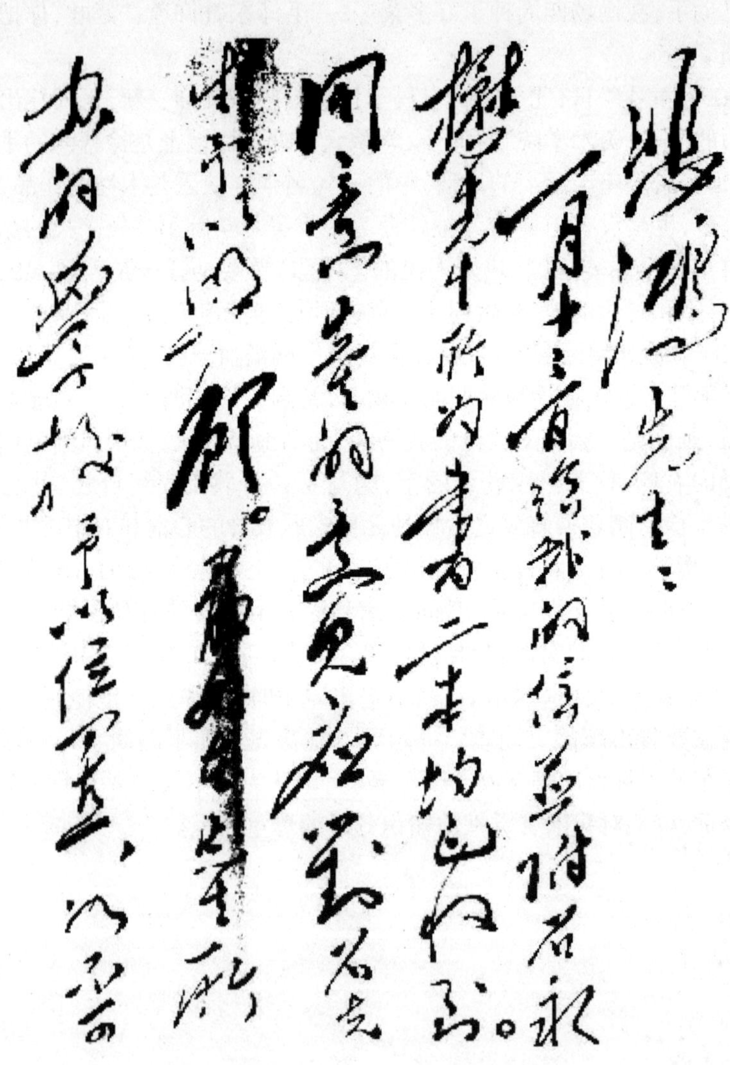

黄炎培

1920年，毛泽东曾在上海听过他的演讲；二十五年后，他在延安与毛泽东作彻夜长谈。重庆谈判期间，他和毛泽东的会晤、聚宴多达10次以上；新中国成立后，毛泽东跟他书信往还，难以数计。

黄炎培，字任之，1878年10月1日出生在江苏省川沙县（今属上海）一个没落的知识分子家庭。13岁丧母，17岁丧父，兄妹3人在外婆家长大。自6岁起，黄炎培开始识字、写信，幼时母亲的教育对他日后有很大影响。9岁入私塾，受旧文化熏陶达十年之久。20岁时，他以府考第一名的资格考取秀才，三年后又中举人。1900年黄炎培考取南洋公学特班，开始接受新文化。不久学校解散，他便和几个朋友在川沙办起川沙小学堂，因教学中有揭露清廷腐败、反对封建专制的内容，被捕入狱。经上海基督教洋人总牧师保释后，流亡日本。

1904年回国后，黄炎培又在乡间办起学校。1905年7月在老师蔡元培的介绍下加入中国同盟会，开始投身资产阶级民主革命。辛亥革命前夕，他到苏州规劝江苏巡抚程德全起义反清。江苏宣布独立后，他便留在苏州工作。1912年起出任江苏省教育司司长、教育会常任调查干事及副会长、议会议员等，负责江苏教育行政工作约三年时间，此后又担任上海申报旅行记者。1917年黄炎培赴美考察，回国后发起成立中华职业教育社，提出最终目标是“使无业者有业，使有业者乐业。”主张教育政策的大改革，翌年创设中华职业学校。职业教育很快受到各方重视，海外华侨及实业界人士纷纷捐资助学，使职业教育成为一时风尚。

1921年7月，中国共产党在上海成立。黄炎培专程到北京找到李大钊，两人就国内、国际大局和前途问题，交换了意见。

蒋介石在南京成立国民政府后，为排除异己，以“学阀”罪名通缉黄炎培，中华职业教育社被捣毁，他再次流亡。

九一八事变前，黄炎培正在日本考察教育，发现日本侵华战争气氛很浓，回国后他带着“日本即将侵我”的预感，多方奔告。九一八东北沦陷，蒋介石的不抵抗主义遭到全国人民的反对，黄炎培投身于全国的抗日救亡运动之中，要求国民党政府抗御侵略，他组织成立上海市民地方维持会（后改称上海市地方协会），在以后的一·二八和八一三上海抗战中，积极宣传动员上海市民运送军需物资，筹募捐款，支援前线。

抗战期间，他以社会贤达身份被推选为国民参政员，参加抗战募捐工作。在此期间，他开始了同共产党广泛的接触。

1941 年 10 月，黄炎培代表职业教育派同梁漱溟、沈钧儒、张君劢、章伯钧、左舜生、李璜、张澜、罗隆基等共同参与发起筹组中国民主政团同盟（即中国民主同盟）。1945 年他又与胡厥文、章乃器等联合工商界人士另外成立中国民主建国会，他任主任委员。

1945 年 6 月，抗战已近尾声，胜利在望，而国共合作濒于破裂。黄炎培与几位参政员联名致电毛泽东，主张恢复国共谈判。毛泽东回电欢迎黄炎培等访问延安，商谈国是，黄炎培与冷遇、褚辅成、章伯钧、左舜生、傅斯年等 6 位国民参政员于 7 月 1 日飞抵延安。在机场，黄炎培等人受到毛泽东等中共中央高级领导人的热烈欢迎。毛泽东握着黄炎培的手说："我们二十多年不见了！"黄炎培很奇怪，说我们这是第一次见面呀！毛泽东笑着说：1920 年 5 月某日在上海，江苏省教育会欢迎杜威博士，你主持会议，发表演说，那一大群听众之中有一个就是我。黄炎培听后很高兴，盛赞毛泽东好记性。

在延安，黄炎培感到样样都很新鲜。这里自由的空气、井然的秩序、朴素的作风使他觉得既亲切又自然。访问期间，毛泽东在百忙中专程邀请他和冷遇到家中做客，畅谈了许多问题。当毛泽东问他此次延安之行有何感想时，他坦率地说："我生六十多年，耳闻的不说，所亲眼看到的，真所谓'其兴也勃焉，其亡也忽焉'。一人、一家、一团体、一地方乃至一国，不少单位都没有能跳出这周期率的支配力。……一部历史，'政怠宦成'的也有，'人亡政息'的也有，'求荣取辱'的也有，总之没能跳出这个周期率。中共诸君从过去到现在，我略略了解了的，就是希望找出一条新路，来跳出这个周期率的支配。"毛泽东高兴地答道："我们已经找到了新路，我们能跳出这周期率。这条新路就是民主。"两人就此长谈，很是投机。

在延安短短的 5 天访问，黄炎培对共产党、解放区有了新的认识，从朦胧中看到了光明，这是他一生中的一次重大转折，为他日后同共产党的长期合作打下基础。

回到重庆后，黄炎培到处作报告，讲述他在延安的所见所闻，并很快写成出版了《延安归来》一书，在大后方引起很大的震动，同时也招致国民党当局的忌恨与不满。

1945 年 8 至 10 月，毛泽东亲临重庆与国民党谈判，双方签订了“双十协定”。这期间，毛泽东广泛接触民主人士，宣传共产党的主张。其中与黄炎培的会晤和聚宴达十次以上，从而使两人的交往与友情日益加深。

内战爆发后，黄炎培拒绝了蒋介石要他参加“国民大会”的要求。1949 年 2 月，他在中共地下党的帮助下，逃脱了国民党特务的严密监视，潜离上海经香港转赴解放区，3 月 25 日到达北平，开始了新中国的筹建工作。

他到达北平的当天下午，就同沈钧儒等民主人士赴西郊机场迎接毛泽东等中共中央领导人进入北平。两人重庆握别，虽然仅有三年半的时间，但中华大地已发生翻天覆地的变化。黄炎培很是感慨。当日晚，毛泽东设宴招待黄炎培等 20 多位民主人士。第二日晚，毛泽东又单独邀请黄炎培，两人畅叙别情，纵谈时局，直至深夜。在叶剑英市长为他举行的欢迎会上，他情不自禁地奋臂高呼：人民革命万岁！中国共产党万岁！毛主席万岁！

在随后的日子里，毛泽东多次邀请黄炎培等民主建国会的领导人，商谈人民政协的筹备工作，希望他多在民族工商业中做工作，为解放上海出力。黄炎培随即在中央人民广播电台向上海人民广播，要求上海人民组织起来，迎接上海解放。他还在《人民日报》上发表文章批驳美国国务院关于中国革命的“白皮书”。文章发表的当天，毛泽东就亲笔给他写信说：“声明写得极好，这对于民族资产阶级的教育作用是极大的。”

中华人民共和国成立后，一向拒绝做官的黄炎培在周恩来的动员下，担任了政务院副总理兼轻工业部部长的职务。此外，他还先后被选为全国人大常委会副委员长、政协全国委员会副主席等职。

在土改运动中，黄炎培不断收到一些人的告状信，他怀着不安的心情向毛泽东转达了这些信件。为此，毛泽东多次亲笔写信给他，把各地的土改材料送给他参阅，还介绍苏南区党委书记陈丕显与他见面恳谈。当他初步了解了基层情况之后，立即主动要求下乡考察。毛泽东对他的这一愿望十分重视和支持，特地写信给中共华东局书记饶漱石和陈丕显，关照他们说：“黄炎培先生收到许多地主向他告状的信……黄先生准备于本月内赴苏南各地巡视，我已嘱他和你们接洽，到时望将全区情况和他详谈。”临行前，毛泽东又邀他面谈，告诉他：“苏南已土改地区，可择好者、坏者各看一二考察之。”

在“三反”运动、“五反”斗争中，在私营工商业的社会主义改造运动中，黄炎培多次深入实际，认真开展调研工作，并及时把了解到的各种情况和意见写信汇报给毛泽东，认真履行了人民赋予他的权力。毛泽东多次复信予以指示和交换意见。两人书信交往不断。

1956年9月，黄炎培列席参加了中共八大，这使他又受到一次生动的教育。毛泽东在大会上提出了中国共产党和各民主党派“长期共存、互相监督”的方针，他热情赋诗，祝贺党的八大召开。

黄炎培在真挚的爱国主义思想驱使下，长期从事职业教育事业，希望造福民众。

1965年12月21日，他在北京病逝。

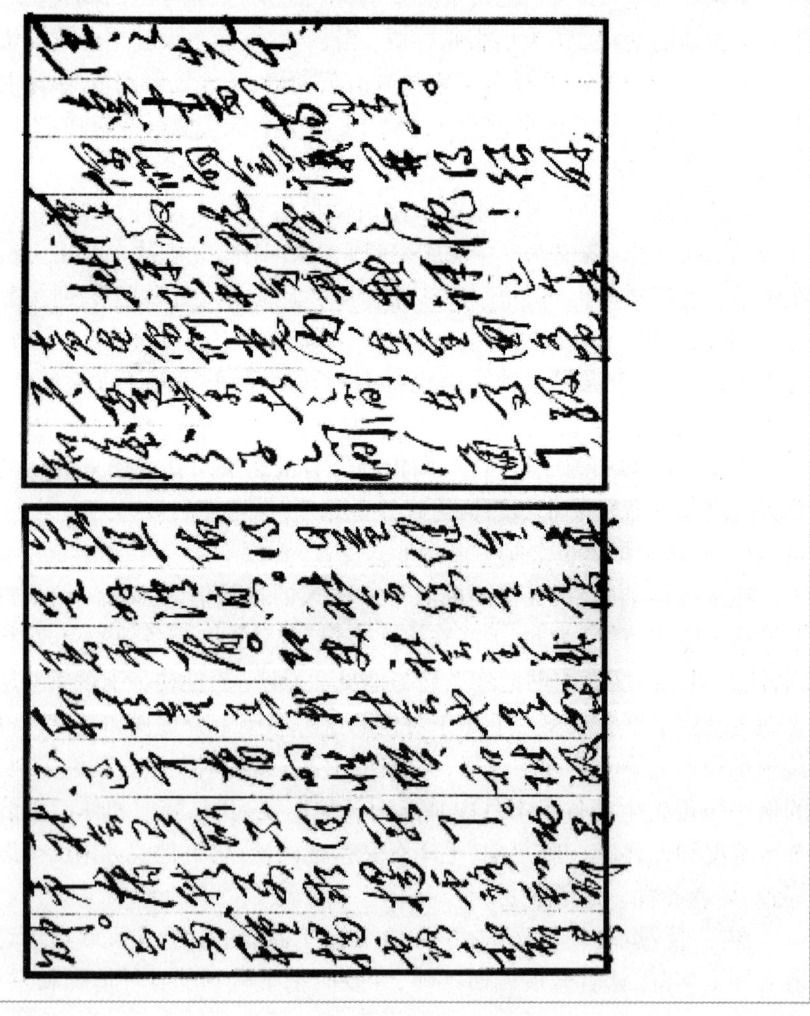

梅兰芳

著名京剧表演艺术家，列“四大名旦”之首。毛泽东喜爱京剧，更喜爱梅兰芳这位京剧界泰山北斗的演出，对他的表演欣喜不已，推崇备至。

梅兰芳，名澜，字畹华。祖籍江苏泰州，1894年出生于北京。梅兰芳8岁学戏，9岁拜吴菱仙为师学旦角，10岁即登台演出青衣兼刀马旦。后正式搭班喜连成（后改富连成），继续向秦稚芬、王瑶卿等名家学戏，并经常与一些著名京剧表演艺术家同台演出，博采众长，艺术上日臻成熟。

1913年，梅兰芳到上海演出时受上海春柳社话剧启示，编演了《宦海潮》、《邓霞姑》等时装戏，并新编古装戏《嫦娥奔月》、《霸王别姬》、《洛神》等，使古装新戏风行全国。1919年至1924年，梅兰芳曾两次赴日本访问演出，受到日本文艺界和广大观众的热烈欢迎，誉其舞姿为“梅舞”。1927年北京《顺天时报》举行中国首届旦角名伶评选时，梅兰芳与程砚秋、荀慧生、尚小云被誉为京剧“四大名旦”。

1930年，梅兰芳率团到美国华盛顿、纽约等大城市访问演出，轰动美国。在洛杉矶分别获南加利福尼亚大学和波莫纳学院荣誉文学博士学位，并会见了喜剧大师卓别林。1935年他到苏联演出，随后访问法国、德国、英国、意大利等国，结识了著名艺术家斯坦尼斯拉夫斯基、布莱希特和文学家高尔基、阿·托尔斯泰等人。

抗日战争爆发后，梅兰芳不顾日伪威逼利诱，蓄须明志，拒绝演出，以卖画典当为生，表现出高尚的民族气节和爱国主义精神。抗战胜利后，他重返舞台，演出昆曲。

新中国成立后，梅兰芳相继到全国十余个省市巡回演出，1952年到维也纳参加第三届世界人民和平大会。1955年文化部和中国文联、中国戏剧家协会举办梅兰芳、周信芳舞台生活50年纪念，梅兰芳被授予荣誉奖状，并拍摄彩色舞台艺术片《梅兰芳舞台艺术》。几十年来，梅兰芳在京剧舞台上辛勤表演，继承和发扬京剧艺术的优良传统，使旦角的表演艺术发展到一个崭新阶段，形成“梅派”艺术，给中华民族戏剧艺术宝库增添了巨大的艺术财富。

梅兰芳作为一名著名京剧表演艺术家曾受到毛泽东的亲切关怀和爱护。梅兰芳也非常崇敬和热爱毛泽东。

1951年2月16日,农历除夕,梅兰芳剧团奉调到怀仁堂参加春节晚会,演出《金山寺》、《断桥》,梅氏父子分别扮演剧中的白蛇、青蛇。新春佳节又逢喜事,梅氏父子满心欢畅!他们把这两出唱、做、念、打俱全的传统佳剧演得丝丝入扣,精彩纷呈,毛泽东、周恩来等中央领导看得舒心惬意。第二天,正月初一,毛泽东亲自接见梅兰芳,对他说:"昨天看了《金山寺》、《断桥》。你的白娘子扮相与众不同,想得很妙,浑身穿白,头顶一个红绒球。"梅兰芳一听,一股暖流顿时涌上心头。回到家里,他还激动不已,兴冲冲地对夫人福芝说:"毛主席看戏可真仔细!这么多年,从未有人谈过白娘子的扮相。的确,我是费了很多时间来研究,才改成现在这个样子的。"

1953年,梅兰芳赴朝鲜慰问后返回北京,在怀仁堂参加招待会,演出昆曲《游园惊梦》。早在看戏的前几天,毛泽东便阅读了梅兰芳《舞台生活四十年》第一集中的"游园惊梦"一节,并派专人到梅宅,借来梅兰芳所用舞台流行的《遏云阁曲谱》,说是等梅先生唱过后便送回。《游园惊梦》演出后,在怀仁堂的宴会上,毛泽东对梅兰芳说:"你扮演的杜丽娘,深刻而有诗意。"听到主席的赞誉,梅兰芳感激万分。

毛泽东看戏时认真仔细,他懂得尊重演员,珍视他们的辛勤劳动,梅兰芳为有毛泽东这样的知音而感到一生莫大的幸福。

1961年8月8日,梅兰芳因病在北京逝世,享年67岁。

章乃器

著名的"七君子"之一。抗战前夕与毛泽东同声相应，呼吁团结抗战。新中国成立后担任第一任粮食部长，曾随毛泽东访苏，受到斯大林的接见。

章乃器，原名埏，字金峰，又字子伟，1897年出生。1918年毕业于浙江商业学校，后从事金融工作，曾在上海任浙江实业银行副总经理。

1935年，章乃器与沈钧儒等组织成立上海各界救国会，宣传抗日救国，是全国各界救国联合会领导人之一。1936年11月，他与救国会其他负责人沈钧儒、邹韬奋、李公朴、沙千里、王造时、史良等人一起被国民党当局逮捕，世称"七君子"事件。1937年7月31日，章乃器等人终于走出了苏州监狱的铁门，戴着"七君子"的荣誉胜利归来，受到社会各界人士的热烈欢迎。当他们回到上海时，正值"八·一三"的前夕，日本侵略者迫近上海，随时都有沦陷的可能，空气异常紧张。这时，他应李宗仁邀请担任了安徽省长，不久又出任安徽省财政厅厅长。

在安徽这段时间里，章乃器自认为最得意的是做了两件大事，一是为新四军争取到每月3万元的军费。当时，国民党顽固派明知是章乃器有意帮助共产党，但却提不出什么反对理由，这件事使章乃器感到异常开心。后来他在《七十自述》中写道："我还以换取统一税收为名义，每月补助新四军3万元。这是一件极其大胆的统一战线的工作，是任何地方政府所未敢做的！"二是培养了一大批革命的财经干部。章乃器接任财政厅长以后，掌握了安徽全省的财经大权，他为了解决财经干部缺乏的问题，创办了两期财会训练班，为当时的安徽省培养了一大批革命的财经干部。后来，章乃器被蒋介石解除财政厅长职务调到重庆后，有些进步朋友指责他不该做财政厅长，认为那是为反动政府服务，玷污了"七君子"的清白。他却不同意这个观点，认为他是为抗日做工作。后来得到了毛泽东的肯定，说他是"为党为人民做了好事"。

章乃器与毛泽东算得上是老朋友了。早在抗战前夕，章乃器和沈钧儒等人发起救国会的组织，从事策动群众抗日救亡运动时，毛泽东就曾函电赞扬他们的爱国行动。1945 年抗战胜利后，毛泽东到重庆进行历史著名的“重庆谈判”时，又曾两次邀请章乃器出席工商界人士座谈会。

1949 年 1 月，章乃器等人从香港来到东北解放区，参观了大连、旅顺、沈阳、哈尔滨等地的工厂、农村、学校、煤矿、电站之后。他顿感耳目一新，到处是一派欣欣向荣的景象。有一次在参观途中。同行的人们唱起一支旋律优美的歌曲，开头的歌词是“没有共产党就没有中国”。章乃器建议把这句歌词增加一个“新”字，改为“没有共产党就没有新中国”，以确切表达共产党的历史功绩。不久，章乃器见到毛泽东，毛泽东对他说：你提的意见很好，我们已经让作者把歌词改了。

1949 年 9 月 21 日，章乃器出席了政协第一次全体会议，并在大会上作了题为《新民主主义的民族工业家的任务》的发言，受到毛泽东的好评。10 月 1 日，章乃器参加了开国大典，并被任命为政务院政务委员、财经委员会委员、全国政协党委兼财经组组长、政务院编制委员会主任。从此，他把全部精力投入了国家的经济建设工作。1949 年 12 月，章乃器作为中国代表团成员，随毛泽东、周恩来访问了苏联，受到斯大林的接见。1952 年 8 月 7 日，章乃器被任命为中华人民共和国第一任粮食部部长。他在工作中勇于负责，多有建树，曾多次受到毛泽东的表扬。毛泽东称赞粮食部是“后来居上”。

章乃器由于工作关系，经常在各种场合同毛泽东见面交谈，自不必说大都是公务关系，私人往来是比较少的。但有一次，章乃器忽然接到毛泽东的通知，邀他到中南海去谈话，他真不知为了何事，直至来到毛泽东家中会晤时，才知道主席是为他解除多年来的思想包袱。那还是 1937 年的事情。章乃器在那年 9 月 1 日的上海《申报》上发表了一篇题为《少号召多建议》的文章，客观上起了一些消极的影响。因此，毛泽东在同年 11 月 12 日发表的《上海太原失陷以后抗日战争的形势和任务》一文中指出：“在上海，对少号召、多建议的章乃器主义给了批评，开始纠正了救亡工作中的迁就倾向。”后来章乃器思想上有了很大的转变，并在安徽担任财政厅长时，以实际行动为人民做了许多工作。毛泽东得知后，在新中国成立后出版《毛泽东选集》时，于上述一文后加了这样一条注释：“当时章乃器主张‘少号召，多建议’，事实上在国民党压迫人民的情况之下，单是向国民党‘建议’是没有用处的。必须直接‘号召’民众起来向国民党斗争。否则，就不可能坚持抗日，也不可能抵抗国民党的反动。所以，章乃器这个主张是错误的。后来，他已逐步认识了这个错误。”这次毛泽东特地邀请章乃器来，就是向他解释并肯定他在安徽为党为人民做了不少好事，特别赞扬他为党培养了大批财经干部，帮助党建立了大别山革命根据地。这不仅为章乃器解除了多年来的那个思想包袱，而且给了他很大的安慰，使他觉得在安徽工作这个时期，能够得到毛泽东这样恰如其分的评价，感到很自豪。也使他在思想感情上更加靠拢党，自觉接受党的领导。

1957 年，章乃器被错划为右派分子。在“文化大革命”中，他遭到“四人帮”的残酷迫害，身体受到严重损伤，于 1977 年病逝，终年 80 岁。1980 年 7 月，章乃器的右派问题得到平反改正。

章士钊

他与毛泽东的岳父杨昌济是至交，曾为毛泽东组织湖南青年去欧洲勤工俭学筹款两万银元。新中国成立后毛泽东用自己的稿费逐年还清了这笔钱，作为章士钊的生活补助。

章士钊，字行严，笔名烂柯山人、青桐、秋桐、孤桐等。1881 年出生于湖南长沙。小时在家乡读私塾。1901 年到武昌进两湖学院，次年入南京师范学堂。1903 年赴上海参加蔡元培等人组织的爱国学社，结识章太炎、张继、邹荣等人，用黄中黄笔名发表译作《大革命家孙逸仙》，受聘任《苏报》主编。

1917 年，章士钊在北京办《甲寅》杂志，11 月被北京大学文科研究院聘为教授兼图书馆主任。次年，他认识中共早期创始人李大钊，并积极推荐其接替北大图书馆主任一职。1922 年直奉战争后，段祺瑞北洋政府临时执政，任命章士钊为司法总长，后又兼教育总长。1927 年，当他获悉李大钊被捕的消息后，曾积极组织有关方面进行营救，未果。1928 年底受国民党政府通缉后，赴欧洲旅行。抗战时期，章士钊拒绝汪精卫南京政府的拉拢，由香港前往重庆，任国民政府国民参政员。

章士钊与毛泽东一生交往颇多，两人关系甚密，几十年来时常往来，交情很深。早在 1919 年，青年毛泽东就结识了章士钊。由于毛泽东的岳父杨昌济先生是章士钊早年在湖南长沙的至交，因此章士钊与毛泽东的关系也非同一般。

1920 年，毛泽东为筹备党的成立、湖南革命运动以及一部分湖南青年去欧洲勤工俭学，急需一笔数量较大的银款。他来到上海找到章士钊，只说为一批有志青年筹款去欧洲勤工俭学，请帮助部分资金。章士钊立即答应，随后发动社会各界名流捐款。由于章士钊的努力和他的名望，最后一共筹集了两万银元，全部交给毛泽东，为一批有志的革命青年赴欧勤工俭学奠定了物质基础。时过 43 年后，一天，毛泽东对章含之（章士钊之女，当时任毛泽东的英文教师）说："行老哪里晓得他募捐来的这笔钱帮了共产党的大忙。当时，一部分钱确实供一批同志去欧洲，另一部分我们用来造反闹革命了。"毛泽东又说："你回去告诉行老，我从现在开始要还他这笔欠了近五十年的债,一年还两千,十年还两万。”

章含之回家将此事告诉父亲,章士钊哈哈大笑说:“确有其事,主席还记得!”父女俩没想到,几天后毛泽东果然让秘书送上第一个两千元,并说今后每年春节送上两千元。章士钊不安,他要含之转告主席,不能要这笔厚赠,并说那时的银元是募捐来的。毛泽东听了微笑道:“你也不懂,我这是用我的稿费给行老一点生活补助啊,他给我们共产党的帮助哪里是我能用人民币偿还的呢?”自此,每年春节初二这天,毛泽东必定派秘书送来两千元,一直到 1972 年累计送满两万元后,毛泽东还坚持要送,说这是给行老的生活补助,行老只要健在,这个钱就一直送下去,直到行老去世为止。

1945 年毛泽东赴重庆谈判时广泛接触了各界爱国人士,听取他们对时局的分析。有一次他找章士钊叙谈,问他对当前局势作何分析。章士钊想了片刻,在纸上写了一个“走”字,并说:“三十六计,走为上策。”接着向毛泽东谈了他对当时形势的分析,他认为蒋介石对和谈并无诚意,正在积极备战,乘蒋尚未准备就绪,就迅速离开重庆,防止突变。毛泽东很重视章士钊这一观点,并在后来党内分析形势时,积极采纳章士钊等民主人士提出的中肯意见。

新中国成立后,章士钊担任了全国人大常委会委员、政协全国常委、国务院法制委员会委员、中央文史研究馆馆长等职,与毛泽东交往甚厚。毛泽东经常邀请他到中南海做客叙谈。1962 年 12 月 26 日,毛泽东七十大寿那天,又邀请了程潜、叶恭绰、王季范和章士钊及其女儿章含之等人到家中作客。饭前,他与几位客人谈笑风生,说古论今,气氛甚浓。席间,毛泽东询问了几位客人的家庭及子女情况,当他听说章含之现在外国语学院英语系任教时,便打趣地说:“年纪不大,硬是个老师哩!”接着又问章含之:“你来教我读英文,行不行?”章含之恭恭敬敬地回答:“我的英语水平低,不敢教主席。”毛泽东呵呵一笑:“怕什么嘛?我的水平很低。”

“文化大革命”中,红卫兵抄了章士钊的家,还批斗了老人。红卫兵走后,章士钊颤颤悠悠地从卧室出来,端坐在写字台前,拿出纸笔给毛泽东写了一封信,告诉主席红卫兵如何抄了他的家并斗争了他。没想到第二天总理办公室就来了电话,告之已将信转交主席,北大红卫兵已受严厉批评,并命令他们立即送回被抄物品。后来,总理又派来两名便衣警卫在章家值班,不许任何人闯入。更没想到,9 月 1 日,章士钊收到毛泽东的亲笔复信,信中说:“行严先生:来信收到,甚为系念。已请总理予以布置,勿念为盼!顺祝健康!毛泽东。”捧着来信,章士钊心情异常激动。

章士钊从 1960 年开始着手撰写《柳文指要》。到 1965 年已完成初稿,上下两部近一百万字。他写作此书时,一开始就得到毛泽东的支持,毛泽东说他也爱柳文,并叮咛章士钊将书稿送他先读。书稿出来后,毛泽东不仅读,还逐字逐句地研究,亲自改了若干处,并提出一些修改意见,同章士钊切磋。1971 年,《柳文指要》冲破康生等人的重重阻挠,最终出版。老人积几十年心血付诸成书,激动万分,立刻自己花钱购得几百册成书,又叫秘书买来红纸,截成小条,亲笔题词,送给亲朋好友,当然首先是送给毛泽东、周恩来。

1973 年 7 月,章士钊在香港逝世,享年 92 岁。

梁漱溟

他与毛泽东初识于北大教授杨昌济先生的家中，1938年曾在延安与毛泽东竟夜长谈。新中国成立初，应毛泽东之邀来到北京，担任全国政协委员。

梁漱溟，原名焕鼎，字寿铭，广西桂林人，1893年10月18日出生于北京。6岁在家中开蒙读书，戊戌变法后停科举、废八股，他就转入北京第一个“洋学堂”即中西小学堂读书。八国联军入侵北京，使他一度停止了学业。14岁时，他考入顺天中学堂。在此读书5年半，毕业前夕加入京津同盟会，思想上从赞同维新宪政转到倾向革命。中学时，他注重课外自学，善思考，特别是认真思索人生问题(即人活着为什么)和社会问题(即中国向何处去)，积极探求国富民强之路。中学毕业后，他在京津同盟会机关报——《民国报》当了一段时间的记者，参加过反袁斗争。袁世凯死后，他任南北统一内阁的司法总长秘书。

青年时代的梁漱溟笃信佛学，读了不少佛学书籍，从19岁起食素终生。24岁时，他受北大校长蔡元培之邀到北京大学教授印度哲学，任教7年，结识了李大钊、陈独秀、胡适等人，在学识上也日益成熟，开始具备了自己的独到见解。

辞去北大教席后，他到曹州主办山东省立第六中学高中部，从事教育和乡村自治探索。1928年在广东办起乡治讲习所，主张从乡村自治入手，改造中国。以后又在河南、山东等地从事乡村建设实践，在与各乡村建设单位联合过程中，逐渐形成了以他为首的乡村建设派。

七七事变后，全民族的抗战局面形成。共产党的团结抗战主张深入人心，影响很大。1938年初，梁漱溟以国民参政员的身份只身赴延安，当面向毛泽东了解共产党的抗战主张。

两人相见后，毛泽东提起了一件往事。原来，二十年前，梁漱溟在北大任教时，毛泽东在北大当图书馆管理员，住在北京地安门鼓楼大街豆腐池胡同杨怀中先生家中。梁漱溟时常到同事杨怀中家做客，因此两人在杨家见过面，不过当时梁漱溟并未与毛泽东做过深谈。现在，看到站在自己面前的共产党领袖就是当年那位高个子湖南青年，梁漱溟真是感到意外，同时对毛泽东的记忆力也十分钦佩。

寒暄过后，言归正传。梁漱溟首先向毛泽东提出自己带来的问题。他谈到自己对时局的看法，谈到自己对抗战的悲观和失望，希望就中国的前途问题，听听毛泽东的意见。毛泽东在耐心听完梁漱溟的话后，十分肯定地答道："中国的前途大可不必悲观，应该非常乐观！最终中国必胜，日本必败，只能是这个结局，别的可能没有！"

随后，毛泽东详细分析了国内外敌我友三方力量的对比、强弱转化、战争的性质、人民的力量等等，最终归结到中国必胜、日本必败的结局上，毛泽东说得头头是道，入情入理，使梁漱溟很是佩服，感叹这是抗战以来他所听到的有关抗日问题最令其鼓舞和信服的谈话。夜深了，两人的谈话仍在继续……

几天后，在关于中国问题，即如何建设一个新中国的问题上，梁漱溟和毛泽东的观点有了很大的分歧。梁漱溟的一贯主张是中国社会应走改良之路，而毛泽东则提出：改良主义道路解决不了中国的问题，中国社会需要彻底的革命。两人各执己见，相持不下，谈话持续了一个通宵。毛泽东送他出门时，天已大亮，毛泽东说道：先生是有心之人，我们今天的争论不必先作结论，姑且留存听下回分解吧。

在延安住了 18 天之后，梁漱溟向毛泽东辞行。临别时，毛泽东对他说：我对你说一句要紧的话，恩格斯写了一本书，叫《反杜林论》，你要读读《反杜林论》。

访问延安之后，从 1939 年初，梁漱溟进行了历时 8 个月的鲁豫苏皖抗日游击区敌后之行。8 个月的所见所闻，正如毛泽东在延安对他所说的那样：无数抗日志士和广大民众不怕牺牲，奋起抗战，坚持到底，因此中华民族一定不会亡。

1939 年 11 月下旬，梁漱溟以乡村建设派代表的身份参与组建"统一建国同志会"。1941 年 3 月 19 日，中国民主政团同盟在重庆正式召开成立大会，他任中央常委，以后又出任民主政团同盟机关报——《光明报》社长。

抗战胜利后，国共两党通过谈判，签订了停战协定，梁漱溟以民盟秘书长的身份，参与"第三方面"人士调整国共关系的活动。1946 年 6 月，他再访延安，向毛泽东等中共高级领导人陈述自己的建国主张。

1946 年 7 月，连续发生李公朴、闻一多血案。梁漱溟受民盟总部委托，前往昆明调查此案。他不畏强暴，挺身而出，痛斥国民党特务的反动罪行，受到国人的敬重。

1950 年初，梁漱溟由重庆抵达北京，正值毛泽东在苏访问。3 月 10 日他作为民主党派代表前往北京火车站迎接毛泽东、周恩来等从苏联访问归来。在第二天举行的宴会上，毛泽东走到他的面前，笑着说，梁先生坚持食素、清心寡欲，一定长寿。并约请他第二日晚间到中南海颐年堂做客。

第二天，毛泽东派车把梁漱溟接到中南海，就国事问题征询他的意见。梁漱溟直率地回答说："如今中共得了天下，上下一片欢腾。得天下易而治天下难，这可算是中国的古训吧。尤其是本世纪以来的中国，要长治久安，是不容易啊。"毛泽东摆摆手笑着说："治天下固然难，得天下也不容易啊！众人拾柴火焰高，大家齐心协力，治天下就不难了。"

吃晚饭时，由于梁漱溟食素，毛泽东便笑着对在座的客人说：我们也统统吃素食，因为今天是统一战线嘛。

由于梁漱溟新中国成立前曾在山东、河南农村搞过乡村建设，因此毛泽东希望他去看看那里新中国成立后的变化，再去东北老解放区看看，比较比较。

梁漱溟于 1950 年 4 至 9 月去了上述地区参观访问。回京后，毛泽东约他见面，了解他参观后的感想，谈话结束时，毛泽东说：听说你到京后一直未有合适的住处，我已让人安排接你住到颐和园里边去。梁漱溟当时寄住在西城辟才胡同的一个亲戚家中，多有不便。这次谈话后不久，他就住进了颐和园内石舫附近的一座小巧而精致的四合院里。这件事使梁漱溟深深感到毛泽东对民主人士的照顾和关怀。

1951 年春，梁漱溟报名参加了中央组织的赴西南土改团，到四川参加土改近 4 个月。回京后不久，毛泽东又派车把他接到中南海，饭后，毛泽东请他谈谈对土改、对四川的印象。梁漱溟在谈到解放仅两年，四川就出现了安定的形势时，特别提到主持西南工作的刘伯承、邓小平治川有方等情况，毛泽东深表赞同。

由于经常与毛泽东见面交谈，接受毛泽东的教诲，在参加土改运动等一系列社会实践调查之后，梁漱溟的思想发生了一定的转变，经过认真思索，他于 1951 年 10 月，在《光明日报》上发表了《两年来我有了哪些转变》一文。此外还写了《我何以终归于改良主义》等文，送给毛泽东过目，检讨、反省了自己过去对中国革命的一些错误认识。

然而，从 1953 年 9 月起，梁漱溟与毛泽东的关系出现了重大转折。1953 年 9 月召开政协常委会扩大会议之后，又召开了中央人民政府委员会扩大会议，梁漱溟列席了这次会议，并在会上就过渡时期总路线发表了自己的意见。他认为在建社中忽略了农民的利益，工人和农民的生活有"九天九地"之差。毛泽东对梁漱溟的这种思想进行了严厉的批判。梁感到委屈，极力申辩，在大会上顶撞毛泽东，引起众怒，不欢而散。会后，梁漱溟开始醒悟反悔，给毛泽东写信要求闭门思过。此后，经毛泽东提议，梁漱溟仍得以保留政协委员的资格，但长期作为反面教材，时常受到批判。

20 世纪 80 年代,梁漱溟在接受记者采访时,开始讲述当年他与毛泽东顶撞之事的一些细节,对三十多年前的那场争论进行认真的反思。

梁漱溟毕生致力于儒家学说和传统文化的研究,虽至耄耋之年,依然著述不辍,并重登大学讲坛,担任起中国文化书院院务委员会主席等职。

1986 年 6 月,梁漱溟因病逝于北京。享年 93 岁。

符定一

他是毛泽东在湖南全省公立高等中学读书时的校长和在湖南一师读书时的老师，曾力保毛泽东从军阀赵恒惕手中脱险。新中国成立后为第一任中央文史研究馆馆长。

符定一，字宇澄，号悔庵，1878年12月12日(农历十一月十九日)生于湖南省衡山县瓦铺子(今属湖南湘潭县)，后迁居湘潭县晓南乡下新屋。他幼年时家境贫寒，叔父见他聪颖好学，即收为私塾弟子，就读数年后，大有长进，随即考入衡阳府师范学堂，继而考入北京京师大学堂。1908年大学毕业后，回湖南从事教育活动。先后担任岳麓书院院长、省立第一中学(原为湖南全省公立高等中学校)校长、湖南第一师范学校校长等职。1914年他参加筹安会，一度与杨度等为袁世凯称帝制造舆论，而误入歧途。袁世凯垮台后，符定一在北京受到进步思潮的影响，逐渐醒悟，为中华民族的振兴尽力尽瘁，才有自己的前途。在北京闲居两年后，他仍回湖南从事教育，在长沙筹资创办衡湘中学，并任校长。稍后，被选为北洋政府安福国会众议院议员，复离长沙定居于北京。1926年后出任财政部次长、盐务总署署长、稽核总所总办。抗日战争时期，曾一度回乡隐居，捐款兴办符氏竟存小学，并资助有志青年出国留学。

1912年，符定一在长沙创办湖南全省公立高等中学并担任校长时，年方19岁的毛泽东以第一名的优异成绩考入该校。入学之初，对于毛泽东这样出类拔萃的学生，校长符定一和教师们是深表欢迎的。但他不敢相信这位穿着很“土”、来自湘潭乡下的年轻后生，居然能写出如此闳中肆外、纵横捭阖的文章。于是毛泽东被叫到校长室。符定一望着这目光炯炯、资质俊秀的青年，心中甚喜，便问他家住哪里，在哪些学校、哪些先生手下读过书。毛泽东一一答来，从容自若，时有惊人之语，符定一遂取出纸笔，叫毛泽东作文。毛泽东神情沉静，从容应试，挥笔自如，行如流水，很快便完成了一篇作文。符定一阅后，果然是一篇好文章，于是心中大喜，认定毛泽东将来定成大器，必须好好栽培。喜欢研究古典文学、历史和文学的符定一，当即授以《资治通鉴》，供毛泽东阅读。毛泽东如获至宝，自此以后天天阅读此书，许多章节背得滚瓜烂熟，以至到老不忘。在全省高等中学求学时，由于课堂教学不能满足毛泽东的求知欲望，于是，在这里读了半年之后，他便毅然决定退学，进行自修。后来毛泽东考入湖南第一师范时，符定一也调到该校任教。因此二人的师生关系更加密切。

1918年，符定一当选为安福国会议员，定居于北京。同年毛泽东在湖南第一师范毕业后，为组织湖南青年赴法勤工俭学，与罗学瓒、张昆弟等人来到了当时新文化运动的中心北京。毛泽东常去老校长符定一家中做客，师生俩经常在一起研究学问，讨论时局，表达改造旧世界的强烈愿望。符定一对这位“身无半文，心忧天下”的学生给予热情支持，在其经济拮据时曾予以资助。

1925年春，毛泽东回乡养病，赵恒惕密令追捕他。这一年，符定一从北京回到长沙访亲，在走访当时任省政府秘书长的亲戚李某时，发现他家有一份赵恒惕欲逮捕毛泽东的密电，便对李某讲：“你们不要抓他，他将来的成就会在你我之上。”并力陈自己与毛泽东的师生情谊。随即，又凭自己的身份及关系，打通关节，说服警方，竭力保毛脱险。不久，毛泽东化险为夷，离开湖南去了广东。符定一得知消息，甚感宽慰。

1943年，符定一拒绝国民党的高官厚禄，毅然回家乡兴办教育，服务桑梓。1946年初，他重上北平，会见中共代表叶剑英，并将自己租赁之宅腾出数间，供中共代表开会住宿。从此，他在共产党的领导下，参加了反蒋地下斗争。同年6月，毛泽东邀请符定一赴延安叙旧，符定一偕同女儿符德芳欣然前往。到达延安后，毛泽东亲自主持大会，欢迎符定一的到来。符定一在欢迎会上发表讲话，揭露蒋介石的独裁专制和国民党政府的腐败、反动，表示要和人民群众一道跟着毛泽东、共产党走，打倒蒋介石，解放全中国。9月，符定一告别毛泽东，先行回到北平。其女符德芳留在延安作短暂逗留后，亦由延安返回北平。临行时，毛泽东托她捎上一封信和一些礼物给符定一先生。信是这样写的：

宇澄先生夫子道席：

既接光仪，又获手示，诲谕勤勤，感且不尽。德芳返平，托致微物，尚祈哂纳。世局多故，至希为国自珍。肃此。敬颂。教安。不具。

受业　毛泽东

九月三十六日

从延安回到北平后，符定一思想上更趋进步，更加靠拢共产党。他经常向教育界和各界人士宣传党的政策，揭露国民党“假和平，真备战”的阴谋，积极为党工作。1948年秋，符定一响应中共号召，积极参加筹备新政协的工作。他由北平化装出城，来到河北平山西柏坡党中央所在地。在这里，符定一根据自己多年身居北平、对古城熟悉的情况，向毛泽东等中央领导同志提出了解放北平的途径，即：“先攻克天津，然后夺取北平”。这样，既不会毁坏文化古城，又不会使人民生命财产遭到损失，于国于民大为有利，造福不浅。此一建议立即为中共中央所采纳。1949年3月，经过和平谈判，傅作义将军接受和平解放的要求，与共产党达成协议。毛泽东得知消息，异常兴奋。从内心上，他更感激符定一和其他人士提出的这个建议。毛泽东高兴地把这个消息告诉身边的其他同志，而后对卫士长阎长林说：“走！我们到李家庄去，看看符定一先生去。”毛泽东带着阎长林坐上汽车，风尘仆仆地来到李家庄。符定一闻讯奔出屋门，见到毛泽东，异常高兴，二人亲切握手，然后，二人一前一后走进屋里。毛泽东说：“好久没有看见你老人家了，你的身体还好吧？”符定一笑着说：“身体还好。”毛泽东说：“你来了很久了，我太忙了，一直没能来看你，请先生多加原谅！今天，我一方面来看你，另一方面向你报告一个好消息。”“什么好消息？”符定一听到这里，往毛泽东跟前移动了一下身子，注意力显得特别集中。“已经接到了指挥部的电报，昨天傅作义将军已经赞成我们的条件啦。他不抵抗我们了，北平和平解放了，交接即将进行。接管工作我们早已作了准备，日内我军将进城接管一切。傅作义将军的军队，将开到指定地点接受我军的整编。傅作义将军有一个特别的要求，他要求来这里亲自见我。我们当然答应他了。”“出人预料，这可是大家的希望！”符定一由衷地赞叹道：“这都是毛主席胸怀广阔和共产党的英明使然。否则，北平怎能和平解放？”

“这是民心起了决定的作用。”毛泽东谦逊地说，停了一会，又道：“傅作义这样做很好，北平的人民，北平的古建筑都可以免遭战争的损失。这次傅作义决心与蒋介石决裂，站在中国人民一边，算他立了一大功，人民不会忘记他的。”“还是毛主席伟大，中国共产党伟大，做出了伟大的奇迹。”符定一继续称赞道。毛泽东摇了摇头说：“你们在城市里待惯了，这里的条件太差了。再过一些日子，北平稳定一下，你就可以早一点回北平去了。你那里还有家嘛。”接着他叮嘱道：“有什么问题，你可以找叶剑英同志，他现在已经被任命为北平市市长了，你和他很熟悉。不要很多时间，我们都要去北平的，到那时就可以经常见面了。”符定一脸上露出欣喜的神情说：“这就好了，回到北平就没有精神负担了。过去，我生活在那个黑暗的社会里，没有民主，没有生活保证，更没有安全感，生命财产随时都可能遭到不幸。”“现在好了!”毛泽东笑着说:“这次你回去,就放心地睡大觉吧!”他好像想起了什么似的说:“好,我不呆了,我该回去睡觉去了。”符定一这才从卫士长口中得知毛泽东已经两天两夜没有休息了,心情激动不已。他使劲地握着毛泽东的手,感动得流出了眼泪。“毛主席为中国人民的解放事业作出了多么伟大的贡献呀!”毛泽东回答说:“符先生过奖了。”临别时,毛泽东打量了一下屋内的家具和陈设,亲切地对符定一说:“这里的条件不好,连一个软座椅也没有,我回去让他们给你送一件来。你的年纪大了,坐这些硬木家具会腰疼的。”回到西柏坡后,毛泽东亲自指定一件沙发,嘱咐卫士们将其送给了符定一。

北平和平解放不久,符定一回到北平城。1949 年 9 月,他作为无党派民主人士,参加了中国人民政治协商会议,并当选为第一届全国政协委员。

1949 年的一个冬日, 毛泽东在中南海寓所宴请符定一、章士钊等湖南籍老人。晚饭前,毛泽东握着符定一的手说:“您是我过去的老师和校长,今天请您坐上座。”符定一谦让说:“您是主席,还是请您坐上座吧。”“哪有学生坐上座的道理。”毛泽东不由分说,把符定一拉到了上座的位置。席间,宾主畅叙旧谊,谈笑风生。毛泽东知道符定一过去有一个轻视别人的口头禅——“他能认几个字!”便把话题引向古代文学。谈到魏晋南北朝文学时,毛泽东把庾信的《谢腾王赍马启》顺口背了一段,然后风趣地对符定一说:“他(指庾信)总能认几个字吧?”听了毛泽东的幽默的话语,符定一等人不禁哈哈大笑起来。

当时,中央文史馆刚刚成立,馆长一职一直无人担任。毛泽东考虑再三,提出要符定一这位博古通今的先生出任文史馆馆长。符定一觉得文史馆比较清闲,馆长之职无所谓“官”,不过是“文、老、贫”而已,并说这个职务只要“老而贫的文人”当就可以了,毛泽东听了不以为然,随即补上一句:“还要有才、德、望。”意谓符先生是有才干、有道德、有威望的人。于是,符定一便担任了中央文史馆第一任馆长。

1951 年 6 月,符定一向毛泽东写信,信中谈了中央文史研究馆的筹备情况,并催促批准成立,以解决一些旅京老人的生计困难。还提出如迟延开办则请政府发表一批老人的名单,先期照单接济。毛泽东接信后,对那些生计困难的老人深表同情。6 月 26 日,他在符定一的来信批示道:请齐燕铭同志办。生计太困难者,先行接济,不使挨饿。在毛泽东的关怀下,中央人民政府想方设法,拨出专款,使那些生计困难的文史馆员的生计问题很快得到了解决。

符定一一生酷爱文学研究,对这门冷僻而枯燥的学问爱之成癖。从 1910 年起,他即开始搜集我国隋唐以来经籍中的联绵字,历三十春秋如一日,广搜博采,汰沙淘金,至 1940 年方编著成名,取名《联绵字典》。1946 年,他将全部稿本交给上海中华书店出版。新中国成立后，符定一又潜心搜集补充、修订，使臻完善。1953年，他将此书寄给毛泽东阅示，并请他为此书题词，以便再版。同年7月7日，毛泽东复函符定一，表示对文字学缺少研究，不能提出具体意见，请他原谅。信曰：

宇澄先生：

今日收到惠书，说尊著《联绵字典》再版嘱为题词事，我对尊著未曾研究，因此不可能发表意见，所谓“秦皇汉武之业”，大概是先生听错了。先生是著作家，似不宜与古代封建帝王的事业作类比。方命之处，尚祈鉴谅为荷！

毛泽东

一九五三年七月七日

《联绵字典》于1954年2月由中华书局再版，印数2401册。毛泽东为此书题了书名。

新中国成立后，符定一还曾担任过政务院文化委员会委员，第一届全国人民代表大会代表，第二届全国政协委员，为新中国的文化教育事业作出了积极贡献。1958年5月3日，病逝于北京，享年81岁，骨灰安葬于八宝山革命公墓。

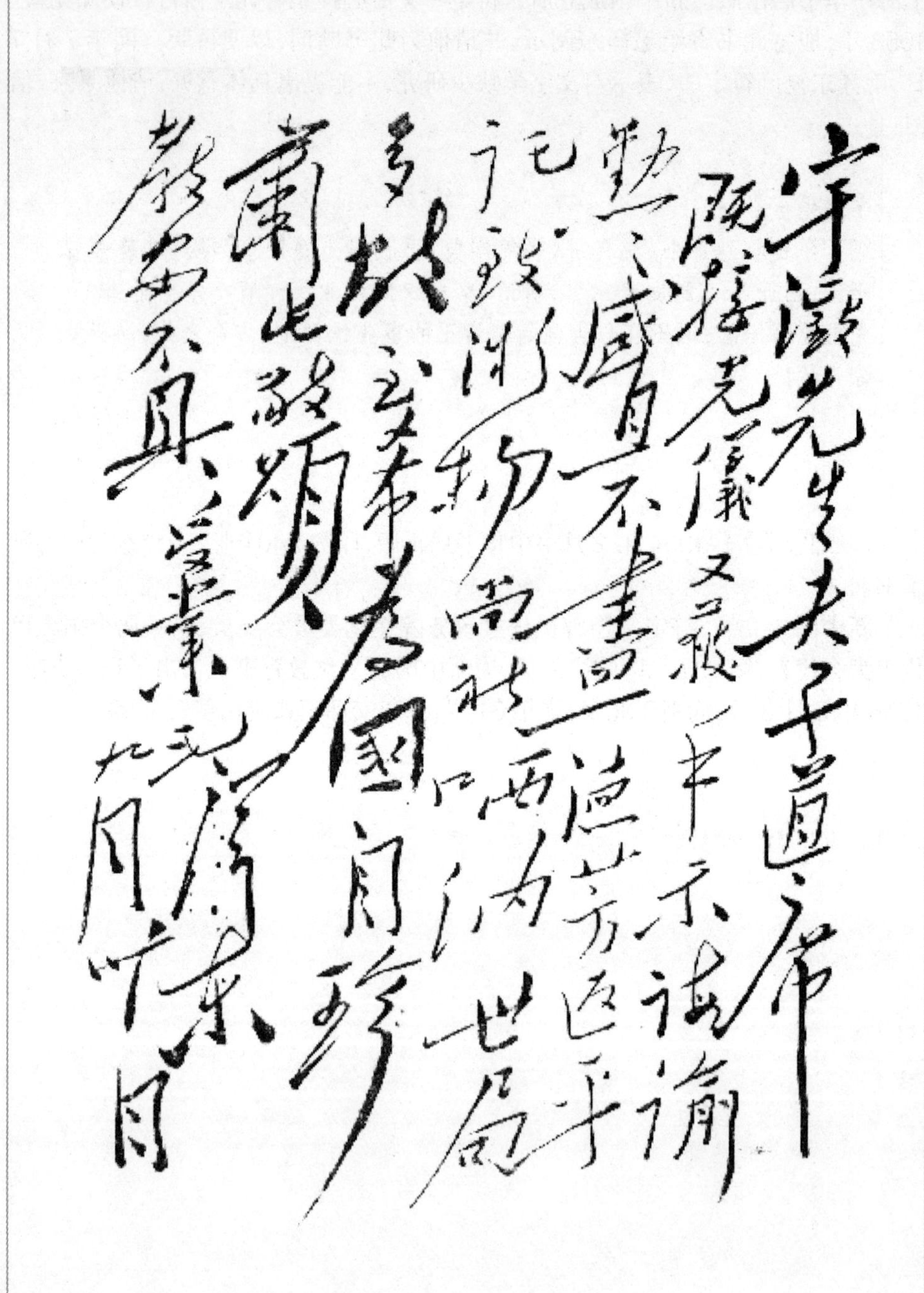
宇澂先生夫子道席
既接光仪又获手示诲谕
勤勤感且不尽德芳返平
托致微物尚祈哂纳世局
多故至希为国自珍
肃此敬颂
教安不具 学生毛泽东
九月卅日

续范亭

他第一次见到毛泽东时，即写下了《赠毛泽东》一诗，称“先生品质难为喻，万古之霄一羽毛”；他在陕北逝世时，毛泽东写来挽词，称“有云水襟怀，有松柏气节，典型顿失，人尽含悲。”

续范亭，名培模，别号恕人，1893年11月27日(农历十月二十日)，出生在山西省崞县，即今定襄县。16岁时考入太原市一所中学，第二年转入山西陆军小学，接受初级军官训练。不久，加入了孙中山先生创办的同盟会。1912年秋，考入保定陆军中学。1919年，续范亭自保定来陕，任靖国军第四路司令部参谋。在此期间，他结识了杨虎城。1920年冬，加入了国民党。1926年秋，续范亭就任国民军联军军事政治学校校长。1927年4月，蒋介石叛变革命后，续范亭开始与共产党人接触，他从共产党人身上看到了中国的希望。

1935年12月26日，续范亭出于对蒋介石南京政府的彻底失望，在中山陵前剖腹自尽，幸得一出租汽车司机相救，方脱险还生。此举在南京立即引起轰动。此后，在静养的日子里，续范亭阅读了《资本论》、《辩证唯物主义》及《大众哲学》等马克思主义著作，进而产生了对共产党的向往和追求。

1936年12月12日，西安事变，杨虎城派人将续范亭接到杨公馆议事。续范亭问杨虎城是否已联络共产党，能否与共产党一致行动，当他听到肯定的回答时甚为满意。西安事变后，续范亭精神焕发，活跃于政坛，同挚友高谈抗日救国之宏愿。这时，他已从一个旧民主主义者急速向新民主主义者转变。

1937年2月，续范亭肩负杨虎城将军和中国共产党的重托，离开西安前往山西，推动阎锡山抗战。8月，南京政府任命续范亭为第二战区高级参议。9月20日，第二战区民族革命战争战地总动员会在太原成立，续范亭任主任委员。

1939年5月，续范亭来到延安。在欢迎宴会结束后，他便郑重地提出：“我要单独拜会毛主席。”很快他便如愿以偿。和毛泽东畅谈之后，续范亭受到极大鼓舞，他衷心敬佩毛泽东，并写下了《赠毛主席》一诗：“领袖群伦不自高，静如处子动英豪。先生品质难为喻,万古之霄一羽毛。”同年6月,阎锡山解散战动总会,下令将保安二区的部队缩编为山西陆军暂编第一师,续范亭任师长。为了反击阎锡山在晋西对新军和八路军的进攻,根据中共中央的指示,晋西北区党委决定于1939年12月30日成立“晋西北抗日拥阎讨逆总指挥部”,续范亭任总指挥。后成立西北军区,续范亭任副司令员。1940年2月,续范亭就任晋西北行署主任。就任后,他特别注重和强调共产党的领导作用。

1941年4月初,续范亭到延安就医。当他的担架到中共中央所在地杨家岭时,毛泽东等领导人特地前来迎接,并亲自过问续范亭的治疗和所需医药,事后又专程来看望他,使他感到无比温暖感动。这年11月6日,续范亭应邀参加了陕甘宁边区参议会第二届一次会议。21日在大会闭幕式上,他亲耳聆听了毛泽东《在陕甘宁边区参议会的演说》,感动得热泪盈眶。正在他心潮感慨之时,大会主席根据毛泽东的提议,请他登台讲话。续范亭激动地说:“我奔走了十几年方始感到中国的光明,是因为有了共产党和劳苦群众的保障,因为有毛泽东政策路线的保障。我们应感谢共产党,感谢毛主席。”

1944年夏,阎锡山大放厥词,向中外记者团发表谈话诬蔑山西新军、八路军和共产党,毛泽东看到有关报道后,提出请续范亭等写文章予以驳斥。续范亭欣然受命,在病床上写就了《寄山西土皇帝阎锡山的一封五千言书》。8月19日,续范亭将文稿送交毛泽东,毛泽东看后当即批示:“陆定一同志:这是一篇奇文,由新华社向全国广播。”8月11日,毛泽东亲笔致信续范亭,对其文章倍加赞许,对其病体表示亲切关怀。毛泽东的信使续范亭感到无比欣慰和鼓舞。

1947年8月14日,续范亭突告病危。毛泽东和中央许多领导同志纷纷来信慰问。1947年9月12日,续范亭因病医治无效,与世长辞。他在临终遗书里正式提出要求加入中国共产党。9月13日,中共中央致电晋绥党政军领导机关并转续范亭家属,决定追认他为中国共产党正式党员。

为了悼念续范亭的逝世,毛泽东亲自写下了挽词“为民族解放,为阶级翻身,事业垂成,公胡遽死?有云水襟怀,有松柏气节,典型顿失,人尽含悲!”后来,毛泽东在与别人谈起续范亭的不幸逝世时,还感叹地说:“这个人很有骨气。可惜了!”

蒋竹如

他是毛泽东在湖南省立第一师范读书时的同学，新民学会会员，长期从事教育工作。新中国成立后毛泽东多次给他写信，并对他关于汉语语言文字改革的意见深表赞许。

蒋竹如，湖南湘潭人。毛泽东在湖南省第一师范读书时的同学。五四运动时期，在长沙参加过毛泽东组织的新民学会。抗日战争时期，蒋在湘潭新群中学任国文教员兼班主任。不久，离开新群中学，先后去湖南省立五师和一师任教。1950 年在湖南第一师范任教导主任。

在湖南第一师范读书时，毛泽东和蒋竹如的关系十分融洽，共同参加了当时许多的革命活动，在学习和战斗中结下了深厚友谊。1919 年 5 月 23 日，蒋竹如正在一师 13 班的自习室复习功课。忽然，毛泽东叫他出去，告诉他北京派来了两个学生代表，要求湖南学生起来罢课，和北京学生采取一致行动。两代表现住楚怡小学何叔衡那里。毛泽东邀请蒋竹如和陈书农、张国基等商谈。决定每个学校推举一个或两三个代表，于 5 月 25 日到楚怡小学开会。第二天，毛泽东便和蒋竹如等人分头进行活动，通知各校推派代表，5 月 25 日上午，蒋竹如和各校所派学生代表易礼容、彭璜、李振翩、唐耀章等 20 余人到达楚怡小学。毛泽东介绍双方代表见面后，即请北京来的两代表报告五四运动发生经过。随即，大家作出决定，成立湖南学生联合会，在长沙发动总罢课。5 月 27 日，“省学联”成立，设在落星田省商业专门学校。毛泽东此时任修业小学，距商专很近，白天时常去指导工作，在毛泽东的领导下，“学联”发动长沙各校学生实行总罢课，并得到了各界人士的大力支持。6 月 12 日后，学生运动发展成为驱逐军阀张敬尧的运动。8 月，“学联”被张敬尧强行解散。但是，这并不能阻止湖南学生和各界爱国人士的革命运动。在毛泽东和新民学会的领导下，“学联”和“各界救国十人团”继续进行秘密的和各种公开的活动。学生们组织起来，走上街头和挨家挨户作反日爱国宣传，并且同工人群众取得了联系，使这个空前的反帝反封建运动得到了广泛的开展。

在五四运动中，新民学会新入会的会员达21人。其中有彭璜、向警予、郭亮、罗迈、易礼容、李振翩、张国基、李思安等人，蒋竹如也是其中一个。

蒋竹如从湖南第一师范毕业后，留在该校担任教员，以后长期从事教育工作。1951年7月31日，他写信给毛泽东，要求去北京参加中国人民革命大学的学习，并同时寄去回忆毛泽东早年学校生活的一篇文章。毛泽东收到信后，即于8月10日向他表示问候，信云："七月二十一日来信收到。顷询革大。据称该校研究班九月间可收留若干人。似此，兄如有决心，并能吃苦(该校伙食不大好)，可以来此入学研究。大作同时收到，甚谢！"

毛泽东对蒋竹如的关怀是亲切的，同志式的。1951年1月14日，毛泽东在接到早年在湖南一师时的同学、新民学会会员李思安(长沙人，新中国成立后任湖南文史馆馆员)要求去北京的信后，复信给李思安说："同意你来北京，如果你愿意和蒋竹如同学他们一道进革命大学学习一段时期，则可以进该校。"

1955年2月，蒋竹如根据自己多年从事语文教学和研究的经验写成专著，给毛泽东寄去，并附上一封长信。在信中，他提出简化汉字和使用汉语拼音的问题，建议进行汉语语言文字改革。毛泽东虽不完全同意他的见解，但对改革汉字深表赞成。于同年5月1日给他回了一信，信中写道：

竹如兄：

二月惠书收读，甚谢！兄作语文学研究，提出不同意见，我虽未能同意，但辩论总是会有益的。来书已付文字改革委员会研究去了。拼音文字是比较便利的一种文字形式，汉字太繁难，目前只作简化改革，将来总有一天要作根本改革的。此复。

顺问

教安

毛泽东

一九五五年五月一日

在毛泽东的领导下，中央文字改革委员会对汉字进行了改革，实行简化和注音，使汉语语言文字逐步走上标准化的轨道。

此后，毛泽东曾多次写信托人问候蒋竹如。周世剑任湖南教育厅副厅长时，毛泽东曾写信请周代他问候蒋竹如。1963年3月24日，毛泽东又一次致信周世钊(时任湖南省副省长)，信中提到"蒋竹如兄处，亦乞见代致意。他给我的信都已收到了。”

在毛泽东的关怀下，蒋竹如兢兢业业从事教育工作，并致力于语言文字的研究，直到逝世。他为新中国教育事业和语言文字改革作出了贡献。

覃　振

国民党元老，1924年当选为国民党中央执行委员时，毛泽东为候补委员。重庆谈判时，曾两次宴请毛泽东，毛泽东一直尊称他为“理老”。回延安后，毛泽东托人捎给他一件皮袍。

覃振，字理鸣，1885年生于湖南省桃源县。幼年读私塾。1901年，刚满16岁的覃振登台讲演，揭露清王朝的腐败，反对清王朝同帝国主义签订的不平等条约和庚子赔款协定，唤醒民众推翻清王朝统治，1904年，为寻求救国良方，覃振东渡日本，结识了孙中山先生，次年参加了同盟会，在孙中山的直接领导下，从事民主革命，后参加过辛亥革命、二次革命、讨袁护国、护法等运动。

1924年在国民党第一次代表大会上，覃振振当选为中央执行委员，毛泽东当选为候补委员，两人由此相识。覃振比毛泽东年长8岁，但非常敬佩毛泽东，毛泽东也很尊敬覃振。1927年后，覃振曾任国民党中央宣传部长、立法院副院长等职。1945年，毛泽东为了国家和人民的利益，不顾个人安危亲赴重庆与蒋介石谈判。覃振对毛泽东此举非常敬佩，特在家中宴请毛泽东，陪同的有周恩来、王若飞、叶剑英。覃振还特意请了翦伯赞和侯外庐两位历史学家作陪。席间宾主尽欢，畅所欲言。

由于当时重庆的形势很复杂，覃振深为毛泽东的安全担忧。他与好友章士钊商量后，决定第二次宴请毛泽东，以蒋介石背信弃义对待张学良的事例，劝毛泽东早日离开重庆。毛泽东连连感谢他们的好意说：“我们力争和平，力争成立联合政府，力争国共再一次合作。不过蒋介石要打，我们也准备着。”席间，毛泽东也邀请覃振夫妇到延安看看，并说：“我们虽然请不起山珍海味，但鸡、鸭、鱼、肉还是有的。”当时，覃振住在重庆临江门边的山下，毛泽东住在山上，两次赴宴，毛泽东都是步行往返。覃振感动地对夫人全汝真说：“共产党人多么廉洁！国民党的大官们，上山下山哪一个不是坐滑竿的？”短短的几句话，表达了他对共产党的钦佩之情。

在覃振宴请毛泽东之前，中苏文化协会曾举办了盛大的酒会，实际上是一个欢迎毛泽东的大会,国民党的中央委员几乎都出席了。会上,覃振和冯玉祥两位国民党元老当着许多国民党要员的面,热情地向毛泽东敬酒,并激动地流下了眼泪。毛泽东也非常激动,亲切地和覃、冯交谈。交谈中,他一直尊称覃振为“理老”。覃振、冯玉祥两先生这一举动,实际上是公开向国民党当局示威。毛泽东回到延安后,很感谢覃振的热情款待,托林伯渠送给覃振一件黑色皮袍。覃振非常珍惜这件皮袍,看作是他和毛泽东崇高友谊的象征,他对亲人说:“这是件‘红’皮袍啊!”

1947 年,国共和谈彻底破裂,周恩来回延安前,专程到上海看望患病的覃振,转达了毛泽东对他的问候,希望他早日康复,并向他介绍了共产党的方针。周恩来的一席长谈使覃振非常兴奋,他高兴地对夫人说:“中国四万万同胞还很需要我,我要好好治病。”他非常思念延安的朋友,渴望到解放区,并曾吟诵诗句:“今我不乐思岳阳,身欲奋飞病在床。美人娟娟隔秋水,濯足洞庭望八荒。”寄托了对毛泽东的思念之情。诗中的岳阳是指延安,美人是指毛泽东。章士钊写过两句诗称赞毛泽东与覃振的友谊:“求友每于本党外,肝胆誓同日月浮。”可惜,天不假年,覃振于 1947 年 4 月 18 日病逝。

新中国成立以后,毛泽东不忘故旧,曾嘱咐中央统战部长李维汉:对覃振家属的生活,对其子女的教育,都要由我们负责。1985 年,湖南省政府举行集会,隆重纪念覃振诞辰 100 周年,并把覃振在岳麓山之墓定为省级文物保护单位。

韩天耀

他是国民党行政院长兼财政部长孔祥熙的亲戚。抗战期间曾护送12万法币赈济款到达延安，毛泽东称他“是个有为的青年”。

韩天耀，1915年6月13日出生在北平一个自由职业者家庭，祖籍山西阳曲。

在韩天耀出生的四年前，辛亥革命赶跑了中国最后一个皇帝，但那时国民的精神仍禁锢得厉害。韩天耀一家都虔信耶稣基督，父亲是“安理甘会”的，母亲是“美以美会”的，不知为什么唯独韩天耀没有接受洗礼，成了无神论者。

1934年，幻想以实业救国的韩天耀进入山东齐鲁大学经济系。翌年，一二·九学生救亡运动兴起，击碎了他自我编织的美丽花环。显然，在华北之大已放不下一张平静的课桌的时刻，实业救国、经济救国又怎么走得通？此时，年仅20岁的韩天耀正任学生会副主席，他再也按捺不住满腔热血，勇敢地站出来，组织学生罢课、投身于爱国救亡运动。

后来韩天耀不顾亲友的阻挠，参加了行政院战地服务团，到开封、洛阳前线送弹药抬伤员，为民族抗战，尽了一个青年应尽的职责。

1937年卢沟桥头的枪声，揭开了中国人民全面抗战的序幕，国共两党第二次合作在抗战这面旗帜下终于形成。武汉沦陷前，国民革命军第十八集团军总司令朱德在武汉出席国防军事会议期间，拜访了行政院长兼财政部长孔祥熙，面陈大西北和晋东南灾情频仍，人民生活极度贫困的状况，希望国民政府给予赈济，以广泛动员民众参加抗战。此前，毛泽东已请宋庆龄向孔祥熙代为致意，希望孔在联共抗日方面致力。因此，当朱德提出赈灾问题时，孔祥熙便慨然应允，决定拨款十二万元（法币）派专员送往延安。

由谁担此重任，孔祥熙对此颇费踌躇。这时担任国民党中央赈济委员会专员的韩天耀，恰从开封、洛阳前线的行政院战地服务团归来。他主动向孔祥熙请缨，承办这件事。孔祥熙这才放下心来。韩天耀一行拿着孔祥熙的信抵达西安。一切安排妥当后，韩天耀迅速从陕西中央银行提取了7万元现金（另5万元留给晋东南），装在一条麻袋里，然后和林伯渠、徐海东等一起，跳上西安办事处事先安排好的大卡车，向着延安疾驰而去。赈济团一路风餐露宿，日夜兼程，终于抵达延安。

当天晚上，毛泽东兴致勃勃地接见了赈济团。8点多钟，韩天耀一行4人被引进凤凰山麓毛泽东居住的窑洞。毛泽东亲切地和每个人握手，询问了路上的情况。当毛泽东的秘书李六如向毛泽东介绍韩天耀乃是孔祥熙的亲属时，毛泽东高兴地说："表现不错么，是个有为的青年。"毛泽东接着又说："孔先生这次做了一件好事。你回去以后，请转告孔先生，在人民困难的时候，为人民办过好事的人，人民是不会忘记他的。中国有句老话，叫'种瓜得瓜，种豆得豆'，只要孔先生坚持抗战，我们一定支持他。"谈话持续了3个多小时，毛泽东精力充沛，滔滔不绝地谈到了抗战，谈到了国共两党合作的诸多问题。韩天耀听后感佩不已，插话说："如果有可能的话，毛主席与蒋委员长能见上一面，当面谈谈就好了。"毛泽东沉吟片刻说："那要看时机了，如果蒋先生有意，还是可以谈的么。"这句话七年后终于成为事实。但当时韩天耀提出这个问题，只是他个人良好的愿望而已。最后，毛泽东建议赈济团在延安多住些日子，到各处去看看，以便对延安有所了解。毛泽东还说："到了延安多了解一点延安的事情，对一生都有好处。"毛泽东高瞻远瞩的谈话，使韩天耀在五十年之后，还一再由衷地表示：延安之行是我一生的转折，是我一生的光荣。

几天后，大约是10月19日，在延安纪念鲁迅逝世两周年的晚会上，韩天耀又一次见到了毛泽东。毛泽东拉着他的手，和他并肩在前排坐下，一起观看演出，还问了他对延安的观感。韩天耀颇受感动地说："延安和别的地方是不一样，我看到了许多新气象，学会了许多新东西。"毛泽东鼓励说："很好，青年贵在坚持，坚持必有收获。"

本来孔祥熙嘱咐韩天耀将赈款送到延安就赶紧回来，结果他却被毛泽东挽留下来，在延安一住就是3个月。韩天耀不辱使命，从西安到延安，又从延安到西安，传递信息，互致问候，成了抗战时期国共之间一名出色的信使。

1947年孔祥熙赴美，翌年在美定居。他给韩天耀来信表示："我有许多事拟请你帮忙，盼能来美。"韩天耀不为所动，既没有去台湾，也没有去美国，而是留在大陆，建设新中国。1949年1月15日，韩天耀被任命为中国银行天津分行副行长。1980年，天津在全国率先成立了国际信托咨询公司，韩天耀出任董事长兼总经理，继续在金融战线上为振兴祖国辛勤地工作着。韩天耀于1992年12月31日逝世。

董其武

原国民党高级将领,1949 年在绥远率部起义,毛泽东曾亲自复电慰勉。1950 年上北京,受到毛泽东的亲切接见,并设宴款待。后参加抗美援朝战争,1955 年被授予上将军衔。

董其武,1899 年 11 月 27 日生于山西省河津县固镇村一个贫苦农民家庭。1919 年到太原,考入阎锡山创办的学兵团。1923 年入斌业专门学校。1924 年在刘镇华的镇嵩军任排长,不久由西安赴洛阳,参加国民军第二军,先后任第八混成旅第二团排长、连长、营长和第九混成旅旅部副官长。1926 年冬到武汉参加国民革命军第四军,任四军北伐先遣纵队支队长,先后参加入豫、入皖作战任营长、副团长。1928 年秋到天津,入国民党傅作义部,先后任天津警备司令部参谋、干部政治训练所队长、第四路军三十师八十九团副团长、团长。1933 年 5 月在长城抗战中,率部于怀柔以西地区连续击退日军进攻。1936 年初,任第三十五军二一八旅旅长,同年参加了绥远抗战。七七事变后,曾率部攻克被日军占领的商都城,并参加了忻口、太原等战役,因战功卓著不久升为三十五军一 O 一师中将师长,曾率部与八路军一二 O 师相配合, 打击同蒲路地区的日伪军。后来又在傅作义指挥下,参加了包头、绥西、五原等对日作战的著名战役,任暂编第四军军长、骑兵第四军军长、第三十五军军长。1942 年到重庆入国民党陆军大学学习、1945 年任第十二战区政治部主任兼晋陕绥边区副总司令。抗战胜利后参加了对八路军和解放军的内战,先后任国民党暂编第三军军长、张家口警备总司令、绥远省政府主席兼驻绥部队指挥所主任、西北军政长官公署副长官。天津、北平相继解放后,接受中国共产党和平解决绥远问题的主张, 于 1949 年 9 月 19 日率绥远省国民党军政人员起义,任绥远军政委员会副主席、省人民政府副主席兼军区副司令员等职。

1950 年 4 月,董其武赴京受到了毛泽东、周恩来、朱德等的亲切接见,毛泽东特地在中南海设宴款待,周恩来、朱德、聂荣臻、薄一波、郭沫若、傅作义出席作陪。一见面,毛泽东握手问董其武:“董其武将军好吗?”董其武激动地答道:“好! 是毛主席挽救了我。”宴会后，毛泽东又陪董其武、傅作义等人一起观看了怀仁堂的文艺演出。

4 月 27 日傍晚，毛泽东在中南海再次接见了董其武、高克林等。晚 7 时，当董其武一行来到中南海丰泽园时，毛泽东已在此等候了。毛泽东首先询问了绥远的情况，然后对董其武说：“你的文章我看到了，工作还是很有成绩嘛！起义是一件好事，给你的复电是我亲笔写的，希望你们能团结一致，力求进步嘛！蒋以钱以官来破坏你们，不得人心嘛！他们终于失败了。”他又指着在座的傅作义说：“他和我们打交道多了，你还没有和共产党共多少事。有人害怕共产党，共产党也是人嘛，有什么可怕呢？不过共产党有一个党小组，每周要过党日，对党员一周来的好事要表扬，巩固、提高；对做错的事要批评、教育他，不是搞别人的鬼，这就是马克思主义的批评与自我批评的武器，毛泽东问董其武;“你现在还不是共产党员吧？”董其武答：“不是。”毛泽东接着又说：“共产党与人共事是心口如一，表里一致，桌面上是什么，背地里也是什么，和蒋不一样。蒋和人共事是讲权术的，搞宗派的，搞码头的，他是私。共产党没有私，共产党人要团结一切可能团结的人，团结一切可以团结的力量，开诚布公，集思广益，为的是把国家搞好。”讲到这里，毛泽东问董其武：“你能听懂我的话吗？”董其武说：“听懂了。”毛泽东点点头接着谈下去，“开诚心、布公道，集众思，广众益，为的是把国家搞好。”他说：“咱们国家经过多年战乱，需要三年好好恢复生产，你回去争取把军队改造好，争取把地方各民族领袖团结好。香港有不少资本家想回来，我们欢迎他们回来。建国需要钱，为建设美好的中华人民共和国而奋斗。”毛泽东谈古论今，滔滔不绝，谈话持续了 3 个小时。董其武听得几乎入了迷，连笔记也顾不上记了。这时傅作义对毛泽东说：“主席日理万机，时间宝贵，请休息吧！以后和他们谈话的机会还多嘛！”毛泽东站起来风趣地说：“看，傅宜生给我下命令了。那就谈到这里吧！”临别时，毛泽东又特地嘱咐董其武，“你告诉起义人民，党的政策是既往不咎，是希望他们全心全意为人民服务。过去两种制度，有不少是反人民的事情，人民不追究过去，只看将来。”会见结束后，毛泽东把董其武一行一直送到门口。

1956 年 5 月 13 日，董其武借到北京参加“五一”节活动之机，带着许多起义人员的信件，到中南海见毛泽东。董其武说：“主席日理万机，有点小事找您，耽误您的时间。”毛泽东问：“有什么事哩？”董其武回答：“过去说对起义人员是既往不咎，现在几乎都咎了。有抓的、有押的、有管训的、有劳动改造的。我接到许多起义人员的信都转到国务院了，问题得不到解决”。毛泽东听后说：“咱们的经是一部好经，小和尚歪嘴和尚念错了！”他拍着桌子大声说：“改！一定能改好！”听了毛泽东的话，董其武十分兴奋，带去的信，一封也没留下。

1951年董其武率部参加了抗美援朝战争，获朝鲜民主主义人民共和国二级自由独立勋章，同年冬回国。1953年至1968年任中国人民解放军六十九军军长。1955年被授予上将军衔和一级解放勋章。1980年加入中国共产党。是第一、二、三届国防委员会委员，第四、五届全国人大常委会委员，第三、四届全国政协常委，第五、六届全国政协副主席。1988年7月被授予胜利功勋荣誉章。1989年3月3日于北京病逝，享年90岁。

傅作义

北伐功臣，抗日名将，后与人民解放军作战，在平津战役中率部起义。毛泽东称他“功大于过，还是有功人员”。在毛泽东的亲自安排下，他担任了共和国首届水利部长。

傅作义，字宜生，1894年6月27日出生于山西省荣河县安昌树（今属临猗）的一个船工家庭。早年入私塾读书，17岁由太原陆军小学保送到北京清河镇第一陆军中学深造，后升入保定陆军军官学校，毕业后被分配到山西阎锡山部队。1927年傅作义率部参加北伐，涿州之役使傅作义一举成名，声震中外。

傅作义作为国民党高级将领，在抗日的问题上一向是旗帜鲜明、态度坚决的，他响亮地提出了“宁做战死鬼，不做亡国奴”的口号，先后率部与日伪军激战于北平、绥远、太原等地，取得了红格尔图、百灵庙、五原战斗大捷，成为抗日名将。

抗日战争胜利后，傅作义奉命进攻绥远、热河、察哈尔三省解放区。1948年底任“华北剿总”总司令。1948年11月29日至1949年1月31日，人民解放军发起了平津战役，傅作义的60余万部队被分割包围在天津、北平、新保安、张家口等地，是战是和？傅作义内心极度苦闷。他经过认真思考之后，决定接受中共的和平主张，使北平和平解放。

北平解放后，议定由傅作义就北平和平解放向全国、全世界发表通电，可文稿草就近两个月了，却迟迟没有定稿。加上其它事情的误会，傅作义闷闷不乐，精神不振。有一天，傅作义对周北峰说：“我打算亲自去石家庄拜见毛泽东，你向叶剑英主任委员说一下，是否可以？”很快，叶剑英告诉周北峰说：“请告诉傅先生，明天上海民众和平代表团的颜惠庆等人飞石家庄，即请傅先生乘这架飞机去吧！”毛泽东得知傅作义到达后，立即要看他。2月的太行山里很冷，毛泽东穿上了皮大衣，戴了皮帽子，乘吉普车前往后沟招待所。傅作义早已在门口等候了。他未等车子停稳，便上前几步，伸出双手，紧紧地与毛泽东握手。毛泽东愉快地说：“过去我们在战场见面，清清楚楚，今天我们是姑舅亲戚，难舍难分。蒋介石一辈子要耍滑头；最后还是你把他甩掉了。”傅作义说:“我有罪!”毛泽东说:“谢谢你,你做了一件大好事。人民是永远也不会忘掉你的!”这几句话,使傅作义几个月来积聚在心头的疑虑顿时冰消雪化。走进会客室后,毛泽东对傅作义说:“北平和平解放得最好。假如说你过去有过错的话,那么现在功过权衡,还是功大于过,也是有功人员。对你的部下来说,也是为他们做了一件大好事,保护了他们的生命财产和家庭团聚。特别是北平,是举世闻名的文化古都,英法联军欺负我们,烧毁了圆明园,破坏了许多名胜古迹。如果我们中国人自己把紫禁城打毁了,闻名古都都被破坏了,子孙后代会骂我们的。”毛泽东还说:“和平解放北平,你带了个好头,立了大功。你可以向你的部下讲清楚,既然是和平解决,原来的部队就要进行整编,将来都是人民解放军的一员,和人民解放军一样看待,绝不受歧视。你可能还不知道,我们部队的战士,大部分是国民党那里的士兵。”毛泽东告诉他说,“为了迅速结束战争,减少人民的痛苦,我们还是愿意和南京政府及国民党地方政府或集团谈判的。你现在住在北平很好,不久我们也要到北平了,那时咱们可以更好地合作,建设我们的国家。很快要召开新的政治协商会议,成立中华人民共和国,你也可被邀参加会议,也可在政府里工作,你有功,也有代表性。”听了毛泽东这番真诚的谈话,傅作义激动地说:“我个人要无条件服从中央和你的决定,叫做什么,保证做好什么……好弥补我的过错。”毛泽东问:“傅将军,你愿意做什么?”傅作义说:“我想,我不能在军队工作了,最好让我回到黄河河套一带去做点水利建设方面的工作。”毛泽东说:“你对水利感兴趣?黄河河套水利工作面太小,将来你可当水利部长么!那不是更能发挥作用吗?军队工作你还可以管,我看你还很有才干的。我们的朱总司令、彭德怀、刘伯承和贺龙等,过去在国民党军队也是很出名的,现在都是我们最优秀的高级指挥员。这主要是思想和立场问题。……今天初次见面,我觉得我们能谈得来,能合作共事。……我们合作,共同领导和指挥我们的国防军吧。”傅作义连连点头说,“我的后半生一定要在共产党领导下为建设祖国贡献力量。”24 日,傅作义回到北平后,精神振奋,心情愉快。李克农风趣地说:“毛主席一席谈,傅作义前后判若两人。”

新中国成立后,在毛泽东的亲自安排下,傅作义担任了共和国首任水利部长,为祖国的水利建设,作出了自己的贡献。此外,他还是中央人民政府委员、全国人大代表、全国政协副主席、国防委员会副主席,在祖国的经济建设和国防建设中与毛泽东保持了密切的交往。1974 年 4 月 19 日,傅作义在北京病逝,享年 79 岁。

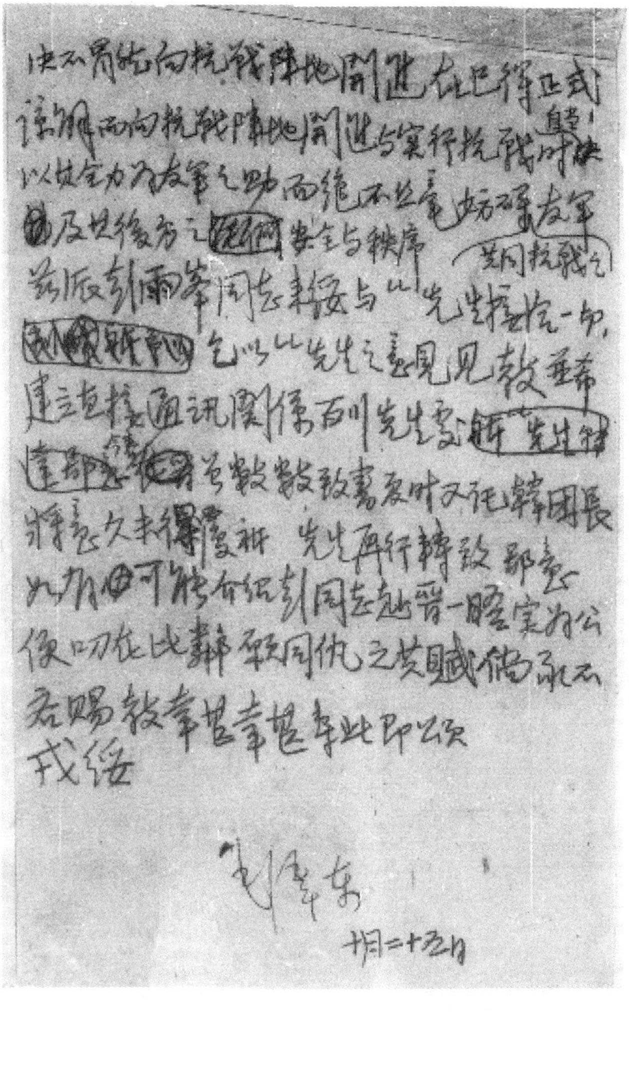

程　潜

他领导湖南新军时，毛泽东曾在新军中当过半年列兵，因此说他是自己当之无愧的“老上级”。重庆谈判时，他夜访毛泽东，相谈甚洽……

程潜，字颂云，1883年3月31日生于湖南醴陵。程家世世代代以耕种为业，程潜自幼学文，初习业举，为晚清名儒岳麓书院山长王先谦先生之高足，曾考取秀才。后因愤于国事日蹇，弃文习武，1903年4月考入湖南武备学堂，并以优异成绩进入日本陆军士官学校炮兵科第六期学习，毕业后继入日本早稻田大学学习政治经济，在日本结识了孙中山先生，并加入同盟会。

1908年回国后，程潜受同盟会委派，入四川训练新军，任四川镇统府上校正参谋。1911年辛亥革命爆发后，他立即前往武昌，在黄兴领导下，参加武汉保卫战，任湘军都督府参谋长和湖南军事厅厅长。当时，正在湖南湘乡驻省中学念书的青年毛泽东，受革命思潮影响，追求救国救民真理，决心投身革命洪流。他来到长沙，在新军二十五混成旅五十标当了一名列兵。虽然毛泽东只在新军里当了半年兵，与程潜虽然没有什么直接的接触，但程潜的名字仍给他留下了深刻难忘的印象。50年后，在二次中央军委扩大会议上，毛泽东还感慨地说：“我不是吹牛皮，枪上肩，枪放下，瞄准射击等几下子，我至今没忘记，还是从程颂公指挥下的新军那里学来的。”新中国成立后，毛泽东还常称程潜为自己当之无愧的“老上级”。

辛亥革命失败后，程潜积极响应孙中山的号召，参加讨袁活动，并做了广东大元帅府的陆军次长和非常大总统陆军总长。中山先生逝世后，他率国民革命第六军(党代表林伯渠)参加北伐，转战湖北、江西、率部攻克安徽，1927年3月直取南京。

抗战时期，程潜先后担任第一战区司令长官，军委会西安行营主任等职，在台儿庄会战中，他与李宗仁密切协作，内外策应，奋力杀敌，为台儿庄大捷奠定了基础。抗战中，他除英勇抗击日军外，还热情帮助一些共产党人和进步人士从事抗日活动。

1945 年 8 月，蒋介石迫于形势，连续三次电请中共领袖毛泽东赴渝谈判。在重庆的 43 个日日夜夜，毛泽东一面与蒋进行紧张的谈判，一面还抽出时间会见在重庆的民主党派和进步人士，出席各种座谈会和宴会。一天夜晚，华灯初上，满天繁星，程潜夜访毛泽东。毛泽东见程潜月夜来访，分外高兴，二人紧握双手，连道多年不见，很是思念。是夜，毛泽东对当前的形势谈了许多的看法和意见，强调和平民主团结之方针，强调统战工作之重要，强调国共两党再次合作之前途。他旁征博引，以古喻今，风趣横溢，妙语连珠，无不切中时弊，程潜不禁为之倾倒。不几日，毛泽东又专程回访，明月高悬，秋风习习，两位湖南老乡再次促膝长谈，直至夜深人静。临别，毛泽东又语重心长地对程潜说："颂公，您是国民党元老，在下届行宪国大选举时，您可参加竞选，竞选不成，可回湖南老家搞和平运动。"1963 年 12 月 26 日，毛泽东七十寿辰时，程潜曾为毛泽东写了组诗奉贺，诗中便提到了这两次谈话，认为对他以后的人生道路和高举义旗，有着重大影响，使他从黑暗之中获得光明，并投奔光明。

1948 年 3 月，程潜被推选为国民党副总统候选人，参加竞选。竞选失败后，他回湖南省任省政府主席。对于家乡兵祸频仍、人民蒙受苦难的情景，他极为痛心。翌年，人民解放军强渡长江，南京、上海相继解放。在中共湖南省地下党卓有成效的工作下，程潜和陈明仁(原国民党军第一兵团司令)决心脱离以蒋介石为首的反动阵营，投奔共产党。5 月中旬，他给中共中央和毛泽东主席写了封"备忘录"，洋洋洒洒，尽述弃暗投明之决心。6 月 30 日，毛泽东收到这封"备忘录"后高度赞扬了程潜所表明的态度，并当即复信一封。程潜捧读毛泽东的亲笔信后，心情无比激动，双手微微抖动，兴奋之情溢于言表。

1949 年 8 月 4 日下午，由程潜、陈明仁两将军领衔率 30 多名国民党军政要员签署的"起义通电"正式发表，宣布脱离国民党政府，加入中共领导的人民民主政权，与人民军队为伍。16 日，毛泽东主席和朱德总司令致电慰勉："诸公率三湘健儿，脱离反动阵营，参加人民革命，义声昭著，全国欢迎。"

随即，党中央、毛主席又发电邀请程潜等起义将领参加在北平召开的中国人民政治协商会议。当程潜手捧邀请电时，一种难以言状的激动袭上心头，两眼霎时湿润了。9 月 9 日下午，当程潜一行抵达北平车站时，毛泽东、朱德、周恩来、林伯渠等中共领导亲自到站迎接，更使程潜激动得说不出话来。还是毛泽东先开口："多年不见，您历尽艰辛，还很健康，洪福不小呵！"程潜顿感一股暖流遍及全身："托福、托福，我已近古稀之年，为党为民定献余力。"

19 日上午，毛泽东主席到北京饭店来看望程潜，谈得十分融洽，推心置腹，共商大计。午饭后，毛泽东又邀请程潜、陈明仁等人同游天坛。时值金秋的北京，天高气爽，金桂飘香，天坛园里，古柏参天，庄严肃穆。毛泽东和程潜并排而行，信步漫游，论古道今，谈笑风生，和谐热烈的气氛与丽日秋风融会一体。

几天后的一个晚上，毛泽东单独召见程潜，拿出一份解放军进军大西南的计划与程过目，并征求意见。程潜深有感触地说："我与蒋介石共事多年，从未遇闻过他的机密。我今日刚刚投向人民，主席就这样信任我，如此推心置腹，真是万万没有想到。"

在第一届全国人民政治协商会议上，程潜被安排在主席团座位就座。就在这次会议上，他被推选为第一届全国政协委员。10 月 1 日，程潜登上天安门城楼，与中共领导人一起，共庆开国大典。10 月 26 日，程老离京返湘前夕，毛泽东又在中南海颐年堂设宴，为程饯行。毛泽东还特为程潜在北京准备了房子，让其随意在北京和长沙两地居住，安度晚年。实行工资制后，程被定为高干三级，每月除领取工资外，还享受政府给他的特别费 5000 元。

程潜回到湖南后，担任湖南省省长一职，并任全国人大常委会副委员长、国防委员会副主席和全国政协常委等重要职务。

新中国成立后，程潜曾多次进京与毛泽东会面。毛泽东每次到长沙，也定要接见程潜，俩人情深意笃。

1968 年 4 月 9 日，程潜病逝于北京，终年 86 岁。

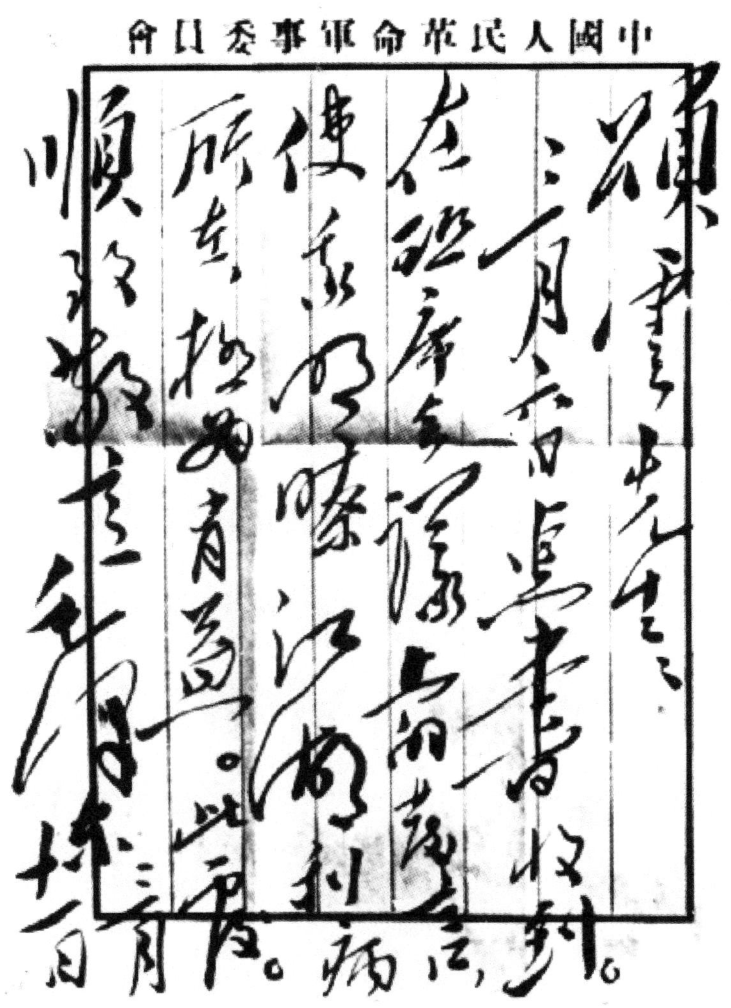

中國人民革命軍事委員會

陳真如先生：

三月六日惠書收到。在政府會議上所發言，使我明瞭江南利病。所示，極為有益。此復。順致

敬意。

毛澤東

三月十一日

程思远

1965年,毛泽东在中南海游泳池接见他和国民党前代总统李宗仁时,曾握住他的手说:“久闻大名,如雷贯耳!”并根据他的名字,为他起了别字“近之”……

程思远,1908年生于广西宾阳。幼年虽上过小学,但未毕业,后在家务农。1926年秋加入国民革命第七军,随军北伐,曾在第七军军械处供职。1930年春,桂系军阀李宗仁联合阎锡山、冯玉祥反蒋。5月出兵湖南,在中原与蒋展开大厮杀。7月,蒋与桂系所部鏖战衡阳,桂系兵败,几乎全军覆灭,匆匆退回广西。李宗仁为了稳定内部,稳定军心,决定建立一个秘密政治组织,定名为“革命同志会”。该会于9月1日正式成立。李宗仁、白崇禧等任中央常务干事,王公度为书记,程思远任助理。程的公开身份为第四集团军总司令部秘书,即总司令李宗仁的秘书。1935年2月,程思远离开中国经香港赴欧洲留学,就学于意大利的罗马大学。经过两年半学习,1937年7月6日,他参加了该大学的博士考试,被授予博士学位。9月,程思远离开意大利,返回祖国,参加抗日战争。1938年1月任国民革命军事委员会副参谋总长白崇禧的秘书,6月兼三民主义青年团中央临时干事会组织处副处长,1942年被选为三青团中央常务干事,国民党第六届中央执行委员。

八年抗战,中国人民取得伟大胜利,人民渴望进入一个和平建设的时代。中共适时提出了和平、民主、团结三大口号,并于1945年8月派毛泽东、周恩来和王若飞等赴重庆与蒋介石谈判,共商和平建国大计。9月18日,程思远以第四届国民参政员身份参加了参政会欢迎毛泽东的茶会,第一次见到毛泽东并聆听了毛泽东的即席致辞。毛泽东说,今后当为和平发展、和平建国的新时代。必须团结统一,杜绝内争,在国家一定方针之下,以建设现代化新中国。伟人一席肺腑之语,博得程思远和在场参政员热烈掌声。

在美国的支持下,蒋介石一意孤行,悍然发动全面内战。结果,三年战争下来,蒋家王朝土崩瓦解,全面溃败。1949年12月5日,国民党代总统李宗仁惶惶然由香港飞往美国,程思远也离开大陆,移居香港。

程思远的一生,往往与李宗仁联系在一起,而鼓动、说服和策划李宗仁离开美国回归中华人民共和国,又是程思远一生的主要功绩之一。

1956 年 4 月 28 日，程思远应中华人民共和国的邀请，回北京观光，意外地受到周恩来总理的接见。会谈中，周总理首次提到了旅居美国的李宗仁，并对其表示关切，希望包括李在内的所有在海外的国民党人士都回来看看，保证来去自由。1963 年 11 月程思远为了说服李宗仁回归祖国，专程来到北京，会见周恩来，共商李宗仁回国事宜。紧接着程思远于 12 月 2 日与李宗仁在瑞士秘密会晤。二人久别重逢，不禁感慨万千。程思远向李宗仁转达了中华人民共和国政府和周恩来总理的愿望与态度，极力说服李宗仁弃暗投明。由于中国政府的诚意和周恩来的精心安排，李宗仁夫妇终于在 1965 年 7 月 18 日返回祖国。程思远也离开香港，定居北京。

1965 年 7 月 26 日，这一天对于程思远来说，是值得纪念的一天，毛泽东主席在中南海接见了他及李宗仁夫妇。

在中南海游泳池的接待室里，共和国的领袖与国民党前代总统的手紧紧握在一起。随后，毛泽东又握住程思远的手，风趣地说："久闻大名，如雷贯耳！"大家入座，亲切交谈，欢声笑语，不绝于耳。

一会儿，毛泽东又邀请程思远等人下池游泳。程思远游到毛泽东身边，毛泽东边划水边说："你游得不错嘛！"程思远说："跟不上主席。"游毕，大伙儿上岸休息。毛泽东让程思远坐在身边，详细询问了他的学历及在海外的生活情况，程思远一一作了回答。接着，他又谈到海外也有许多人在研究毛泽东思想，并提到美国总统肯尼迪生前在他办公桌上也摆着一套《毛泽东选集》。程思远说："近来一个国民党人对我说过，他也用毛泽东思想办事，他把毛泽东思想概括为两句话：'调查不够不决策，条件不备不行动'。"

毛泽东听后笑了，问："你知道我是靠什么吃饭的？"程思远摇摇头。毛泽东说："是靠总结经验吃饭的。以前我们中国人民解放军打仗，每个战役后，总来一次总结，发扬优点，克服缺点，然后轻装上阵，乘胜前进，从胜利走向胜利，终于建立了中华人民共和国。"毛泽东思路流畅，谈兴愈浓。忽将话题一转，问程思远："你的名字为什么叫程思远？"程立即答道："因为对自己的前程总应当想得远一点，所以才回来跟毛主席、共产党。"毛泽东听后满意地笑了，又问道："你有别字吗？"程说没有。毛泽东接着说："那好，我来给你取个别字。中国古代有个大散文家叫韩愈，字退之。现在我给你取个别名，叫近之，远近的近，之乎者也的之。之者，共产党也；近之，从今而后靠近中国共产党。你看如何？"程思远立刻表示感谢，说："这是主席给我的最大荣誉。"会谈结束后，毛泽东设午宴招待了客人。

程思远回归祖国后，一直在中国人民政治协商会议常务委员担任要职，是第七届政协全国委员会副主席，为新中国的建设做了许多有益的工作。

2005 年 7 月 28 日，程思远因病在北京逝世，享年 97 岁。

程星龄

他与毛泽东先后在湖南一师就读，因此毛泽东总是亲切地称他为“小同学”。湖南和平解放时，他居中做了许多策动工作，因此毛泽东后来称他“早已是党外的‘布尔什维克’了”。

程星龄，湖南醴陵人，1899 年生，曾在湖南省立第一师范就读，后历任国民革命军第八军第一师政治部宣传科长，重庆党政委员会设计委员、天水行辕参事。1948 年 8 月，他应好友中共湖南地下党省工委统战组长余志宏的邀请，从台湾到长沙做他族兄程潜将军的策动工作。他不怕白崇禧的威胁和高压，亲自代程潜起草了给毛泽东的“起义备忘录”，并赴香港带回毛泽东对陈明仁的谈话记录，对促进程、陈两将军长沙起义与湖南和平解放作出了重要贡献。

1949 年 8 月 4 日，程星龄协助程潜、陈明仁两将军长沙起义后，8 月下旬，毛泽东即专电邀请程潜、陈明仁等赴京参加全国政协会议，作为特邀代表，程星龄随程潜 9 月 7 日晚抵达北平，9 月 23 日晚，毛泽东主席和朱德总司令举行盛大宴会招待起义有关人员，在圈定名单时，毛泽东说：“这次邀请的虽然都是有功的主要起义将领，但不要忘了我一师的那个小同学——程星龄，他在促进程潜、陈明仁起义中是有重要贡献的啊！”

全国政协开会的前一天，程潜到中南海拜访了毛泽东，回到北京饭店住处后，他高兴地对程星龄说，“星龄呀！告诉你一个好消息。你的大同学要单独见见你这个小同学哩。”程星龄一下没反应过来，不知是怎么回事，不解地对程潜说：“颂公，看您高兴得与我开起玩笑来了，什么好消息，哪个大同学要单独见我这个小同学啊？”程星龄万万没有想到毛泽东主席在即将举行全国政协会议和开国大典的日理万机的情况下，会单独接见他，并亲切地称他为“小同学”。因此，程潜的话，使他丈二和尚摸不着头脑。程潜见程星龄难解其意，开怀地笑道：“星龄呀！毛主席说你是他一师的同学。他比你大，你比他小，你是他的小同学。他要单独见你叙旧，一会就有车来接你。毛主席都没忘记你这个小同学，你就忘了毛主席这个大同学？”程星龄这才恍然大悟，连声说道："岂敢！岂敢！我和毛泽东在一师是先后同学。他是第八班四级的，时年 25 岁；我是 15 班一级的，当时才 17 岁，他是高班，我是低班。他当时在一师已是声名卓著，被杨昌济等老师视为'柱天大木'、'当代英木'，我还只是幼学。"

程星龄边说边从手提箱里，拿出一本纸张发黄、稍有破损的民国六年十月的《湖南省立第一师范学校同学录》，翻给程潜看："这第 10 页上的最后一个名字，就是毛泽东。我的名字是在第 26 页上。"程星龄边看边说："出于对毛泽东、杨昌济、徐特立等的敬仰之情，我一直将这本《同学录》珍藏着。这次带来想给毛主席看看，但又怕没机会，更有高攀之嫌。想不到毛主席主动来认我这个小同学，还要单独见我。颂公，你说我这《同学录》带去好，还是不带去呢？""带去，带去。保存几十年了，也不容易，也可表达对主席敬仰之情呢！"程星龄在程潜的鼓励下，带着《同学录》来到了中南海毛泽东住地——丰泽园菊香书屋院内。程星龄曾担任过国民党要职，经常出入国民党军政大员家里。而新中国的创始人、党的主席毛泽东的会客室和办公室，竟如此简单朴素，不禁使他大吃一惊。当时给他的印象之深，数十年后谈起，还记忆犹新。

毛泽东见到程星龄来，立即放下手中的文件，迎上前去，满面笑容地紧紧握住他的手说："小同学请坐，你今天就在我这里吃中饭，我们好好谈谈"。程星龄的双手，被毛泽东那双温暖的大手紧紧握住时，不禁感到一股暖流遍布全身。他非常激动地说："主席，在一师时，您就是我敬仰的导师。所以，我一直将我们湖南第一师范民国六年的《同学录》珍藏至今啊！""啊！你还保存有我们民国六年的《同学录》？带来没有，给我看看。"毛泽东十分高兴地说。"主席，我带来了，请您看吧。"程星龄取出《同学录》，双手呈给毛泽东。毛泽东一边翻看，一边讲述他对哪些人还有印象，哪些人印象还非常深刻。当翻到周世钊的名字时，他说："星龄你在长沙与谆元（周世钊字号）有来往吧，最近我还收到由他领衔，一些老新民学会会员与老师联名给我发来的贺电贺信哩。我和他不仅是同班同学，还盖过一床被子哩。"程星龄说："谆元兄在我们母校一师任教，现为代理校长。因我从台湾回长沙后，主要是在地下党的指导下，做颂公和子良（陈明仁字子良）的起义工作，交往不多，但知道他道德文章都堪称师表，深得众望。""啊，此兄骏骨未凋，甚有生气。我准备给他写封信去。一师由他任校长，是深得人心的啊！"毛泽东说完继续翻阅《同学录》。当翻到 26 页，看到程星龄的名字时，毛泽东边指边开玩笑说："星龄呀！你的名字在这里。你的族兄颂公字颂云，你的别甫却是'不云'，我的叫'润之'。你'不云'，天上没云就不能下雨。不下雨，我怎能'润之'呀！就滋润不了土地嘛。"程星龄没有想到毛泽东会如此与他开玩笑，不免一愣，但他也是非常机敏之人，反应很快，他笑着对毛泽东说;"主席，您比我早生于韶山仙境，我晚生于醴陵山乡。您先我入一师数年，已借得洞庭云雨，滋润着一师和三湘大地。我这没云水的人，也靠了您的滋润，才有今日啊！不过主席，我这别甫，从一师后也没用了。所以，连我家里人都不知道。而主席'润之'的别甫，如今已是天下人都知道啊！""那我不叫你'不云'，还是叫你星龄好了。你也不要恭维我了，恭维奉承我的多了，我就可能会晕头转向，搞不好不是降甘霖而是下冰雹，那就坏了。"

畅谈之余，程星龄回头四顾，感到毛泽东的住所和办公室里的陈设太简陋了些，便忍不住对毛泽东说："主席，败不馁，胜不骄，永远保持创业时期艰苦朴素的本色，是使国家民族兴旺发达的根本。但我这小同学感到您这办公室里，连幅字画，连盆鲜花都没有，就有些与这一'菊香书屋'之名不符了。"毛泽东一听，哈哈大笑道："我刚到这里时，盆花多得很，简直是一个百花争艳的小花园。你说这样行吗？我们共产党人打天下，是为劳苦大众翻身，不是图自己享受，与李自成、国民党不同的也就在此。所以我说，过去我管不着，现在我住在这里，就不要摆这么多的花了，到我这里来的人很多，以后还会有工人、农民代表来，他们来了，要看看我，看看我住的地方。如果我这里摆了那么多漂亮的花，那他们也会上行下效，向我看齐，养成这种风气就不好了。当领导的一定要带好头，不然，上梁不正下梁歪啊！"一席话，说得程星龄连连点头。

1949 年 10 月初的一天，毛泽东又单独约见程星龄。程星龄为毛泽东对程潜等无微不至的关心和照顾不胜感激，他说："主席，你对颂公如此殷切的关怀和优渥的待遇，不仅会使颂公感激不尽，我也会终生难忘！"毛泽东摆了摆手，吸了两口烟后说："星龄呀！我还没有征求你的意见，谈对你的工作安排哩，怎么就'终生难忘'？"程星龄更是激动说："主席，我的工作安排用不着征求意见，什么都可以。""星龄呀，怎么你们醴陵人都是如此呢！子良(即陈明仁)开始我征求他的意见时，他也是说什么意见都没有。我说，提出意见的，我还好办，什么意见都没有的，我更难办。后来子良对我说：'我是军人，还是想在军事上为国家尽点力量。'我说，那你仍旧去带部队吧！我们已决定把你的第一兵团改编为人民解放军第二十一兵团，仍由你当司令员。这下他满意了。星龄，你有什么意见，还是对我讲好了。"程星龄犹豫了一下说："主席，对工作的安排，我真没什么意见。但我早就有个愿望，想参加中国共产党，不知够不够资格呢？""啊！是这么个愿望。"毛泽东想了一下对程星龄说："如果说够条件的话，你早就够了。你早年参加国民党左派，与我党创始人之一的李大钊一起，从事反对军阀张作霖的斗争，是最早与我党合作共事的朋友之一。这么多年来，你一直同情我党，支持我党，早已是党外的‘布尔什维克’了，起到我们许多党员所不能起到的作用。不过……”毛泽东停顿了一下，又抽了两口烟后继续说道：“子良提出继续带兵的愿望，我满足了他，但你提出加入我党的要求，我认为暂缓为好。你最好还是先参加‘民革’。中国国民党革命委员会，与你早年参加的国民党左派一样，是革命组织。我们中国共产党和民革、民盟、民建、农工、民进、九三等各民主党派的友好关系，是在长期的革命斗争中形成的。我们党与各民主党派的关系，是要长期共存、互相监督的。星龄，你参加民革，可能比参加共产党，能像过去那样发挥更大的作用！”程星龄听毛泽东一讲，谦逊地说：“谢谢主席对我的过高评价，说不上是什么‘党外的布尔什维克’，但从这二十多年的实践中，我感到中国共产党确实是为人民谋福利的，是国家民主的希望所在，因此我同情支持共产党，作了一些爱国者应做的事情。”然后，程星龄又说：“主席提出要我暂缓参加共产党，先参加民革，我会认真考虑的，但我参加共产党的决心早就定了，望主席在适当时候也不要忘记啊！”毛泽东点点头说：“小同学，我知道你们醴陵人大都有如此坚毅的个性，说了的就要办到，可谓‘不达目的誓不罢休’！子良是如此，你也是这样。不同的是子良常年带兵打仗，显得更为直爽，你则一直担任文职，甚为婉约。好吧！那就先如此，我相信你的愿望终会实现的。”

民革是何香凝、李济深、谭平山等一些国民党内的进步元老于 1948 年 1 月成立的革命组织。它反对蒋介石国民党的内战独裁，与共产党亲密合作，为中国人民的解放事业和新中国的建立作出了贡献。程星龄听从毛泽东的建议，于 1950 年参加了民革，历任中央民革第一届委员、第六届常委、中央监察委员会副主席、民革湖南省第一、五届常委、第六届主任委员、第七届顾问等职。

程星龄按毛泽东讲的参加民革并积极从事民主党派的工作，但他要求参加中国共产党的愿望，一直没有放弃，曾多次提出，且越老越切。也正如毛泽东 1949 年对他讲的：“我相信你的愿望终会实现的。”程星龄于 1987 年 10 月，经中共湖南省委批准，正式加入中国共产党，实现了他终身的夙愿。

新中国成立后，程星龄除在民革担任重要职务外，还先后担任了湖南省军政委员会委员、省人民政府副主席兼文教委员会主任、副省长兼体委主任、省政协副主席、主席等职。1987 年 10 月 22 日病逝于长沙，终年 88 岁。

雷洁琼

她是中国著名的女教授，民主促进会领导人。1948年冬天在西柏坡首次见到毛泽东，作竟夜长谈。在新政协会议上，与毛泽东共商国是。后任全国政协副主席。

雷洁琼，广东台山人，1905年生，1924年赴美留学，获南加州大学硕士学位。1931年回国后，历任燕京大学、中正大学、东吴大学、沪江大学、圣约翰大学、华东大学、震旦女子文理学院等校教授。

雷洁琼第一次见到毛泽东是在河北省平山县的西柏坡。那是在1948年冬天，继辽沈、淮海战役之后，平津战役已经打响，中国人民解放军即将取得最后的胜利。雷洁琼陪同爱人严景耀代表民进去华北解放区出席中共中央召开的民主党派会议。

当他们得到去西柏坡的通知时，心情非常激动。他们乘着吉普车在暮色苍茫中到达平山县，这是中共中央所在地。

下车后，警卫人员招待他们进入朴素整洁的饭厅。一会儿，毛泽东、刘少奇、周恩来、朱德、任弼时、邓颖超等都来到饭厅，周恩来将雷洁琼等民主人士逐一介绍给毛泽东。毛泽东当时才五十几岁，容光焕发、神采奕奕，他和各位民主人士亲切握手问好。

吃饭时，毛泽东、刘少奇、周恩来、任弼时、朱德等和各位民主人士分别坐在两张普通的方桌旁，共同进餐。毛泽东平易近人，谈笑风生，气氛十分轻松愉快。饭后，大家随着毛泽东走进他的办公室。这原是一间普通农民的住房，家具简单朴素，办公桌椅都是木制的。桌上有笔筒、毛笔和方形铜墨盒，墙壁上挂着一张中国地图，屋里有电灯，也有备用的煤气灯。大家围绕着书桌坐下，亲切地交谈着。周恩来、朱德、任弼时也参加了谈话。

毛泽东那天晚上谈话的范围很广。他指出，人民解放战争已在全国范围内取得决定性胜利，但是敌人是不会自行消灭的，正在玩弄反革命的两手：一手是继续组织残余的军事力量在长江以南负隅顽抗；另一手是策动中间力量在革命阵营内部组成反对派，极力使革命就此止步。

当时民主党派和知识界中，确有些人主张“和谈”、“划江而治”，造成南北朝的局面。针对这些走“中间路线”的错误主张，毛泽东精辟地分析了当时的形势，指出摆在中国人民和民主党派、人民团体面前的问题是将革命进行到底，还是使革命半途而废？他说，把革命进行到底，那就是要坚决彻底干净全部地消灭一切反动势力，毫不动摇地坚持推翻三座大山，建立中国共产党领导的以工农联盟为基础的人民民主专政的共和国。如果使革命半途而废，那就是违背人民的意志，使国民党反动派赢得养好创伤的机会，在一个早上猛扑过来，将革命扼杀，使中国又回到黑暗世界。毛泽东以蛇与农夫的寓言作比喻，指出决不能怜悯恶人，要求民主党派必须选择出自己应走的那条道路。

谈话中，毛泽东透彻地说明了将革命进行到底的道理，指出革命胜利后就要召开新政协，成立中华人民共和国，希望民主党派站在人民大众的立场同中国共产党采取一致步调，真诚合作，不要半途拆伙，更不要建立所谓“反对派”和什么“走中间路线”。

毛泽东非常关心知识分子，在谈话中详细询问了北平西北郊区解放后，知识分子的思想、工作和生活情况，他特别关心老一辈的知识分子，询问是否还有前清的翰林、进士，要他们推荐人才。他还问起留在上海的张澜、罗隆基等爱国人士的情况。接着，毛泽东非常仔细地听取在座民主人士的汇报，他自己谈话不多，有时在关键地方插几句，发表一些重要意见。雷洁琼等人在汇报中讲到，在国民党腐败政治的统治下，通货膨胀，物价飞涨，清华、燕京两校的教师生活困苦，仍然坚持岗位等待解放。有的人在蒋介石派飞机接他们去南京时拒绝离开。此外，两校学生组织了护校运动。毛泽东听得非常认真，他十分高兴地说：中国的知识分子绝大多数是爱国的，是要革命的。此后，毛泽东又谈到新中国成立后的建设、科学教育、文化事业的发展等问题，讲了新社会的美好前景。他强调发展交通铁路运输事业对经济建设的重要性，认为我国幅员广大，内地和边疆更是落后，一定要建设一个四通八达的铁路网。他还谈到学术思想的各种派别问题，主张通过自由讨论来统一思想，促进艺术的发展、科学的进步和文化的繁荣。最后，毛泽东告诉雷洁琼等人，要把美国政府当权者同美国人民区别开来。他指出美帝国主义出钱出枪，帮助国民党侵略中国，帝国主义的本性不会改变，要警惕美帝挑拨知识分子同党的关系，我们要丢掉幻想。但是美国的广大人民是友好的，同中国人民有传统的友谊。这一席长谈，从晚饭后直到深夜。这是雷洁琼第一次听到毛泽东的亲切教导，她非常兴奋，感到这是一次毕生难忘的马克思主义思想教育。

1949年9月,雷洁琼出席了中国人民政治协商会议第一次全体会议,与毛泽东等中共领导人一起共议国是,并选举毛泽东任政协主席。新中国成立后,雷洁琼曾任中国国际交流协会副会长、北京市副市长、全国妇联副主席、中国民主促进会中央副主席、全国政协常委等职。从第六届全国政协会议开始,连任全国政协副主席。

2011年1月9日,雷洁琼因病在北京逝世,享年106岁。

蓝公武

三十年前，毛泽东读过他在《晨报》及《国民公报》上的“崇论宏议”；三十年后，毛泽东在河北平山县陈南庄约见，“借聆教益”。新中国成立初，毛泽东看中他的刚正不阿，亲自请他出任新中国检察署副检察长一职。

蓝公武，字志先，笔名知非、哲仙、武，祖籍广东大埔，1887 年 1 月 23 日出生。7 岁即进私塾读书，聪明过人，过目不忘，故深得私塾先生钟爱。19 岁时他以优异的成绩考取了东京帝国大学哲学系，获得官费留学生资格。

在校期间，蓝公武学习十分用功，除学校规定的课程之外，他还博览群书，涉猎各种新思潮的著作，并经常参加政治活动，多次聆听孙中山和黄兴的演讲。在他们共同创办的《教育杂志》上发表政治主张和哲学思想。

1911 年初，蓝公武从日本帝国大学哲学系毕业归国，在北京江苏会馆闲住，因受到《国民公报》主编的赏识，被聘为记者。由于蓝公武勤奋能干，才思敏捷，他采写的政治新闻简练而泼辣，使《国民公报》大为增色。同年 10 月 10 日武昌起义，推翻了清王朝的反动统治。梁启超派成为拥袁派，但是蓝公武却对袁世凯的内外政策采取了批评和反对的态度。1913 年秋，蓝公武第二次出国留学，他从东北满洲里经俄国去德国，此时他的心情是很复杂的，既有少年得志的自豪感，又夹杂有一种失落之感，觉得自己追求的民主宪政的理想破灭了，因而感到痛苦和内疚。在德国，他仍潜心学习自己所喜爱的哲学。第一次世界大战爆发之前他回到了祖国。

1917 年 7 月，蓝公武任《国民公报》社长，他积极宣传新思想，鼓动群众运动，对俄国十月革命作了正面评论，1919 年五四运动爆发后，《国民公报》因不断发表评论为学生们的爱国行为叫好，遭到查封，蓝公武不得不逃往上海避难。

九一八事变后，蓝公武开始接受中国共产党抗日反蒋的政治主张，在行动上逐渐同共产党靠近，他家也成为中共地下组织可靠的“堡垒户”。抗日战争爆发后，蓝公武在中国大学教书，同中共的关系更为密切，在他家里有一个中共地下组织领导的读书会开展活动，使许多爱国青年从这里同共产党取得联系，进入敌后解放区参加抗战。蓝公武在大学课堂上公开宣传抗日，大讲日本帝国主义必败、中国必胜的道理，使学生们非常感动，听他讲课的人也越来越多。这个消息传出去，引起了日本人的注意。1940 年夏，蓝公武及他的两个儿子被日本宪兵司令部逮捕，日本人对他用了最残酷的肉刑，把他折磨得死去活来，但他宁死不屈。出狱后，他从近代中国的曲折历史和他个人的坎坷经历中，深深体会到只有中国共产党能够救中国，从而在中国之命运决战前夕——1945 年 3 月，毅然进入解放区，以党外布尔什维克的身份为新中国的诞生而奋斗。

1948 年 4 月，毛泽东在领导陕北战争取得决定性的胜利之后，率领中央机关经晋绥区到达河北平山县的陈南庄，从聂荣臻那里知道蓝公武在北岳区工作。毛泽东即派车函请蓝公武。信中说："三十年前，拜读过先生在《晨报》及《国民公报》的崇论宏议，现闻先生居所距此不远，甚思一晤，借聆教益。"蓝公武当即偕夫人郭英去见毛泽东，在陈南庄住了 7 天。毛泽东和他谈话的范围很广，古今中外，海阔天空，但主要还是谈新中国的建设问题。蓝公武对发展新中国教育事业提出了自己的建议和看法，毛泽东悉心听取他的意见。此次谈话，使蓝公武感慨万分，他打心眼里敬仰毛泽东，更加坚定了一心一意跟共产党走的决心。

1949 年 9 月，中国人民政治协商会议开幕，蓝公武以华北地区代表团成员的身份参加了大会。会后组建中央人民政治各部门领导班子时，毛泽东又一次接见了蓝公武，征求他对自己工作安排的意见。蓝公武说："我多年从事教育工作，还是干本行吧。"毛泽东沉思一下说："能做教育工作的人不少，而能做政法工作的人不多。你这个人刚直不阿。我看适合做人民检察署的工作。同罗荣桓一起搞这个工作吧！"蓝公武愉快地接受了安排，担任了最高人民检察署副检察长的职务。

毛泽东知人善任。蓝公武在实际工作中，也确实表现出了人民检察官刚直不阿的优秀品质。

蓝公武少年时代的好友张东荪，在抗美援朝期间向美国人泄露了国家机密，触犯了国法。在考虑是否逮捕法办时，张东荪托人请蓝公武为他说情，毛泽东也征求蓝公武对这个问题的意见。蓝公武说："张东荪是我的朋友，对他的处理问题，我应当回避。"他没有替张东荪说一句话。此后，蓝公武不许张东荪再到家里来，两人至死再未见面。

后来，驻京部队的一位师级干部，由于进城后思想腐化，喜新厌旧，开枪打死了自己的妻子，又将要揭发他的警卫员也打死了。如何处理此事，在最高人民检察署内部出现了分歧，一些干部认为这个师级干部从红军小鬼到三大战役，身经百战，军功卓著，虽罪行严重，但考虑他的历史贡献，应从宽处理。而蓝公武和另一些同志认为此案情节十分恶劣，军功不可成为枉法的借口，应依法处理，判处死刑。双方争执不下，呈报毛泽东评断，毛泽东亲批：照蓝公武等同志的意见处理。

毛泽东信任蓝公武，蓝公武也不负厚望，在自己的工作岗位上兢兢业业，忠于职守，为党的事业做出了自己应有的贡献。1957 年 9 月 9 日，蓝公武病重处于弥留状态。他用极其微弱的声音，最后一次表达了加入中国共产党的强烈愿望。当晚蓝公武逝世，终年 70 岁。9 月 12 日，党和国家在中山公园中山堂举行公祭蓝公武大会。刘少奇等党和国家领导人主祭，董必武致悼词，高度评价了蓝公武的历史贡献，并代表中共中央宣布追认蓝公武为中国共产党正式党员。

溥 仪

中国的末代皇帝,在毛泽东的亲自提议下于1959年获特赦。毛泽东曾笑称:“几十年前,我也是你的臣民。”并提议从自己的稿费中拿出一些钱,改善这位末代“皇帝”的生活。

溥仪,姓爱新觉罗,满族人,1906年生于北京醇王府。祖父系清朝道光皇帝第七子,父亲载沣系光绪皇帝之弟。光绪无子,溥仪便于1908年入嗣清宫为皇位继承人。1909年,年仅3岁的溥仪被立为皇帝,年号宣统。

溥仪在位的3年,是中国各种矛盾不断激化和社会急剧动荡的3年,民族矛盾和阶级矛盾交织发展,终于导致了辛亥革命的爆发,中国封建社会的最后一个王朝——清王朝随即土崩瓦解。1912年2月,刚做了3年皇帝的溥仪被迫宣布退位,但仍享受优待条件,居住在紫禁城内,并保持帝号。

1924年,冯玉祥率国民军进入北京,将溥仪等前清贵族逐出皇宫。溥仪逃出皇宫后,潜往日本使馆兵营,次年又移居日本租界,在日本领事的拉拢利诱下,逐渐投向日本人的怀抱。

1931年九一八事变后,在日本人的策划下,溥仪离开天津乘轮船秘密驶往东北长春,并于1932年在日本侵略者的扶植下执政伪满洲国。两年后改任伪满洲国皇帝,取年号“康德”,成为日本帝国主义者的傀儡。1945年,日本战败,伪满洲国解体,溥仪及一些伪满洲国大臣在出逃途中于沈阳机场被苏军拘捕,在苏联监禁了五年。后苏联将其移交给中国政府,溥仪便先后在哈尔滨、抚顺等战犯管理所接受思想教育和劳动改造。

溥仪的前半生,作为封建阶级的总代表和日本帝国主义羽翼下的走卒,是一个人民的罪人。自他被捕后,特别是在战犯管理所接受了九年多的教育改造后,思想发生了巨大的转变。他从后半生开始走向新生,回到人民怀抱,成为一个对社会有用之人。而这一巨大转变的发生,除战犯管理所对他的教育改造外,与当时党和国家领导人毛泽东、周恩来对他的宽大、关心和重视也是分不开的。

1959年9月15日，毛泽东在中南海怀仁堂召开了一个有多名民主人士参加的座谈会。会上，毛泽东提出了关于特赦包括溥仪在内战犯的建议。毛泽东说："特赦的问题，几年前就有许多朋友提议过，现在我们对真正改造好的战犯赦免，按照宪法，叫特赦，请诸位考虑一下。"12天后，在第二届全国人大常委第九次会议上，正式通过了对战犯实行特赦的决议，决定对"确实改恶从善的蒋介石集团和伪满洲国的战争罪犯实行特赦"。

当溥仪在抚顺战犯管理所双手捧着中华人民共和国最高人民法院12月4日签发的《特赦通知书》时，他已成为一个泪人，他紧紧地把这张证明贴在胸口。

溥仪回到了阔别多年的北京。抵京后第5天，周恩来总理在中南海西花厅接见了他。随后，他被安排在北京植物园工作。不久，他又在全国政协文史资料研究委员会担任文史专员。

1962年1月31日，是溥仪"永远不能忘记的最光荣和幸福的日子"，因为毛泽东主席在中南海颐年堂接见了他这位"末代皇帝"。

溥仪是第一次与毛泽东见面。当他握着毛泽东的手时，心情激动万分地说："我万没想到能见到您。"毛泽东微笑着让溥仪等人坐下，亲切地交谈起来。毛泽东询问了溥仪回京后的近况，溥仪一一作了回答，接着开始检讨自己过去的旧债。

毛泽东说："有的事，你要负责任，而有些事不是你一个人做的。"溥仪说："刚登基时，我还是个孩子，事情都不是我做的，大都是我父亲载沣和七叔载涛来做。再大一点时，他们顶多问问我也就完事了。但到伪满就是另外的情形了。"毛泽东又说："你到政协，应该好好总结一下历史上的教训。"溥仪连连点头。毛泽东见溥仪有些紧张，就幽默地说："几十年前，我也是你的臣民哟。"溥仪连忙站起来说："岂敢，岂敢，我是罪人，我是罪人啊！……"

在座的客人都乐了。毛泽东让溥仪坐下，又聊了一会儿，然后邀请来宾共用午餐。餐桌上，毛泽东特意让溥仪坐到自己身边。毛泽东的家宴没有山珍海味，只摆着他平时宴请客人的老规格——四菜一汤，外加几样小菜。

毛泽东夹了一筷子青辣椒置于溥仪面前的小碟子里，劝道："你来尝尝我们湖南的辣椒炒苦瓜嘛，味道怎么样？"溥仪吃了几口，辣得鼻尖都渗出了汗，还说："好吃，好吃。"溥仪见毛泽东一根接一根地抽烟，就劝道："毛主席，我看您抽烟整口整口咽下去，这样对身体不好。"毛泽东笑着点点头，表示接受。

饭后，毛泽东提议溥仪合影留念。溥仪喜不自禁地站在毛泽东的身边，摄影师把共和国领袖和前清皇帝的合影永远地记录了下来。告辞前，溥仪对毛泽东说："非常感谢您对我们的招待。"毛泽东说："以后还有机会见面的。"他把客人送出了客厅，又亲自打开车门请溥仪坐进去，并关好车门。溥仪在车里激动得不知如何是好，一个劲儿地向毛泽东作揖。

几天后，照片寄来了，溥仪高兴万分地将照片小心翼翼地放在宿舍桌子的玻璃板下，衬底是一张白纸，上面用毛笔写了一行漂亮的楷书："中国人民的伟大领袖毛主席"。

溥仪虽然只受到毛泽东一次接见，但毛泽东却时常关心着他，在许多场合都提到他。1963 年 11 月，毛泽东在会见阿尔巴尼亚客人时曾说："我们把一个皇帝也改造得差不多了。"在提到溥仪创作的回忆录《我的前半生》时，毛泽东说："我觉得这本书写得不怎么好。他把自己说得太坏了，好像一切责任都是他的，其实，应当说是一种社会制度下的一种情况。在那样的旧社会制度下产生这样一个皇帝，那是合乎情理的。"当毛泽东得知溥仪每月只有 100 元的薪水时，提议要从自己的稿费里拿出一些钱，用以改善他的生活，并诙谐地说："不要使他'长铗归来乎，食无鱼'，人家终归是'皇帝'哟。"

溥仪获得新生后，得到了国家领导人和北京市政府无微不至的关心和帮助。周恩来总理曾多次接见过他，询问了他的生活、工作和家庭等情况，并帮他解决了许多实际问题。在他晚年生病时和生命垂危的时候，党和政府以及许多善良的人都在关心他，为他积极治疗抢救，使弥留之际的溥仪深受感动。

1967 年 10 月 17 日，爱新觉罗·溥仪逝世，终年 61 岁。

熊克武

他是中国同盟会会员，辛亥革命前东征西讨，练就了强健的体魄。毛泽东后来戏称他是“铁脚板”，并于新中国成立初任命他为西南军政委员会副主席……

熊克武，字锦帆，1885 年 12 月 26 日出生于四川井研县，父亲是当地有名的中医。熊克武 8 岁时开始在镇上的熊氏祠堂发蒙读私塾。1904 年 12 月，熊克武怀着拳拳报国之心，东渡日本留学。在进入东京东斌学堂后，他思想更加自觉地倾向于革命，并加入了中国同盟会。1911 年他参加了广州黄花岗起义。历任四川军政府第五师师长、四川讨袁军总司令、四川靖国军总司令和讨贼（曹锟、吴佩孚）军总司令、国民党中央执行委员和中央监察委员、国民政府委员等职。

解放战争期间，熊克武时时关注着人民解放军的胜利进程，反对蒋介石的专制独裁统治，作好反正起义的准备。1949 年 12 月，他坚决拒绝蒋介石诱迫他携家属飞往台湾的提议，毅然发表书面声明，表示拥护中国共产党和中央人民政府，迎接成都的解放。新中国成立后，熊克武由衷地感谢中国共产党和毛泽东领导中国人民打倒蒋家王朝，推翻了压在中国人民头上的三座大山，使自己救斯民于水火的多年夙愿得以实现。对毛泽东充满了无限崇敬和爱戴。1950 年 1 月 6 日，贺龙受毛泽东、朱德、周恩来等党和国家领导人的委托，亲往熊克武的住宅看望，并转达了毛泽东等人的亲切问候，熊克武久久握住贺龙的手，禁不住热泪盈眶。

1950 年 6 月 14 日，熊克武作为特邀代表赴北京列席全国政协第一届第二次会议。会议期间他见到了自己十分景仰的毛泽东主席及党和国家领导人，见到了与自己多年相交的老朋友。在会上，他认真聆听了毛泽东主席的开幕词和闭幕词。在历时 10 天的会议中，他每天都是那么欢快，那么兴奋；每天的感受都是那么丰富，那么新鲜。全国政协第一届第二次会议刚结束，熊克武正准备返回四川，毛泽东即于 6 月 28 日正式任命他为西南军政委员会副主席。他同邓小平、刘伯承、贺龙密切合作，对安定西南社会秩序，完成民主改革，恢复和发展生产，巩固和扩大爱国统一战线，作出了重要贡献。

1968 年国庆节，熊克武不顾体弱多病，仍拄着拐杖登上天安门城楼参加国庆观礼。在天安门城楼上，毛泽东同他亲切握手，向他问好。毛泽东还风趣地说："熊先生，你好！你这个铁脚板也拄手拐了，要多多保重啊！"原来，辛亥革命前熊克武在家乡组织武装起义时，身强体壮，练就了一副"铁脚板"。当时川南一带老百姓把熊克武说得很"神"，说他来无踪、去无影，有穿墙越屋、飞檐走壁的本领。毛泽东的亲切问候，令熊克武感激万分。

熊克武在新中国度过了幸福的晚年。他在临终前给毛泽东写了一封发自内心、感人肺腑、催人奋进的书信：

> 敬爱的毛主席：
>
> 为了推翻满清，拯救中华民族，我追随中山先举致力于国民革命。"革命尚未成功，同志仍须努力"念念于心，然少有成效。亲见蒋匪叛变革命，引狼入室，致遍野哀鸿，苍生涂炭。自觉对不起中山先生，但惟痛心疾首而已。
>
> 毛主席、共产党领导中国人民打败了蒋介石反动派，解放了全中国，中山先生的理想实现了。我亲睹社会主义革命和社会主义建设蓬勃发展，中华民族欣欣向荣，已经自立于世界民族之林，使我无限欣慰，无限感慨。
>
> 前年十一，毛主席和我亲切握手，是对辛亥老人的最大关怀，令人幸福成泣，热血沸腾。我只有更加热爱毛主席和共产党，坚决跟毛主席和共产党走。
>
> 我年垂85岁，据我解放前四十年和解放后二十年切身经历，体会到只有毛主席、共产党才能拯斯民于水水，致国家于富强。只有走毛主席和共产党所指引的道路，中国革命才能胜利……
>
> 熊克武遗言（盖章）

1970年9月2日，熊克武平静地离开了人世，终年85岁。

蔡元培

他任北京大学校长时，毛泽东在那里担任图书助理员。毛泽东的妻子杨开慧被捕时,他曾参与营救,可惜未果。他逝世后，毛泽东电称:“学界泰斗，人世楷模。”

蔡元培,字鹤卿,号孑民,生于1868年,浙江绍兴人。少年入私塾读经,1883年中秀才,1889年中举人,1892年中进士,被任为翰林院庶吉士,1894年授职翰林院编修。1898年在变法维新运动中同情维新派。变法失败后,认为康、梁失败在于“不先培养革新之人才”,决心从事教育,弃官南下,任绍兴中西学堂监督。1902年4月发起成立中国教育会,被推举为会长。不久被商务印书馆聘为编译所所长,并创办爱国女学。1903年冬参与创办《俄事警闻》报,倡言革命。1904年与章太炎等创立革命组织光复会,任会长。1905年在上海参加同盟会,并被定为同盟会上海分会会长。1907年赴德国留学。辛亥革命后回到上海。1912年1月出任南京临时政府教育总长,在他任职期间,颁布了《普通教育暂行办法》,对清末旧学制进行了重大改革。同年7月,因不满袁世凯擅权专制而辞职。不久,再度赴德留学并从事学术研究。1913年3月宋教仁被刺后应孙中山召请回国。二次革命爆发后发表《敬告全国同胞》一文,呼吁除掉袁世凯。同年秋,二次革命失败,出走法国。在法期间参加创办留法勤工俭学会和华法教育会,并担任华法教育会中方会长,推动了赴法勤工俭学运动的开展。1916年底回到北京,被任为北京大学校长,对北大进行了学制和教学体制的改革,提出了“思想自由,兼容并包”的治学方针,为提倡新文化、传播新思想起了积极的推动作用。

1918年春,湖南第一师范教师杨昌济应蔡元培之聘,到北大任哲学、伦理学教授。同年6月,杨昌济的得意门生毛泽东毕业于湖南一师。为组织新民学会会员及湖南青年留法勤工俭学,毛泽东于8月间也到达北京。由于在北京开销很大,杨昌济将他介绍给当时的北大图书馆主任李大钊,在图书馆任管理员。毛泽东利用任职北大图书馆的机会,经常旁听北大各种课程,并参加新闻学研究会、哲学研究会。北大新闻学研究会于1918年10月14日成立，1919年2月19日，又举行改组大会，到会会员有毛泽东、徐恭典等26人，蔡元培亲临演说，并被选为会长。

当时，毛泽东还参加了北大平民教育讲演团，这个组织是在蔡元培支持下成立的。1919年3月23日，该团在蔡元培校长的办公室举行了成立大会，有团员39人。该团团员经常到闹市及郊区向工人、农民讲演，宣传爱国主义思想及科学文化知识。

1920年10月，湖南省教育会举办“学术讲演会”，邀请蔡元培、章炳麟、吴敬恒、张东荪以及杜威、罗素等人讲演。长沙《大公报》特请毛泽东做记录，供该报刊布。蔡元培除按教育会预定讲演7次外，还应周南女校、岳云中学等处之邀，增加5次，其中由毛泽东记录的两篇《对于学生的希望》和《美术的价值》刊登在当年的长沙《大公报》上，成为珍贵的历史文献。

1921年中国共产党成立后，毛泽东即利用长沙船山学社的地址及经费，创办了一所学习马克思主义的学校——湖南自修大学。

蔡元培看到《湖南自修大学组织大纲》后，“欢喜得了不得！”认为这所大学“注重研究，注重图书馆、实验室，全与我的理想相合”。他热情地撰写了一篇《湖南自修大学的介绍与说明》，发表于《新教育》杂志第5卷第1期，广为传播。在这篇长文里，详细说明了他自己对于发展中国教育的主张，反复强调：湖南“自修大学的组织”，“合吾国书院与西洋研究所之长而活用之，其诸可以为各省所设大学之模范者与。”

1923年1月，蔡元培辞去北京大学校长之职，7月赴欧洲。1926年1月当选为国民党中央监察委员。1926年2月回国，在江浙一带从事北伐的组织工作。1927年3月被推举为国民党中央监察委员会常务会议主席，6月被任命为中华民国最高学术教育行政机构大学院的院长。1928年3月兼司法部代理部长，4月又任国立中央研究院皖长。1928年8月辞去所兼各职，专任中央研究院院长。

1930年10月，杨昌济先生的爱女、毛泽东的夫人杨开慧，因参加革命活动被国民党长沙警备司令部逮捕，关于陆军监狱。蔡元培闻讯后立即进行营救，他联合了几位社会知名人士联名打电报给湖南军阀何键，要求保释杨开慧。何键得电后，竟采取阴险狠毒的手法，立即枪杀了杨开慧，然后复电，推说电报来迟。

1931年九一八事变后，蔡元培主张抗日，并与宋庆龄等组织了中国民权保障同盟，任该组织副主席，反对蒋介石“攘外必先安内”的反动政策，1935年10月任中苏文化协会名誉会长。

1936年9月22日，毛泽东由延安写信给蔡元培称：“五四运动时期北大课堂,旧京集会,湘城讲座,数聆先生之崇论宏议,不期忽忽二十年矣!今日者何日?民族国家存亡绝续之日。……所谓亡国灭种者,旷古旷世无与伦比,先生将何以处此耶?”希望蔡元培以光复会、同盟会元老和中央研究院学术领袖身份为抗日呐喊、助威、尽力。事实上,蔡元培自1927年四一二事变后,即积极营救革命志士,反对国民党屠杀青年。九一八事变以后,他坚持主张抗日,“直接间接对于国内团结共御外侮,用力甚多”。抗战爆发前实现第二次国共合作,他曾欣欣然认为是“国家民族的大幸”。此后,蔡元培对解放区的状况非常关心。1939年8月6日,他仔细阅读了《西行漫记》和《续西行漫记》,并撰写了札记。中国共产党对蔡元培也非常推崇,1940年2月陕甘宁边区自然科学研究会和延安各界宪政促进会成立,蔡元培均被推为名誉主席团成员。

1937年上海沦陷后,蔡元培即移居香港。1940年3月5日,蔡元培在香港病逝,毛泽东致电蔡元培家属称:“子民先生,学界泰斗,人世楷模”。1962年,蔡元培之子蔡元忌在北京参加一次中央举行的招待会,毛泽东热情地握着他的手说:“你父亲真是好人。”

“学界泰斗,人世楷模!”“真是好人。”这就是毛泽东对蔡元培的评价。

蔡廷锴

他是一·二八淞沪抗战的领导人，后又发动了福建事变。毛泽东高度赞扬了他的义举。新中国成立后，他任中央人民政府委员。

蔡廷锴，1892 年生，字贤初，广东罗定人。自幼父母双亡，家无隔宿之炊。16 岁时已当家做主，携带幼弟勤耕苦种。

1911 年武昌首义，蔡廷锴参加广东独立战斗，1919 年被编入肇军，在陈铭枢营下任中尉排长，这是他与陈铭枢结交之始，此后几乎相伴终身，生死相依。1924 年归广东革命政府建制后，曾先后参加第一次东征诸战役，屡立战功。1926 年北伐战争时，随国民革命军第四军出征，战后升任扩编第十一军第二十四师副师长。旋任张发奎所部第十师师长。1927 年 7 月，张发奎部讨伐蒋介石，蔡师归叶挺指挥，贺龙与叶挺占领南昌后，与中共周恩来、朱德举行南昌起义，蔡亦率部参与其间，并被委为军事委员会委员，担任南下左翼总指挥。后来，蔡廷锴认为自己是国民党员，毕竟与共产党信仰不同，不能合作到底，率部径自离开南昌。至进贤县境后，蔡召第三十团团长范孟生、政治部主任张健候等共产党员到师部训话，表明了自己的立场和态度。他令所有的共产党人离开该师，并发给路费，派兵护送一天。

1930 年蒋冯阎大战期间，蔡廷锴率所部猛攻阎军，挽救了蒋介石全线动摇的军事颓势，蒋遂提升蔡为十九路军军长，赏款 100 万元。此后，蒋调蔡部至江西前线围剿红军，遭我红三军团埋伏攻击，伤亡惨重，几被全歼，蔡当时曾想自杀殉职。九一八事变后，在中共“中国人不打中国人”的正义号召下，蔡主张枪口应该对外，乃率部在赣州宣誓反对内战、团结抗日。1932 年日寇大举进犯上海，卫戍宁沪的蔡廷锴与陈铭枢、蒋光鼐拒不执行蒋介石不抵抗命令，毅然率部发动了震惊中外的一·二八浙沪会战。是役中第十九路军与上海民众互为依托，同日寇血战，迫使日军三次增兵，三易主帅，终未能得逞。上海保住了，蔡及其所部受到举国民众的热烈赞誉，其“抗日将军”、“民族英雄”的称号由此确立。当时宋庆龄、何香凝等著名人士曾亲赴真如慰问十九路军官兵，中共上海地下组织亦通过工会、学生会等群众组织对蔡的抗日义举大力支持。

1933年底，蔡因不执行撤退命令，虽抗战有功亦受到蒋介石军政部的“抗命处分”。蒋介石欲肢解该军，蔡等力争得免，但复又被派往福建剿共前线。他的逻辑是:你们不是名将强军吗?那么去打共产党吧。鉴此，蔡经与蒋光鼐多次密商，决定派代表到中央苏区和红军联系。9月间，蔡派十九路军秘书长徐名鸿等赴瑞金，徐在瑞金见到了毛泽东、朱德等红军领导人，于10月26日与红军订立了《反日反蒋的初步协定》。11月，蔡廷锴与陈铭枢、李济深、蒋光鼎等发动福建事变，公开打出了抗日反蒋的旗帜。福建人民政府成立后，蔡出任军事委员会委员、人民革命军第一方面军总司令兼第十九路军总指挥。当福建人民政府遭到蒋介石军事围攻之际，毛泽东曾建议中共中央派红军主力突出江浙为中心的苏浙赣地区给予实际的策应与支援，但王明等“左”倾教条主义者不予理会，从而使大好形势丧失，福建人民政府被蒋瓦解。中央红军亦未能保住苏区而被迫开始了长征。一年后，毛泽东在延安还对此念兹在兹，他高度赞扬蔡廷锴等的上述义举。他说“蔡廷锴等人领导的第十九路军与蒋介石完全不同，他们代表的是民族资产阶级、上层小资产阶级、乡村的富民和小地主的利益，他们在上海曾抵抗了日本帝国主义，在江西同红军建立了抗日反蒋同盟，“无论蔡廷锴的将来的事业是什么，无论当时福建人民政府是怎样守着老一套不去发动民众斗争，但是他们把本来向着红军的火力调转去向着日本帝国主义和蒋介石，不能不说是有益于革命的行为。”

福建人民政府失败后，蔡廷锴流亡香港，旋又游历欧美、澳洲等地宣传抗日救国主张，并于1935年在港发起组织了中华民族革命同盟，他谴责蒋介石“要攘外必先安内”的反动政策，主张联合各党派，兄弟阋于墙而外御其侮，团结一致、共同抗日。此际，中国共产党亦致力于抗日民族统一战线工作，考虑到蔡廷锴过去的历史及此间言行，毛泽东曾于1936年9月22日亲笔致书给他，希望“光荣的十九路军系统在先生的领导之下，继续奋斗，再接再厉”，并根据新的抗战形势提出八条草案，建议与之订立“根据于新的纲领之抗日救国协定”。

1937年，蔡廷锴出于民族大义与蒋言和，一度担任国民党第二十六军总司令，在两广地区指挥作战。此间，蔡曾两次受伤，一次是车祸，一次遭日机扫射，故身体一直不佳，乃于1940年夏回桂林及家乡闲居，著《自传》40余万言。

抗战胜利后，蔡廷锴眼见蒋介石发动内战，残害人民，乃决定坚决站在人民一边。在南京期间，他曾亲赴梅园新村面见周恩来。与周的一番长谈，使他茅塞顿开，更加认定了只有共产党才是中国的希望所在。1946年4月，他带着周恩来的教诲，奔走港穗之间，宣传反蒋、反内战，并发起成立了中国国民党民主促进会，任该会主席之职。1947 年，他与李济深在香港提出七条反蒋纲领，要求蒋介石必须放弃武力统一的政策，重开政治协商会议，改组中央及地方政府，成立民主联合政府，确立独立自主的外交政策等。1948 年初，他与宋庆龄、李济深等在香港发起组织中国国民党革命委员会，任中央常务委员兼财政部长。不久，中共发出五一宣言，主张召开没有反动分子参加的新政协会议，成立民主联合政府，蔡廷锴等立即发表声明愿与响应。9 月 12 日，蔡与沈钧儒等民主人士正式登途北上，翌年初经东北解放区到达北平。此间，他与沈钧儒、李济深等人联名致函毛泽东和中共中央，祝贺人民解放军的伟大胜利，赞扬毛泽东领导人民革命所取得的空前成就。2 月 2 日，毛泽东亲笔函复各位，指出："先生长期为民主事业而努力，现在到达解放区，必能使建设新中国的事业获得迅速的成功。"9 月间，蔡廷锴以中国国民党民主促进会首席代表身份参加了毛泽东主持召开的新政协第一次全体会议。

新中国成立后，蔡廷锴被推选为中央人民政府委员、政协常务委员。后来又相继担任过国家体委副主任、民革中央常委、副主席、国防委员会副主席、全国政协副主席等重要领导职务。直到他 1968 年逝世为止，他在毛泽东的关怀下，积极投身于政府工作，除经常到祖国各地视察外，还常有出国任务。尤其 1957 年率中国代表团赴日参加禁止原子弹、氢弹大会，以昔日抗日名将出使日本，当时各种舆论都有，但他出色地完成了这次艰巨任务，不负毛泽东的重托。

1968 年 4 月 25 日，蔡廷锴在北京病逝，享年 76 岁。

谭平山

早年在北京大学上学时，他在新闻研究会中结识了当时在北大图书馆作助理员的毛泽东……他逝世后，毛泽东送了个大花圈，以示对老友的悼念。

谭平山，名鸣谦，又名聘三、诚齐，1886年生，广东高明人，少时就读于当地著名的东洲书院。

自1908年考入广东省最高学府——两广优级师范学校后，谭平山受国民主主义思想启发，次年加入孙中山领导的同盟会，是为投身政治斗争之始。1911年辛亥革命爆发时，谭平山正执教于雷州中学。广东省临时议会成立之际，他当选为广东96名议员之一。1912年8月，同盟会在京改组为国民党，谭平山以广东同盟会会员身份转入国民党，成为国民党最早的党员之一。

1917年夏，谭平山考入北京大学哲学系，深得陈独秀等人的欣赏。在北大期间，他参加了李大钊等组织发起的马克思主义研究会、新闻学研究会等组织。在伟大的五四运动中，他参加了痛打章宗祥、火烧赵家楼的激烈斗争。

在一代报人邵飘萍发起组织的北大新闻学研究会中，谭平山第一次结识了当时在北大图书馆作助理员的毛泽东，当时，他是获一年听讲证书的23人之一，而毛泽东则是获半年听讲证书的32人之一。

1920年夏，谭平山自北京大学毕业后回到故乡，任国立广东高等师范学校教授。此间，他创办了名著一时的《广东群报》，宣传新思想、新文化，传播马克思主义。上海共产主义小组成立后，谭平山等人立即在穗响应，于年底在陈独秀的直接指导下组织了广州共产主义小组，谭平山任广东支部首任书记。由于他的有力工作，以致当时曾有“北李南谭中间陈”之说。1923年，在中共三大上，谭平山被推选为中央执行委员、中央局委员。1924年1月，他作为孙中山指定代表参加国民党第一次全国代表大会，当选为中央执行委员会委员，旋又被选为国民党中央常务委员会委员兼组织部长。1926年，在国民党二大上，他被选为大会主席团7名主席之一，并再次被推为国民党中央执行委员会委员、常务委员和组织部长。1927

年4月，在中共五大上，他当选为中央委员、中央政治局委员，会后分工出任农民部长之职。此后，谭平山再度与毛泽东合作共事，担任由9人组成的中共中央农民运动委员会委员，毛泽东为书记。与此同时，谭平山作为武汉国民政府委员，还担任农政部长一职，并与毛泽东、彭湃、邓演达等14人组成全国农民协会临时执行委员会，谭、毛皆为常务委员，负责指导当时轰轰烈烈的全国农民运动。此外，谭平山和毛泽东还是国民党中央土地委员会委员。

在1927年国民革命风起云涌的大潮之中，谭平山和毛泽东作为党和武汉国民政府在农民运动方面的直接领导者，虽然到后来他们的主张曾经有所分歧，但总的看是团结一致、并肩奋斗的。这年5月30日，谭、毛等5人以全国农协临时执行委员会常务委员名义向湘、鄂、赣三省农协发出训令，要求严密农协组织，整肃步骤，使地方农运与全国革命过程合而为一，巩固革命的联合战线。6月13日，他们再次发出训令，揭露豪绅地主镇压农民运动的罪行，号召全国农协加强团结，严密组织，武装自己，反击土豪劣绅的袭击并打击封建势力的挑拨离间。17日，他们又联名呈请国民政府保护农工组织，严惩屠杀工农的反革命活动，请求政府迅速对摧残农民运动的反革命派加以镇压。

国民革命失败后，谭平山提请中共中央组织武装起义反抗国民党，并与周恩来等一起领导部署了南昌起义。起义失败后，被当时的中央"不完全妥当"地开除党籍。1928年春，他得知这一消息后要求中央复议并恢复党籍，但遭拒绝。由此，谭平山便与邓演达等组织一部分脱党的中共党人和部分国民党左派成立了"中华革命党"，既反对共产党，又反对蒋介石，主张平民政治，后改称"中国国民党中央临时行动委员会"，亦称"第三党"。至1938年，他曾一度参与蒋介石集团的政事活动。1939年冬，在周恩来、董必武的帮助下，他提出恢复共产党党籍并离开蒋管区到延安的请求，经做工作被劝留在国统区，继续作团结国民党内抗日分子的工作。1941年皖南事变后，为支持中共代表对蒋介石的斗争，他坚决不赴重庆参加第二届国民参政会活动，并在成都坚持民主运动。1943年初，他联络陈铭枢、王昆仑等人邀集主张抗日的国民党上层人士，组织"民主同志座谈会"，后被称为"三民主义同志联合会"，简称"民联"。1945年10月召开全体大会，选出了由谭平山领衔的7位国民党民主爱国人士组成的临时中央干事会。

1945年8月毛泽东到重庆参加和平谈判之际，中苏文化协会以庆祝中苏友好同盟条约为名组织欢迎毛泽东的鸡尾酒会，谭平山亦应邀参加。席间，两位离别18载的老战友再度重逢，他们热烈握手、干杯。毛泽东对谭平山极尽鼓励和奖掖，视若长者，使他激动难抑。当时《新华日报》还专门为此写了时评，指出："谭平山先生和毛泽东同志都是民国十三年并肩奋斗的同志，回想起二十年以前，国共两党和全国爱国同胞，在孙中山先生领导下，精诚团结，终于推动了民国十六年如火如荼的革命运动，这些事实，一定会有深切的感动的。”其实，在毛泽东座机抵达重庆之时，谭平山即与沈钧儒、黄炎培、郭沫若等民主人士亲赴机场欢迎。

1946 年春，中共“四·八”烈士遇难后，谭平山悲痛万分，亲赴重庆八路军办事处吊唁，并致函毛泽东暨中共中央称：“王、秦、叶、邓诸先生同为和平团结民主统一奋斗牺牲，诚属国家民族之绝大损失与不幸，惟今日中国前途与民主事业，尚艰尚巨，人民尚在水深火热之中，伏望公等为国节哀，千万珍重。”言辞之中，体现了他对毛泽东与中国共产党的一片深情。

1947 年 11 月，谭平山等在香港领导召开了国民党民主派第一次全国代表大会，并决定将“民联”、“民盟”、“民促”联合组织为“中国国民党革命委员会”。谭平山等 16 人被选为中央委员会常务委员。1948 年 5 月，谭平山等致电毛泽东，表示响应中共号召，届时参加新政协。1949 年 2 月 1 日，他与沈钧儒等 56 位到达解放区的民主人士再次致电毛泽东，祝贺人民解放战争的伟大胜利，表示拥护中共的正确领导。翌日，毛泽东复电表示欢迎，赞扬“诸先生长期为民主事业而努力，现已到达解放区，必能使建设新中国的共同事业获得迅速的成功”。9 月间，谭平山出席了新政协第一次全体会议，是大会主席团 31 名成员之一，并任政协组织法草案整理委员会召集人。在这次政协会上，谭平山还被选为中央人民政府委员、政务院政务委员会委员，并被任命为人民监察委员会主任。

中华人民共和国成立后，谭平山曾多次受毛泽东邀请晤谈和吃饭，他们常常在一起追忆往昔，同时也展望社会主义未来。在他晚年患病期间，毛泽东还专门为他送去珍贵的药品，这使他深深地为之感动。1956 年 4 月，谭平山逝世时，毛泽东送了个大花圈，表示了对这位老战友的悼念。

鲜 英

抗战期间，他的住宅——特园是中共代表团在重庆对外活动的重要场所。毛泽东在重庆谈判期间，曾三顾特园……

鲜英，号特生，四川西充人，出身于贫苦农民之家。早年曾在川军刘湘部担任过师长、参谋长等职，后脱离军界，从事工商业活动。1936年红军长征到达陕北后，他同张澜、钟体乾曾代表刘湘同中共代表李一氓在成都协商反蒋抗日问题。通过这次谈判，刘湘向中共方面提供了20万银元的资助性赠款。抗日战争爆发后，重庆成为大后方所在地，鲜英开始寓居重庆上清寺，并以自号称之为“特园”。

郭沫若在《民主运动二三事》中曾说：要叙述重庆的民主运动，“特园”实在是值得大书特书的地方。当时的特园亦有“民主之家”的雅号，这是因为自抗日战争中后期至解放战争初期，这里一直是中共和其他各民主党派进行公开活动的基地。

那还是在1941年皖南事变发生之后的一天，董必武到特园对鲜英说：“中共中央副主席周恩来先生很想一见您这位特园主人。”鲜英当即表示欢迎。翌日周由董陪同如约而至，双方一见如故，倾谈达3小时之久。周恩来向他宣传了中共对抗日民族统一战线工作的目标和步骤，并提出以后中共代表团在渝的公开活动想借用特园来进行的计划，问他有没有什么困难和顾虑，诸如怕不怕国民党特务前来骚扰，以及可能给他带来迫害等等。早对中共抱有好感且为人正直的鲜英当即慨然答道：一愿意，二不怕。从此特园便成了中共代表团在重庆对外活动、开展抗日民族统一战线工作的主要场所之一。当时中共代表团成员林伯渠、吴玉章、董必武、王若飞、邓颖超等经常出入特园。此外，民主人士郭沫若、沈钧儒、张澜、史良、陶行知、黄炎培、柳亚子、章伯钧，国民党高级将领冯玉祥、李济深及大批进步新闻记者，也常常被邀到特园参加活动。因此，当时的特园总是高朋满座，议论风生。自然，作为“地主”的鲜英不仅乐此不疲，并常常引以为幸快之事。

1941年3月间，经过周恩来等中共人士的暗中联络和宣传，在渝的部分爱国民主人士在特园秘密组建“中国民主政团同盟”(后改“中国民主同盟”),鲜英与张澜、黄炎培、梁漱溟等同为酝酿发起人之一。从此至抗战胜利初,鲜英以特园主人身份经常揽留各界爱国民主人士在此聚会,并使之与在此工作的中共人士牵线搭桥,周恩来亦多次在此聚谈时局,为上述人士提示机宜与方向。

1945 年,毛泽东赴重庆与蒋介石进行和平谈判期向,曾三次驻足特园,每次都受到特园主人鲜英的热情接待和多方照顾。

8 月 28 日,鲜英正与客居特园的张澜共进午餐,中共南方局负责统战工作的徐冰匆忙赶来报告说,下午三时毛泽东即到重庆。两老听后不胜惊愕,肃穆相对,继则立即备车迎接。正待上路,黄炎培等亦得讯而至。在驱车的路上,四老交换意见:重庆这虎狼之地,先生最好不来;但既然来了,就证明他昭大信于天下,姑不论两党是否谈得拢,对于出尔反尔的蒋介石,不能不提防他使出叵测的手段。因之,他们很为毛泽东的安全担心。毛泽东步出机舱后,不经乔冠华介绍,便认出了张澜一行,并与他们热烈握手寒暄。见毛泽东入虎穴而不惧的样子和那热情豪爽、风趣儒雅的气度,鲜英不禁暗暗称誉,真不愧奇人伟夫也。

8 月 30 日,毛泽东通知周恩来,他要亲去特园拜会张澜先生。闻此讯息后,鲜英立即以特园主人身份表示欢迎,并说:最好请毛主席和你们都到舍下来休息休息。”周恩来走后,鲜英告诉全家:为主席安全计,暂不要将这个喜讯外传。随即他便带领家人洒扫庭除,整个鲜宅洋溢着兴奋、喜悦而又忙碌的气氛。下午 3 时,毛、周按约而至,鲜英立即将他们带进张澜的卧室彼此促膝交谈,如沐春风,直到警卫员进来通知赴桂园张治中的晚宴时方止。

9 月 2 日,张澜以中国民主同盟的名义,在特园欢宴毛泽东等人,沈钧儒、黄炎培、鲜英等作陪。毛泽东二进特园,高兴地说:“这是‘民主之家’,我也回到家里了!”一句话,满园生色。在席间,毛泽东又勉励道:“今天,我们聚会在‘民主之家’,今后,我们共同努力,生活在‘民主之国’。”鲜英作为东道主,特意给毛泽东献上了他家酿的枣子酒,并介绍说:枣子酒浓度不高,味道却香而醇厚。张澜举杯道:“会须一饮三百杯”,诗才敏捷的毛泽东立即举杯共邀说:“且共欢此饮。”宴毕,鲜英拿出纪念册,请毛泽东为之题词留念。毛泽东笔走龙蛇地写下了力透纸背的四个大字:“光明在望”,寓意道路尽管曲折,前途仍然光明。

9 月 15 日下午,毛泽东第三次来特园,与张澜沟通谈判中的具体事宜。10 月 11 日,在“双十”协定签署已毕的次日,毛泽东乘机回延安,张澜与鲜英又到机场送行。到达机场时,毛泽东正对中外记者发表演说并回答提问,发现二老之后,他立即排开记者群,过来与他们热情话别,邀请二老日后到延安看看。他对鲜英说:

"在特园你们特地为我准备了湘菜,我则一定用延安的川菜来招待你们!"

新中国成立后,鲜英曾任西南军政委员会委员,第一届全国人大代表。但在1957年,他却被划为"右派","文化大革命"中被"四人帮"迫害致死。他那座称为"民主之家"的特园亦被付之一炬,只有冯玉祥将军题写的一块"民主之家"的门匾,因为当时家人将拿去翻过来当作床使用而免遭劫难,现已存放在重庆红岩革命博物馆内作为革命文物展出,这大概是当年的特园所幸存下来的唯一纪念物了。

黎锦熙

毛泽东在湖南第四师范和第一师范读书时的师友。毛泽东对他非常尊敬，总是称他“邵西先生”，称他的夫人为“黎师母”。

黎锦熙，字劭西，号鹏庵，1800 年 2 月出生，湖南湘潭人。1905 年中秀才，1911 年湖南优级师范史地部毕业，1913 年 1 月，担任了湖南省立第四师范学校历史教员。当时毛泽东在该校预科一班读书。毛泽东从小就喜欢历史。在四师期间，他常和黎锦熙谈古论今，谈得最多的是唐宗宋祖、拿破仑、伊藤博文等人。他们虽然名曰师生，却情同挚友。黎锦熙后来回忆说：那时毛泽东就表现了不凡的胸襟，言谈之间，不时露出以天下为己任的气概。

1914 年四师与一师合并，黎锦熙、毛泽东亦由四师转入一师，黎锦熙在湖南省立第一师范学校先任历史教员，当时他与杨昌济、徐特立、方维夏等一师教员均住在长沙李氏芋园（衡粹女校旧址），组织了宏文图书编译社。毛泽东和他的朋友常来此活动，发起组织了一个哲学小组，以杨昌济为指导，成员中有毛泽东、陈昌、蔡和森等。每逢星期日和假日，他们常来芋园向黎锦熙和杨昌济及各位老师求教，讲学论道，互阅日记，或议论时局，臧否人物。在不断的接触中，毛泽东与黎锦熙之间逐步建立了深厚的师生情谊，以至推心置腹，无所不谈。

1915 年 9 月，黎锦熙应北京政府教育部之聘，去北京担任教育部教科书特约编纂员（后改编审员）及文科主任。此时，毛泽东仍在湖南第一师范求学，两人虽然相隔千里，但仍鸿雁往来，音讯不断。1918 年 6 月，毛泽东毕业于湖南第一师范。8 月，毛泽东偕罗学瓒、张昆弟等 25 名第一批赴法勤工俭学的青年，由长沙经汉口到达北京，后任北京大学图书馆助理员。此时，黎锦熙已任北京师范大学教授。毛泽东常去拜访这位老师，畅谈国家大事。黎锦熙深知毛泽东工资微薄，生活清苦，便对他给予多方照顾。每逢星期天毛泽东来家相聚时，黎锦熙就特别准备好饭菜，让他打打牙祭。毛泽东当时烟瘾大，却又买不起好烟，黎锦熙见此，总是在毛泽东来家之前，先把“大炮台”烟装进铁筒，另外再在桌上摆两盒“烟台”烟，以满足毛泽东的烟瘾。茶余饭后，他们侃侃而谈，评论时政，探讨学问和救国救民的真理。同年12月18日，毛泽东组织“驱张”代表团，第二次来到北京，黎锦熙获悉，立即去看望毛泽东。当时，毛泽东住在北长街99号一个名叫福佑寺的喇嘛庙里。黎锦熙在这里第一次见到《共产党宣言》。此后，毛泽东在北京与黎锦熙进行了一系列频繁的接触。据《毛泽东早期活动纪略》载：1920年1月17日，北大教授杨昌济逝世。22日，毛泽东与黎锦熙、杨度、蔡元培等29人参加署名的关于杨昌济逝世的启事，在《北京大学日刊》刊出。2月19日，毛泽东到黎锦熙家，讨论“文化运动方法”等问题，与黎的家人一起吃饺子过年。3月10日，到黎锦熙家讨论“解放与改造”等问题。12日，致函黎锦熙谈湖南改造问题，并随信寄出《湖南建设问题条件》二份。17日到黎锦熙家，讨论“湘事善后问题”和“近代哲学派别”。

毛泽东和黎锦熙的频繁接触，使他大大地开阔了眼界，增长了知识，坚定了斗争的信心，同时也加深了两人之间的友谊。

从1915年到1920年，毛泽东和黎锦熙的书信往来，现在保存下来的还有6封，新中国成立后黎锦熙把这6封信拿给毛泽东看，毛泽东很高兴，感谢他在漫长的艰苦岁月中敢于保存至今。毛泽东把这6封信作了影印，由北京荣宝斋影印复制一大册，然后赠给黎锦熙，并说：“留个纪念吧”。

黎锦熙在白色恐怖下，除保存了毛泽东的书信外，还保存了毛泽东“一师”时代的作文本、毛泽东在长沙主编的《湘江评论》和《新民学会会员通信集》等珍贵文献。当年毛泽东主编《湘江评论》时，遭到湖南军阀张敬尧的干扰和破坏，《湘江评论》第五号出版时，毛泽东亲自到印刷厂监印，他守在印刷机旁，把刚印出装好的《湘江评论》第五号，装入信封内，亲自到邮局寄给北师大的黎锦熙教授。等到毛泽东吃完晚饭再到印刷厂时，湖南军阀派兵查抄了全部刊物并予以烧毁。后来，《湘江评论》第五号，全国仅留下黎锦熙手中的一本。这唯一的一本，现陈列在韶山毛泽东纪念馆内，十分珍贵。

1920年4月11日，毛泽东离开北京去上海。6月7日，毛泽东在上海致函黎锦熙，以求联络。此后，由于天各一方，毛泽东终年在外为革命劳碌奔波，黎锦熙也一直潜心治学，两人未能取得联系，音信不通。然而，黎锦熙对毛泽东这位“高足”、“诤友”，始终关注着，且非常敬佩。他关注毛泽东“缚住苍龙”的事业，从内心里敬佩毛泽东的远大抱负。

1937年抗日战争爆发，国共第二次合作，毛泽东在陕北延安领导抗日民族解放运动。此时北师大迁往陕北城固，黎锦熙仍在该校任教，并任国文系教授和系主任。不久，西北师范学院成立，黎任院长。城固距延安很近，分别多年，毛泽东十分惦念这位当年凭窗夜话的师友。当时北师大教授马师儒，是陕西米脂人，有次回家探亲，到了延安，见到了毛泽东。毛泽东甚为高兴，特地托马教授向黎锦熙问好，还说了许多想念的话。不久，毛泽东又从延安寄来一本《论持久战》。黎锦熙收到此书后，即组织该校同仁们认真学习和研究。

抗战胜利以后，黎锦熙响应中国共产党建立统一战线的号召，与许德珩、潘淑等共同发起组织九三学社，团结有名望的知识分子，在党的外围开展反蒋斗争。

由于与毛泽东有过交往，黎锦熙对中国革命和新中国有着特殊的亲情。1948年底，人民解放军包围了北平。当时，兵临城下，国民党军政官员纷纷溃逃，黎锦熙却不动声色，在北平留了下来，等候着毛泽东这位伟人的到来。

北平解放不久，毛泽东驱车来到和平门北师大宿舍，看望黎锦熙先生，黎锦熙闻知，忙从家中赶去迎接。师生相见，分外亲切。毛泽东请黎锦熙任教育部部长，黎锦熙极力辞谢了。

1949 年 9 月，60 岁的黎锦熙当选为第一届全国政协委员、北京市各界代表大会代表，并被指派为北京师范大学校务委员会主席。从此，他焕发了精神，发奋进行学术研究。同年，毛泽东指定黎锦熙和吴玉章、范文澜、成仿吾、马叙伦、郭沫若、沈雁冰 7 人组成“中国文字改革协会”，黎锦熙任常务理事会副主席、汉字整理委员会主任委员。

此后，毛泽东还几次接黎锦熙去中南海家中叙谈。有一次，黎锦熙及其夫人黄鹤寿到中南海毛泽东住处赴家宴。毛泽东开的菜单都是纯湘潭口味，如虎扣肉、火焙子鱼、鱼干大蒜烧肉、冬笋腊肉、猪血豆腐汤等。席间，毛泽东向老师、师母敬酒，宾主间谈笑风生，异常高兴。还有一次，正值盛夏荷花盛开，美不胜收，毛泽东特意邀黎锦熙到中南海一同赏荷。

对黎锦熙的身体和生活状况，毛泽东非常关心。1953 年的一天，他派人给锦熙送来了不少礼物。黎锦熙打开一看，全是一些珍贵药饵，还有一封中央人民政府办公厅的信，内云：“黎锦熙委员：各兄弟民族先后敬献毛主席、周总理礼物一批，奉命分送给您人参果一包、阿胶四块、红参一盒、冰糖一块、麝香二支、贝母一包、虫草半斤。并请检收。此致敬礼！”对于毛泽东的关怀，黎锦熙感激不尽，并把主席的关怀化为工作的动力，努力工作，潜心治学。

黎锦熙一生勤勤恳恳地工作，孜孜不倦地治学，对汉语语法研究颇有贡献，在汉语改革和辞书编纂工作方面亦有成绩。著有《新著国语文法》、《比较文法》、《国语运动史纲》、《国语新文学论》等，主编辞书有《汉语辞典》等。党和人民也给了他许多荣誉。新中国成立后，黎锦熙历任北师大中文系主任、中国科学院哲学社会科学学部委员、中国文字改革委员会委员、九三学社中央常务委员等职，是全国人民代表大会第一、二、三届代表，全国政协第一、二、五届委员。

黎锦熙是毛泽东的授业老师，又是一位著名学者和民主人士，毛泽东对他非常敬重，平时总是尊称“劭西先生”，对黎的夫人黄鹤寿也称“黎师母”。他们之间的交情、持续了近七十年，被人们传为佳话。

1976 年 9 月，毛泽东主席逝世的噩耗传来，黎锦熙悲痛万分，身体日渐衰弱。1977 年 9 月，在毛泽东逝世一周年之际，他撰写了《峥嵘岁月中的伟大革命实践——回忆建党前夕毛主席在北京的部分革命活动》一文，发表在《光明日报》上，表达了对毛泽东的深切怀念之情。

1978 年 3 月 27 日，黎锦熙先生在北京逝世，终年 89 岁。

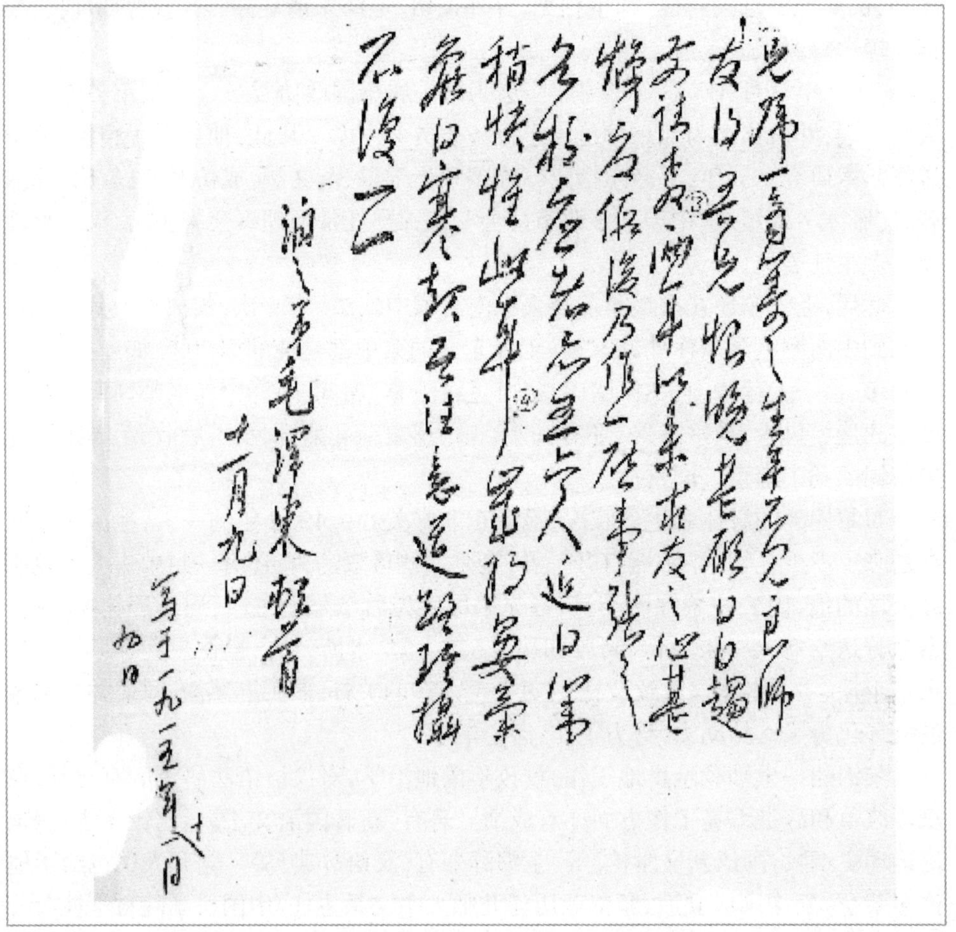
弟毛泽东顿首
十一月九日
写于一九一五年十一月九日